国家级教学名师黄虹

北京市体育名师任海江

天津市河东区体育名师唐广训

吉林省体育名师王春霞

黑龙江省哈尔滨市体育名师杜娟

黑龙江省哈尔滨市体育名师赵潘滨

上海市体育名师沈洪

江苏省南通市体育名师潘雪峰

江苏省徐州市体育名师石冰冰

江苏省体育名师姜秀

江苏省淮安市体育名师王素芳

江苏省盐城市体育名师俞向阳

浙江省体育名师叶海辉

浙江省丽水市体育名师钟华燕

浙江省温州市体育名师钱勇

浙江省体育名师何鲁伟

浙江省体育名师张朝辉

浙江省体育名师祝芳

安徽省合肥市体育名师李亚琼

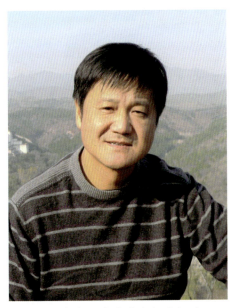

安徽省合肥市体育名师张纪胜

河南省体育名师刘念杰

广东省体育名师王献英

重庆市体育名师胡涛

重庆市体育名师刘勇

贵州省安顺市关岭布依族苗族自治县
体育名师刘之伟

陕西省体育名师张立

陕西省基础教育教学名师屈彦雄

中小学体育名师
教学智慧

谢 军 李海燕 主编

人民邮电出版社
北京

图书在版编目（CIP）数据

中小学体育名师教学智慧 / 谢军，李海燕主编.

北京 ： 人民邮电出版社，2025. -- ISBN 978-7-115

-66004-6

Ⅰ．G633.962

中国国家版本馆 CIP 数据核字第 202559MV69 号

内 容 提 要

本书介绍了全国二十多位中小学体育名师的简历、教学特色、教学理念、教学亮点、教学育人案例等，展示了名师们独到的体育教学思想、值得学习的教学成果、丰硕的教学业绩和个性化的育人理念，为中小学体育教师、教练等提供了丰富的学习资源和教学思路。这些名师是体育教师队伍中的育人模范，更是体育教学能手。本书希望通过展示他们的教学理念、教学成果、教学风格等，为推动中小学体育教育事业的发展贡献力量。

◆ 主　　编　谢 军　李海燕

　　责任编辑　刘日红

　　责任印制　彭志环

◆ 人民邮电出版社出版发行　　北京市丰台区成寿寺路 11 号

　　邮编　100164　　电子邮件　315@ptpress.com.cn

　　网址　https://www.ptpress.com.cn

　　固安县铭成印刷有限公司印刷

◆ 开本：700×1000　1/16　　　　　彩插：4

　　印张：16.25　　　　　　　　　2025 年 5 月第 1 版

　　字数：377 千字　　　　　　　　2025 年 11 月河北第 3 次印刷

定价：68.00 元

读者服务热线：(010)81055296　印装质量热线：(010)81055316

反盗版热线：(010)81055315

编写组

组　长：谢　军

副组长：李海燕

编写组成员：

樊　伟　熊会安　余立峰　杨　浩　张为民　闫绍惠

吴　桥　刘俊凯　牛　晓　黄镇敏　李芳芳　侯国民

杨淑霞　陈丽萍　李　萌

序

　　著名教育学家夸美纽斯称教师是"太阳底下最光辉的职业"，体育教师应该对此感受最深。绝大多数的体育课在室外开展。体育课不仅强调理论性、指导性，而且具有鲜明的实践性和互动性，这使得体育教育教学活动与其他学科的教育教学活动有较大的差异。正因为如此，体育教师的示范作用更为明显。一堂体育课，课程设计是不是精彩有趣，学生会给出最直接的反馈；体育教师能不能把学生的积极性调动起来，往往不是简简单单做足了课前准备就能解决问题。因为体育课永远是这样的场景——无论是拥抱春日暖阳、夏日微风、秋日红叶和冬日瑞雪，还是在恶劣天气中师生一起迎接寒风扑面、酷日当头的挑战，体育教师都与学生们"摸爬滚打"在一起，因此体育教师的功夫既体现在课堂上传授运动专业知识技能，又体现在将人格魅力直接渗透到师生的互动当中。

　　本书记录了来自全国的二十多位体育名师的事迹和教育思考。我们的初衷是通过宣传体育名师的事迹和教育思考为如何上好体育课带来更多的启示，同时进一步挖掘推进体育课程思政工作的先进经验。本书中的体育名师，发扬躬耕教坛，将美好岁月挥洒在体育场馆的默默坚守精神；传递给我们以体育人的先进经验；引导着一批又一批学生感受体育课堂带来的快乐。他们不仅进行着体育课的教学，而且还将人们眼中的体育"武行当"与其他学科融合创新……我们从这些体育名师的教学感悟和分享中，看到最多的词是"爱""奉献""快乐""坚持""自觉"，以体育人的实践效果验证了"完全人格，首在体育"的内涵。一个个平凡而又精彩的故事，融合了体育名师们长期从实践中获得的智慧和经验，展现了体育名师们将自身运动专业素养转化为引领学生强身健体的点点滴滴。一次次标准动作示范，一堂堂风雨无阻的高质量课程，一张张学生们流满汗水的笑脸，一回回发生在日常学习生活中的疑难问题的解决，书中记录的点点滴滴就发生在我们熟悉的校园，细品之后感受到的是优秀体育教师的无私奉献和执着追求。

在每名教师的故事中，我们看到的不仅是一位体育名师的教育教学思考，更是一种胸怀大爱的无私境界。这种爱是教师职业特有的生命之间的能量给予，传递着体育教师对他的每一名学生的无条件关爱和支持。由于存在这种爱和支持，体育课对于学生的教育作用有了不一样的意义，学生自然而然地学习着运动技能，感悟着体育带给他们的斗志昂扬迎接挑战的人生理念。

何谓体育名师？名师不仅是字面上的一种称号和头衔，更深层的意义是对一名体育教师教学育人水准的认可。因此，名师与其学历学位或教书育人之外的其他因素没有必然的关联，直接的评价标准是教师的人格魅力、教育教学理念和教学效果。名师是激发课堂能量的"发电机"，是温暖学生的"暖阳"，是教授课堂知识的授艺者，是引导学生将学习领悟延伸至校园之外，转化为人生可持续发展能力的引路人。"有理想信念、有道德情操、有扎实学识、有仁爱之心"的教师是称职的好教师，引领每一名教师都成为一名称职的好教师则是时代命题。

"体育是培养勇敢和健康灵魂的基石"，在体育教育的理论与实践中，这句话道出了体育教育工作最朴素的原理：体育教育不仅仅是带领学生进行身体锻炼的途径和一门课程，更是塑造品格、培养团队精神和增强社会责任感的重要手段。"强健的身体是强健意志的家园。"体育教育在培养学生综合素质，特别是促进心理健康、磨炼意志力和毅力方面发挥着不可替代的作用。

正因为体育课如此重要，作为这一过程的引导者和实践者，体育教师的教育教学理念和方法对学生全面发展的重要意义更为凸显。作为一名优秀的体育教师，在领悟思考和学习实践体育教育理论的过程中应该把握以下几个原则：第一，全面发展原则，体育教育应该促进学生身心的全面发展，强化学生的身体素质和促进学生心理健康发展；第二，个性化教学原则，要尊重每名学生的个性和特点，同时挖掘其潜力，推进实施个性化教学，让每名学生都能在体育活动中找到适合自己的位置，成为更好的自己；第三，终身体育原则，要培养学生建立终身体育的意识和良好的运动健身习惯，使体育成为他们生活中不可或缺的一部分；第四，跨学科融合原则，在现代科技全面地改变社会生活节奏和内容特征的时代，不应将体育作为一个孤立的学科，而应将其与生物学、心理学、计算机科学等学科相结合，开发高效教学模式和创新方法，形成跨学科体育教育课程；第五，创新与实践原则，要鼓励学生并和他们一起在体育教学和活动中进行实践和创新，师生互为教学的主体以强化教学效果，不断探索新的教学方法和活动形式。

希望通过本书的出版，更多地推广和宣传体育名师们先进的教育教学理念，为大家带来更多对基础教育领域体育教学的反思和展望。感谢人民邮电出版社有限公司李璇副编审、刘蕊编辑和刘日红编辑从本书的策划方案到文字质量一如既往地积极投入和高标准把关，感谢国家社会科学基金重大委托项目"北京2022年冬奥会和冬残奥会遗产助力国家发展战略研究"专家团队对学校体育领域研究的学术引领，感谢体育名师将自己宝贵的教学事迹与领悟进行分享，感谢本书中体育名师所在省市体育教研员的悉心助力……

希望本书中体育名师们的教育教学先进事迹和理念为更多致力于体育教育事业的人们带来一束光，用体育名师们的教学经验和教育境界，照亮未来通向优秀体育教师的光辉旅途。

本书编写组

2024 年 7 月于北京

目　录

追逐生命的彩虹

——国家级教学名师黄虹的体育教学特色

🎓 名师档案

＊首位入选国家高层次人才特殊支持计划（万人计划）的体育与健康学科国家级教学名师

＊全国模范教师

＊享受国务院政府特殊津贴专家

＊首批入选中小学幼儿园教师国家级培训计划的培训专家

＊首届全国双十佳中学体育教师

＊"十三五""十四五"中小学幼儿园教师国家级培训计划专家

＊北京市体育特级教师、正高级教师

＊北京市海淀区名师工作站体育学科导师组组长

＊北京市海淀区初中体育学科总督学

＊连续多年担任北京市海淀区体育学考总考务长

＊北京市八一学校体育与健康学科首席教师、体育中心主任、教研组组长

一、教学、教研特色

彩虹是我追求的人生图腾，这不仅是因为我的名字中有见证父母爱情的"虹"字，更有我对人生的"虹"愿。我希望每名学生的求学如彩虹，和谐共生、全面发展；我希望每名学生的生活像彩虹，经历酸甜苦辣，风雨过后绚丽璀璨；我希望我的课堂像彩虹般斑斓，辉映着雨后的天空；我希望自己的内心如彩虹般宏大，阅尽世间万物，积淀优雅从容。多年来，遵循这样的教育追求，我在体育教育的路上，不断求索，倾心树人，不断推动体育回归教育本质；立足课堂，持续构建体育学科优质课程体系；拓展空间，积极探索体育教学的多元融合与数字赋能。

正如名字里的"虹"一般，我希望自己和学生一起，享受体育的回馈，追逐生命的彩虹。

（一）追逐彩虹：让体育回归教育本质

我们应树立健康第一的教育理念，确保学生的体育活动时间，培育青少年的体育爱好，同时深化体教融合，聚焦提升学生核心素养，促进体育协同育人的功能得到有效发挥。

在感受到一名体育教师的无上光荣和崇高使命的同时，我也更加坚定了在体育教师生涯中形成的教育理念，即：体育既要做运动、强身体，又要做教育；教师既要教知识、教技能，又要教精神；学生不仅要学专长、学技巧，也要学生活。体育是育体、育智、育心、育魂的教育方式，是实现立德树人根本任务、提升学生综合素质的基础性工程。

1. 让体育成为滋养身心的田园

作为北京市八一学校的一名体育教师，我将体育人的信念与民族精神和时代精神同时融入体育教学中。我始终牢记自己身为一名体育教师的初心，基于"育人至上""军魂铸人"的原则，我确立了让体育教育符合学校办学理念、激发学生身心能量的工作定位，追求"让体育精神流淌在八一师生的身体里，伴随并影响其一生"的工作目标。

体育教育对培养学生的规则意识、底线思维，帮助学生树立正确的世界观、人生观、价值观具有不可替代的作用。

2. 体育教育要面向人人

《中共中央办公厅 国务院办公厅关于全面加强和改进新时代学校体育工作的意见》，站在体育是基础性工程这一高度，推动体育回归"面向人人"。多年来，我秉承"阳光体育"的教育理念，追求体育的公平性、普惠性和包容性，让体育如阳光一般照耀每一颗心、温暖每一个生命，使每名学生都能更加喜欢体育，在运动中享受快乐，在快乐中收获成长。

体育教育要面向人人，但很多时候体育工作的关注点更多聚焦在那些体质薄弱的学生身上。我们不要因为关注塔尖上那一点亮光，而把塔下面所有的因素都忽略掉。教好自己的每一名学生，对每一名学生高度负责，这是我们教师的责任。

（二）描画彩虹：让体育植根优质课堂

作为体育教研组组长，我和体育组成员着力打破体育学科限制，更好地突出学校办学优势，打造体育学科课程体系和育人方式，促进体育学科可持续、内涵式、包容性发展。

1. 塑造课程体系，铺就提升学科质量的"跑道"

锚定"身心健康、体魄健勇、身姿健拔、人格健全"的体育培养目标，围绕体育学科的校本标准，学校构建了由"身心与气质"课程群和"军魂铸人"教育活动共同组成的体育育人体系。

"身心与气质"课程群分为三类：一是基础类课程，以义务教育学科课程为主，夯实学生体育与健康基本知识、身体素质和运动技能基础；二是拓展类课程，以校本选修课程为主，扩展学生的运动技能和体育视野；三是挑战类课程，以学科社团课程为主，满足学生的个性化需求。我们遵循"小学体育兴趣化""初中体育多样化""高中体育专项化"原则，推进体育教学改革与发展。

2. 教学反思是打造高效课堂的"助推器"

教学反思是教师对自身教学实践进行审视和分析的过程，旨在发现问题、总结经验、改进教学。

多年来，我坚持在反思中前行，常在课余时间积累教学笔记，撰写教学心得近 50 万字，养成了"学—察—思—践—研"的教学反思习惯。

我也将这些教学反思应用于教学与教研实践。一个简单的保护帮助小手法就能帮助学生克服学习单杠时的恐惧心理；一个自制的小教具就能帮助学生没有顾虑地完成支撑跳跃动作；画一条简单的线就能帮助学生认清起跨点位置，改掉"跳栏"的毛病。这些小妙招蕴含着大智慧，给学生带来很多惊喜。

凭借多年的课堂观察和经验积累，我出版了专著《彩虹跑道》，主编 3 部、参编 10 余部体育教学参考用书，并参加了人民教育出版社、教育科学出版社出版的体育与健康学科教科书的编写；数篇论文获得国家级、市区级一等奖，在国家级期刊发表文章 30 余篇。真实、鲜活的课堂素材和不断进行的教学反思，为这些学术成果提供了源头活水。

3. 提升教师能力，练就驾驭课堂的"法宝"

专业基本功是体育教师的"门面功夫"，这是从事体育教学工作必备的特质。作为教师，最怕自己的权威受到挑战，要想保持自己在课堂上的主动性，让学生信服，不是靠说教，而是靠自身过硬的专业基本功。35 年来，我从未脱离过一线课堂，被评为北京市体育特级教师后，我感觉到身上的担子更重了。深入课堂才会有体育教师的视角，才会有自己的教学感悟。几年来，我上的市、区级公开课、研究课累计达 50 余节，但是我仍保持着每周 16 节以上的课时量，前几年最高达到每周 20 节。这些日常的教学积累，为我凝聚了强大的后发动力。

2021 年，我入选了国家高层次人才特殊支持计划（万人计划）。成为国家级教学名师以来，我更觉得应该持续提升自己的核心素养，同时带动身边的教师一起向前走，志同方能不孤，众行方能致远。自担任北京市海淀区名师工作站体育学科导师组组长以来，我凭借学科组在教学中的打磨，在近三届导师、学员中培养了 6 名特级教师、10 名正高级教师。

我深知，教育就是一棵树摇动另一棵树，一朵云推动另一朵云，一个灵魂唤醒另一个灵魂的事业。这就是教育的魅力，更是传承的力量。我的师父索玉华老师告诉我："赠人玫瑰，手有余香"。我也会把"新竹高于旧竹枝，全凭老干为扶持"的优秀传统继续传承下去，传给我的徒弟们。我愿意和我的团队一起，在体育教育的科学大道上携手前行。

（三）飞跃彩虹：让体育走向品质未来

我所在的海淀区是北京市学生数量最多的区县，保证顺利完成全区四、六、八年级区统测，以及高三体育学考、初三体育现场考试是区教委领导和全体考务教师的神圣使命。多年从事海淀区体育学考总考务长工作，我养成了认真对待每一个环节的工作态度，关爱学生、家长，提升了全面组织协调的能力，培养了强烈的责任心和勇于担当的精神。结合多年的工作经历，我梳理出：问题出在考场上、根源出在课堂上，只有以考促研，才能形成以研促教、以教促考的良性循环。体育考试的指挥棒才能真正引领学生、家长理解体育考试改革的社会内涵，使学生养成良好的体育锻炼习惯。这是体育教师的职责，也是学校的义务，更是家长、社会的责任。

北京中考体育改革后，四、六、八年级的体测成绩作为过程性考核计入中考体育总成绩，在分数的背后，我们看到了教育观念的变化，那就是更加关注每一名学生的体质健康。随着教改的不断深入，体育学科的改革也在大步向前推进。我感受到海淀区体育学科改革的"大体量""大手笔"，更看到了北京市教委挥毫泼墨下体育教育的"大举措""大步伐"，我们对体育教育的未来充满期待。

二、让人回味无穷的教学点滴

案例一

体操课程不仅是一种体育教学，更是一种全面培养学生身体素质的教育过程。中学体操课程是增强学生健康与自信的重要课程之一。在我指导高一年级学生学习体操"双杠支撑摆动成骑撑—前进一次—前摆挺身下"内容时，有个体形偏大的芸芸同学给我留下了深刻印象。她对自己很不自信，同学们都有说有笑，她却总是低着头静静地、远远地躲在其他同学身后，尤其是在练习前摆挺身下时，她说什么都不敢做。我看在眼里急在心里，找了她的几个小伙伴，用上了"欲擒故纵法"，在低双杠上玩起了支撑摆动跳下的追逐游戏。开始的时候我让小伙伴们都让着她一点，让她能先赢几场。几场追逐游戏玩下来，我和她的小伙伴们说："不要再让着她了，让她追你们！"结果她的小伙伴们却使劲摇头说："老师，我们真没有刻意让着她，是她变快了！"

日子一长，我们也能看到她脸上的笑容了，还能听到她因为追到了对手而发出快乐的笑声。针对芸芸同学这样上肢绝对力量不弱，而相对力量较弱的学生，我还自编了俯撑竞赛游戏，让学生一只手俯撑、另一只手猜拳，看谁能在赢的情况下，迅速拍到对方的肩膀，对方则要边俯撑边快速躲闪。这个游戏既锻炼了学生的腰腹和上肢力量，又锻炼了学生的快速反应能力。

在这之后，在小伙伴们的鼓励下，芸芸同学能够完成用皮筋斜拉、降低高度和难度的前摆挺身下动作了，也能够完成简单的成套双杠动作，她特别高兴，还在之后的课上主动承担了保护和帮助同学的任务。当然，有时候她还是会拉住同学，要求和人家玩一下支撑摆动跳下的追逐游戏，享受快速完成跳下后能追到对手的乐趣。同学们都说："芸芸变了，变得比以前开朗多了。"

像芸芸同学这样由怕运动转变为爱运动的学生在我们学校还有很多。高二年级开始学习单杠后，高二（1）班的森森同学这样写道：上了几节体育课，我们开始学习单杠了，看黄老师做着挺轻松的，但实际上一点都不容易，每次练习时总会担心自己掉下来，不过在经历了那艰难的第一次之后，我倒是很神奇地越做越轻松了，我想大概是因为体验之后才感到并没有想象中的难。其实生活中其他很多事情也是一样的，看似困难，但是只要敢于尝试，就一定能克服障碍，取得成功。

案例二

体育不是一门孤立的学科，要从宏观上树立大体育的整体观，将体育与思政课程、社会实践等进行融合。2017年，我有幸参加了在厦门举办的全国中小学体育名师创意课堂现场教学观摩研讨会，与福建厦门初二年级女生一起完成了一堂"田径耐久跑"的教学实践课。耐久跑是体育教学中最普通也是最困难的内容。如何让学生尽快融入课堂？切入点在哪里？我思考良久，初步确定以定向跑为载体进行耐久跑教学，并与地理、历史老师研讨，希望把一些地理、历史和人文知识融入体育课堂。最终，我通过定向地图介绍了丝绸之路全貌，将学生分为4个小组进行耐久跑练习，依次轮换，记录各组所跑圈数。在轮换间隙，我还介绍呼吸方法"一至三步一呼，一至三步一吸"，并融入"极点"及"第二次呼吸"知识，鼓励学生尽力完成任务。同时，我利用不同伴奏音乐的节拍调控学生跑的节奏，利用音乐的时间长短控制学生的练习时间，用激昂的曲调鼓励学生，利用"一带一路"的相关文化知识对学生进行历史文化的熏陶，并搜集新疆吐鲁番、福建厦门这两座历史名城的风土人情进行"穿越"教学。在教学中，我鼓励学生以小组探究、小组合作等形式完成学习任务。最后在放松部分，我和学生们一起唱起了一首动听的《鼓浪屿之歌》，和学生们度过了一堂酣畅淋漓、令人难忘的耐久跑教学课。下课了，学生们围着我久久不愿散去，作为纪念，我们照了一张合影。几年过去了，我再看那张照片，还可以从照片中那一张张笑脸感受到当时学生们的兴奋与热情。一堂生动的学科融合课，给师生带来了无穷的乐趣。

案例三

2017 届毕业生小菲，现在在美国攻读博士学位，她在发给我的信息中写了如下内容。

"在八一田径队的两年半时间里，个人成绩并不优秀的我同大家一样享受着队里丰富的资源和训练。每每回想起'魔鬼小跳'、十种脑洞大开的跳跃练习都会使我嘴角上扬。在您身边的那几年给我留下了深刻的印象。您没有一直以枯燥单调的训练来令我恐惧体育，而是以一种循循善诱的方法来让我'动脑子'，更好地控制自己的身体。"

"即使在进入大学以后，我奔跑的脚步仍然没有停止过，每天跑步的习惯一直延续至今。大学里每次越野跑、校园马拉松，我从未缺席。以前的经历让我爱上了跨栏、跳远时飞跃的快感。而在八一学校，是您让我真正爱上了奔跑，让我发觉很多看起来枯燥甚至是令人疲惫的任务的乐趣并认真完成。我想，这并不仅仅是您在体育方面对我的影响。"

"体育生活化"就是在学生们的心中埋下热爱体育、热爱运动的种子，让他们找到属于自己的运动方式，让体育成为他们美好人生中不可或缺的组成部分，成为伴随他们一生的礼物，让他们的生活因为体育变得更加绚丽多彩。

案例四

现就读于中国人民大学的小龚同学这样记录着他的足球故事。

"我在球赛确认单上签下了自己的名字。我之前一直觉得自己挺不勇敢的，尤其是在体育方面，很多体育比赛，我都是能不上就不上、能躲就躲，生怕自己表现不佳、丢脸。但是后来我才真正发现，其实成绩不好并不丢脸，丢脸的是自己连亮剑的勇气都没有。这次足球赛，说实话我心里挺虚的，我怕因为我的失误而让全班输掉比赛。希望明天在球场上，我能找到勇气。无论明天的结果如何，我都要为自己的班级全力以赴。"

体育的魅力不仅仅是教会学生如何去练，更是教会学生如何勇敢地去面对生活中的各种挑战。八一学校的"身心与气质"课程群和"军魂铸人"教育活动为八一学子奠定了牢固的体育基础。"军魂铸人"教育活动，包括专题学习和主题实践两部分，使学生在知行合一中提升道德意识：一是铸技能，二是铸视野，三是铸精神。作为北京市"足球传统学校"，我们将"校园足球"打造成十二年一贯的精品课程，构建了涵盖足球基础、专业拓展、职业提升三个层次的校园足球课程体系，形成了人人都参与、班班有球队、年级有联赛的校园足球文化氛围。

案例五

几年前我到某地支教，去之前就听当地的教师们说，因为学校的体育场地太小，没有办法上好体育课，体育教师经常"病倒"。我到了那儿一看，发现只有一个小小的篮球场，但每个班都有近90人，确实给体育课的开展造成了困难。当地的教师们问我上什么内容，我问他们器材室里有什么，他们说："有几块小垫子，还有一些短跳绳，差不多够两人一根。"我说："那好，咱们就上跳绳课。"

这节课的第一部分是把跳绳当作各种点标，我先让学生们绕着不同的点标跑起来。我拿出了一个小音箱，音乐一放，学生们可兴奋了，跑得特别带劲。这节课的第二部分是跳绳练习比赛。我把学生分成若干个组，进行一对一的单人比赛、一带一的双人比赛、两人摇绳一人跳的三人比赛、跟着童谣一起小组合作的花样跳绳比赛。在全班学生一起大喊"小熊小熊快点跑出去"的愉快时光中，这节体育课结束了，学生们满头大汗，比赛竟难分胜负。下课了，学生们还不愿意散去，一部分女生围着我问东问西，望着她们额头上的汗水和红扑扑的脸颊，我问她们累不累，她们先是重重地点点头，然后又突然使劲地摇头说："不累不累！"接着害羞地对我说："老师，我们还想上跳绳课，跳绳太好玩了！"

听了学生们的话，我的心里五味杂陈，这也引起了我深深的思考：小场地不能是没有体育课的理由，小环境不能是丢失热爱的借口，小局面更不能是没有情怀的代名词。作为老教师，培训时我要告诉教师们：教师的基本功是驾驭课堂的"法宝"，同时要知道"授之以鱼不如授之以渔"的道理。只有苦练教师内功，打开眼界，打开胸襟，打开悟性，才能有效提升教师队伍的专业技能和业务素养。

多年来，我坚持参加各种形式的支教活动，足迹遍布多地。支教活动不仅是一种教育支持，也是一种对社会责任的担当，更是对自己心灵的洗涤。

三、立足本职、关注学科发展

（一）发展"多元体育"

回归到教育，体育新课标提出：要积极探索与适当增加"体育选项走班制"和"体育俱乐部制"的教学组织形式，形成一校多品、一生一长的体育教学改革实效。2024 年，北京市中考体育现场考试改革从"8 选 3"变为"22 选 4"。这次改革给学生提供了更多的选择，让学生能从中找到自己适合和擅长的项目，感受运动的快乐。

体育多元化发展不仅是学校体育发展所需，更是社会所需，家庭所需。

（二）加强"融合体育"

体教融合之路，主要体现两个"突破"：一是突破体育学科边界，与其他学科进行融合；二是突破学校边界，集家庭、学校、科研机构、体育场馆等优质资源，建立共享体系，搭建体教共融、家校共育平台，推动全社会参与体育教育。

（三）探索"数字体育"

随着数字赋能，线上课程、远程教学、线上健身、云上赛事、虚拟运动等将成为体育教育新样态。我们期待数字技术能为学校体育教育插上隐形的翅膀，打开一片新天地，助力学生身心飞扬，去追逐彩虹般的梦想，拥有彩虹一样的韶华。

新时代赋予了我们建设体育强国的使命。我希望体育教育能让每一名学生爱上运动，让体育成为他们生命中那抹最耀眼和亮丽的彩虹；我希望实施彩虹般的体育教育，能带给学生希望和美好；我更希望自己践行彩虹般的教育使命，与大家一起，坚守育人初心，躬耕教育沃土，坚定地走在建设体育强国的征程上！

自白

我的教学名言：体育是育体、育智、育心、育魂的教育。

我的教学主张：体育既要做运动、强身体，也要做教育；教师既要教知识、教技能，也要教精神；学生不仅要学专长、学技巧，也要学生活。

对我影响最深的一个人：对我影响很深的人有很多，我想第一个应该是我的母亲，一名坚守岗位直至退休的普通体育教师。她当年因坐骨神经痛无法正常上课，只能跪在垫子上给学生上课的情景深深地刻在了我的心里。

我心目中理想的体育教师是什么样的：有爱心，能引导学生学习为人处世的道理；有文化底蕴，能理解体育的力量；有激情，能感染学生进行锻炼；有技能，能带领学生学习；善沟通且肯吃苦，能承受不同程度的心理压力。

我取得优秀成果的主要经验和体会：坚持就是胜利。

自我评价性格特点：豁达、随性。

我的业余爱好：旅行、看书、发呆，与家人在一起。

我想对年轻体育教师说的话：选择做体育教师，就是选择了一种人生态度。

做一名精神上气象万千的体育教师

——北京市体育名师任海江的体育教学特色

名师档案

清华大学附属小学（以下简称"清华附小"）体育教研室主任、特级教师、全国十佳小学体育教师、东北师范大学硕士研究生导师、中国矿业大学（北京）硕士研究生导师、北京市骨干教师、海淀区兼职教研员、北京冬奥会单板和自由式滑雪障碍追逐项目国内技术官员；先后获得国家级、市级体育教学评优活动一等奖，市级基本功大赛一等奖；主持中国教育学会重点课题1项、市区级规划课题4项，3项教学科研成果获得市区级一等奖；在《北京体育大学学报》《课程·教材·教法》等核心期刊发表论文40余篇，作为主编、副主编参与出版7本教材，20余篇论文获得国家级、市级体育科学论文报告会一等奖；多次担任教育部"国培计划"体育骨干教师培训专家、中国教师研修网培训专家等。

一、教学、教研特色

追问一：怎样让体育课离学生更近一点？

好动、爱玩是学生的天性，生动有趣的体育课可以使他们以充沛的精力投入其中。在国家高度重视学校体育工作的当下，各学校都在不折不扣地落实相关文件要求，不断提高体育课的质量。在追求高质量体育课的路上，我们还不时会听到学生"喜欢体育而不喜欢体育课"的声音，这种声音萦绕在我的耳边。从2011年开始，清华附小就实行每周5节体育课。怎样才能让学生从心底喜欢上体育课，对体育课感兴趣，跑着来上我们的体育课呢？在我看来，要提升自身的专业自信和专业技能，不断超越教材、超越课堂、超越自我。只有这样，体育课才能离学生更近一点。

追问二：怎样让体育离学生的需求更近一点？

体育不仅事关学生的体质健康，还事关健全人格和锤炼意志，这是对体育本源和教育本质的回归。学生对体育的需求是与生俱来的，然而，如何让学生从有自然的体育需求转变为有运动技能、养成锻炼身体的习惯并树立"终生体育"的意识，却是我们必须解决的问题。我们不仅要引导他们学练运动技能，还要使他们真正懂得体育锻炼的意义和作用；不仅要引导他们掌握体育与健康知识，还要让他们学会在生活中运用这些知识，养成良好的健康生活习惯；不仅要激发他们的学习动机、调动他们的运动兴趣，还要想办法让他们保持兴趣，养成自觉锻炼的意识和习惯。这不就是以体育人的探索吗？曾经，我也将下课当成自己上课的终点，忘记了体育真正的目标。随着自己的不断成长，我逐渐认识到，体育是学生生活中不可缺少的一部分，体育让学生的世界变得丰富多彩，能够让他们有勇气、体力和毅力面对未来的挑战。作为一名体育教师，首先要尊重学生对体育的需求，在此基础上引导需求、创造需求。只有呵护了学生对体育的兴趣，培养了他们的体育乐趣，才能让体育离学生的需求更近一点。

追问三：怎样让体育的育人价值离学生更近一点？

学校体育的育人对象是学生，必须尊重学生的身心发展规律。我们应该遵循学生成长的阶段性与连续性，发展符合他们成长规律的体育育人路径，促进学生身心健康发展。

无体育不清华。从周诒春校长"造就一完全人格之教育"，到蒋南翔校长"为祖国健康工作五十年"，再到新时代体育价值内涵的不断丰富，清华附小的体育育人传统已经传承百年，这样的体育传统也不断激励着我前行。我一直把曾任清华附小校长的体育教育家马约翰先生当作我的偶像，立志传承他的精神。我始终坚信"体育运动的教育价值，不只限于运动场上，而且能够影响整个社会"。这就是体育迁移价值的作用。

让体育的育人价值离学生更近一点，需要我们体育教师着眼于人的全面发展，运用"学科+"的思维，把体育当作最好的教育学，把体育作为促进学生德、智、体、美、劳全面发展的重要手段，将体育融入其他教育之中，完成体育育人的不断进化。在窦桂梅校长的带领下，我和团队不断成长，也不断在超越中去探索新的体育育人的可能。

二、以体育人的五个坚持

教育是立国之本、强国之基。面对建设体育强国的使命，我一直认为教育要从身体开始，儿童今天在运动场的状态，决定着中华民族明天的精神状态。为此，近 20 年来，我坚持让儿童站立运动场正中央，以体育德、以体育智、以体育心、以体育人。

【坚持一】终身学习：把学习当作最好的保养

无论教师怎么学习，也追赶不上时代和儿童的变化。如果我们不学习，就更不能跟上"成长进行时的儿童"。在清华附小近 20 年的教育教学实践中，我渐渐发现，自己的知识、素养还远不能满足教学需要、学生需求。怎么办？等待？安于现状？都不行。于是我做出了重返校园的决定，我报考了东北师范大学体育学院，攻读体育教育训练学专业的博士学位。现在我一边教学，一边学习，在教学闲暇，我不断读书充实自己，阅读带给了我诸多教益。作为一名体育教师，不仅要有知识上的进步，还要有身体上的进步，只有这样，才能成为学生的榜样。我每周坚持体育基本功和身体素质练习，坚持用运动改善身体的状态，至今我已经完成了 8 场马拉松比赛。我深知：学习是最好的保养，人不是"不合格"才学习，而是通过学习不断成长，实现人生价值。

【坚持二】课程创生：把课程作为通向学生身心健康的跑道

清华附小一直传承着清华大学体育传统和马约翰体育精神，在新时代背景下，从尊重儿童身心发展规律和促进儿童的全面发展出发，学校提出"儿童站立学校正中央"的教育哲学。那作为体育教师的我为什么不能让"儿童站立运动场正中央"呢？在学校的带动下，我和体育团队一起开始研究和构建清华附小的体育课程体系。

清华附小一直把体育作为学校的核心课程，在学校整体课程改革的推动下，我和体育团队经过多次研讨、实践，构建了横纵联合、内外统一的体育课程体系。横向指的是全天候"1+X 体育课程"，突出"全面个性和个性全面相结合"，以运动专长形成、强健体魄练成、健全人格养成为核心。全天候"1+X 体育课程"由"三个一"构成，即每天一节体育课、一个健身大课间、一节体育自主选修课。在每周 5 节的体育课中，有 3 节国家学科课程、1 节足球特色课和 1 节自主选修课。每天的健身大课间为学生提供了丰富多彩的"运动菜单"，学生可以自主选择项目、借用器材，体育教师分项指导。自主选修课采用的是走班制，共有 11 个项目供学生选择。此外，我们在四年级开展了人人必修的游泳课。

纵向学段"三进阶"指的是低学段的启程课程，重兴趣和习惯；中学段的知行课程，重技能和方法；高学段的修远课程，重团队和特长。围绕着"三进阶"的核心理念，我带领团队编制了《成志体育三进阶手册》，在课程教学、课外活动、特色社团等方面制定了连续、有进阶的目标和内容。

在建设体育课程体系的过程中，我遇到了很多困难，也产生了很多困惑，什么是真正的体育价值，怎样将价值落细、落实、落小，怎样体现活动的进阶和关联，怎样进行有效的评估和指导……一切都从零开始，除了自己阅读大量资料以外，离不开团队的帮助、专家的点拨、领导的支持，他们帮助我从大量的教学经验中提炼出了有价值的成果，例如课堂教学的四动、四性，贯穿全年的马约翰杯系列主题比赛，将过程数据、关键事件与榜样引领相结合的评价指标等，我也越发认识到"课程就是通向学生身心健康的跑道"。

【坚持三】教学研究：把高质量写在每一天的操场上

课堂是教师的主阵地，更是学生成长的最佳领域。立足鲜活的课堂实践研究，我一直实现着自我超越。近 20 年的教学研究让我形成了"严而趣、实而新"的教学风格，并在每节课中实施"教、学、练、赛、评"的体育教学模式。借助"问题驱动、情境调动、工具撬动、平台互动"的课堂动力系统,"智慧操场、智能手环"的数智赋能系统,用"有趣、创新、严谨、扎实"的课堂教学,让学生们全身心地投入其中。

我不断寻找着体育课程蕴含的教育价值,尤其是在了解了核心素养的内涵之后,我开始进一步反思自己的教学对学生核心素养形成的意义。在教研活动中,我接触到了深度学习、单元整体教学、大概念等很多新理念,将这些理念和实际教学相结合之后,我发现以前的教学存在着碎片化的问题。怎样才能让零散的教学内容形成结构化的主题教学,让知识技能与生活实践相关联呢?我先在体操课上进行了尝试,把体操技巧内容拓展成了逃生自救主题内容。例如,在体操教学"前滚翻起立—单腿前滑成纵叉"一课中,我把多种体操技能融入生活中的逃生自救场景,让学生消除了对纵叉的恐惧感,培养学生遇事沉着冷静的心理素质与勇敢顽强的拼搏精神。当危险来临时,学生能够快速做出自我保护动作,保证自身安全。渐渐地,学生对体操课产生了浓厚的兴趣。

对于学生而言,"有趣的学就是玩,有趣的玩就是学"。因此,体育课一定要"有趣、好玩"。正如我组织的"小足球运球游戏",就创设了"我与足球交朋友"的情境,让学生很快对足球游戏产生了兴趣。我通过"模仿动物(小马、小螃蟹、小蛇)运球""你运我追""我是小小射手王"等游戏调动学生的积极性,让学生在愉悦的氛围中,初步体验和学习足球运球的基本动作和游戏方法,感受学习足球的乐趣。同时,借助生动、活泼的口诀"要和足球成朋友,就用脚背触碰它,一脚支撑,一脚运,朋友和你永不离"帮助学生记忆动作要点。就这样,学生们越来越喜欢我的体育课。在课堂中,我帮助学生掌握了多样化的运动技能,建立了良好的运动习惯,让他们获得了成功的体验,建立了自信,在终身体育的道路上迈出了第一步。我也感受到,体育不仅是教授技能,还要看到学生身体的发展,更要看到体育对学生的人生观和价值观的塑造。

在实践中研究,在研究中实践,我正努力成为新一代学习型、研究型、学者型教师。我也一直提醒自己,研究要从课堂中来,再回到课堂中去,去破解教与学的难题,要把过去的"教研"转向今日的"科研"理念实践。一句话,"要用研究的方式工作"。

【坚持四】全面发展：把体育教师塑造成学生的榜样

教师是学生成长的引路人，体育教师也要一专多能、全面发展，成为学生心中的体育榜样。除了是体育教师之外，我还是学校健美操社团的负责人。自从大学毕业来到清华附小，我就组建了健美操社团，一点一滴精心培养，看着孩子们从小到大，从弱到强，从区级到市级再到国家级比赛的冠军，最后登上了世界大赛的舞台。

我送走了一批又一批健美操队员，他们都有各自的发展，但无一例外，都将健美操视为生活的一部分。看到学生因为我的努力而找到了他们喜欢的运动项目，并通过这项运动获得了更多的机会和成长，我就更加深刻地感受到了体育教师的价值所在。我还将健美操社团发展的经验推广到了足球、冰球和武术等其他社团，和体育组的其他教师一起，努力为每名学生的体育成长提供可能。现在清华附小已经有 14 个体育社团，每名学生都能找到自己喜爱的运动项目。

在 2022 年北京冬奥会期间，我作为技术官员，承担了执裁单板和自由式滑雪障碍追逐项目的任务。参与奥运会是每个体育人的梦想，为了这个梦想我准备了 3 年。在北京冬奥会 40 多天的工作中，我不仅学到了新的知识，更深刻感受到了体育的力量和奥林匹克精神。回到学校后，我把这段难忘的经历分享给了学生，把收获的感悟融入体育课堂中，带领他们一同感受祖国的繁荣强大，感受体育的精神力量，让他们认识到：只要不断努力，梦想终会成为现实。

【坚持五】辐射引领：把团队的发展当作自觉的责任

2011 年 9 月，我成了清华附小马约翰体育教研室的负责人，带领体育团队打造"志向引领"教研文化，打造"两组一站""四定三有"的立体化教研，开展精准培训，探索、构建清华附小"1+X 体育课程"，把校园足球打造成学校的品牌项目，在全校推行体育自主选修课。从每天清早的晨练微课堂、上午的健身大课间，再到下午的体育社团训练，我和团队成员每天早出晚归，力求把每一件事做到完美。作为体育团队的领头人，做好体育教师队伍建设是我的主要职责之一。我制定了定期教研制度，要求人人上过关课、人人会说课、人人练基本功，努力让每一位体育教师都能成为清华附小体育的代言人。

为了更科学地指导学生的体育活动以及开展体育课堂教学，2017 年，学校引入运动手环，跟踪记录学生的运动数据。"一人一数、一人一策"，我和团队成员一起努力，让每个学生都有了自己的运动处方。在落实"双减"工作中，我们通过科技赋能，利用智慧操场、运动手环数据科学分析，精准施策，让"双减"政策的要求，最终化作学生的成长。

我不断践行公益情怀，先后到四川、甘肃、贵州等地区送课，与当地体育教师进行交流和学习；10余次为"国培计划"全国骨干教师、全国校园足球特色学校的校长及教师做经验报告，进行教学展示；20余次在市、区级教研活动、青年教师培训中进行专业知识培训和经验分享。

回顾自己多年的成长，我深刻地体会到，要不断学习，把学习作为体育人的精神必修课；立足课堂，把课堂当作体育育人的主阵地；相信团队，在与团队和学校共同成长中实现个人价值；追求卓越，正如奥林匹克的格言：更快、更高、更强——更团结，体育人就是要不断挑战、不断超越。

我是教体育的，我是教人学体育的，我是用体育教人的。我将继续带着学生站立运动场正中央，在运动中享受乐趣、增强体质、健全人格、锤炼意志！

自白

我的教育理念：儿童站立运动场正中央。

我的教学主张：把高质量写在每一天的操场上。

对我影响最深的一个人：我的父亲。

我心目中理想的体育教师是什么样的：敬业、博爱、儒雅。

我上过最满意的一节体育课："小足球运球游戏"。

我写过最满意的教学论文：《"双减"背景下学校体育的现实挑战、实践路径与案例解析》。

我取得优秀成果的主要经验和体会：坚持比能力更重要。

我的业余爱好：打网球。

我想对年轻体育教师说的话：一辈子做教师，一辈子学做教师。

做一名平凡但不平庸的体育教师

——天津市河东区体育名师唐广训的体育教学特色

📖 名师档案

　　高级教师，1997年7月毕业于天津体育学院体育教育专业（大学本科，学士学位）；1997年7月被分配到天津市第八十二中学从事体育教学工作；在从事体育教学工作的20多年里获得了包括天津市中小学市级学科骨干教师、天津体育学院硕士研究生行业导师、天津师范大学体育科学学院体育教育专业学生教育实习指导教师、天津市中小学第六周期继续教育学科培训骨干教师、河东区第四届名师、河东区中小学区级学科骨干教师、河东区教育创新人才、河东区学科名师、河东区阳光体育先进个人、河东区优秀体育工作者等在内的荣誉；天津市中小学"未来教育家奠基工程"四期学员、天津市体育学科中心组成员、河东区教育中心兼职教研员、河东区初中体育学科教育专业指导组成员、河东区"十四五"课题指导专家。

　　主持承担部级以上课题6项，参与国家级、市级课题5项；撰写的《浅析"同课异构"体育课》《跨区域体育名师工作室教师发展共同体机制探索》等10多篇论文在《体育教学》等期刊上公开发表；3次获得天津市中小学体育教师基本功大赛一等奖，10余次承担市区级观摩课，曾获天津市优秀体育课二等奖，执教的"篮球"课程入选中国教育学会资源库；担任学校田径、足球运动队和社团活动教练员工作，通过制订切实可行的训练计划，注重训练时效性，使学生的训练水平得到提高并在历年市、区体育竞赛中取得优异成绩，如所带的学生高同学多次参加国家、市区级比赛并取得优异成绩，所带的女足队在 2017 年取得天津市初中女子组冠军。

一、教学、教研特色

（一）教学磨砺涨本领，精炼教学塑风格

1997 年，我从天津体育学院毕业并被分配到天津市第八十二中学，为了在短时间内将书本知识转化为教学能力，我从上课、说课，以及论文写作等方面提高自身的专业水平，从青涩的"小白"迅速进入角色，并迎来工作以来的"高光"时刻。2000 年 7 月，我参加了天津市中小学体育教师基本功大赛并取得了个人一等奖的好成绩。2000 年 10 月，我报名参加了天津市优秀课评比活动。我首先通过"上、说、听、评、磨"等不同环节对课堂教学进行细致的研究分析，提升了教学专业技能。接着，在展示活动中，我充分发挥自己的专业特长和扎实的教学基本功，以端正的教姿、教态精心设计教学环节——从课程准备部分到推进部分再到课程主体部分，自然流畅、水到渠成。最后，在教学中，我通过清晰精练的讲解、优美准确的示范，激发了学生的学习兴趣，取得了天津市二等奖的好成绩。通过公开课、竞赛课和说课活动，我能发现自身的不足，明确前进的方向，提高课堂教学水平和专业素养。通过潜心教学研究，我能精炼自身的教学风格，提升自身的教学技能。随后我被评为河东区体育学科带头人、河东区优秀体育工作者。

成长感悟：比赛是一面镜子。通过比赛，我发现了自身在专业技能方面存在的不足，明确了改进和奋斗的方向。教师在参加比赛时既要注重结果，又要注重参加比赛的过程。比赛的真正意义是通过对比发现自己的不足，在与同行的比赛交流活动中鞭策自己苦练内功，补足业务短板，发挥自身特长，从而促进体育教师专业化发展。刚入职和形成能力阶段对教师今后专业的发展至关重要。工作中我牢记师傅常讲的"不怕起点低，就怕不努力，日积月累，终会有所成就"，鞭

策自己努力前行。

（二）科研工作强短板，教研工作促成长

当我褪去初为人师的青涩，成为一名"胜任型"的体育教师后，我却清醒地认识到自己的教研能力与优秀教师相比还存在较大差距。如何用理论武装自己，补齐理论科研素养的短板成为我个人发展的关键问题。对于教研工作，我从以下几个方面入手：增强问题意识，掌握研究方法，从教学实践中来，到教学实践中去。从参与课题到独自承担课题，我在研究中不断蜕变。通过课题研究工作，我在国家级、省部级期刊上发表相关文章10余篇，30余篇论文获奖。以课题研究促教研能力提高，我的专业化水平得到迅速提升。每位教师都有自己的长处，也有自己的短处，我的语言表达和写作能力较为欠缺，因此我采取"主动走出去"的方式，积极参与天津市教育科学研究院组织的"精准帮扶"活动。这个"精准帮扶"活动为我提供了更多的展示与研讨机会。我通过参加系列教研活动，进一步锤炼了自己的业务能力，拓宽了工作思路，增长了见识，达到了促进专业成长的目的。

成长感悟：教师成长需要科研引领，教而不研则浅。教师在课题研究中要做真课题、真研究。在职业发展过程中，我以课题研究为抓手，以课堂教学研究为依托，通过课题研究提升了自己的教研能力。教师要有一双善于发现问题的眼睛，因为研究课题一般来自教学实践的失误、困境或者冲突。源于教学实践的课题问题开口小、便于操作，利于深入研究和实际应用。科研可以提升教师的理论水平，形成思路清晰、逻辑关系明确、科学严谨的思维模式以指导教学实践。每一位教师都是可以做课题研究的，只要用心和坚持，掌握正确的方法，都可以搞出名堂来。教研是成为优秀教师的必经之路。通过积极参与市区教研活动，我在交流活动中提升了自身专业素养，并进一步促进了专业成长。

二、以体育人案例

记得刚参加工作时，学校没有网球场地，我们就用白灰在学校操场上画出简易的网球场地。别小看当时我们"画"的这个简易网球场地，它成了学生们争夺的对象，课间休息的时候，学生们会利用这个简易的网球场地挥上几拍。在这样

的网球运动氛围影响下，学校里喜爱网球的学生越来越多了。其间我们也组织了一些学生参加天津市中学生网球比赛，他们都取得了不错的成绩。我们的工作得到了学校领导的认可。后来学校进行扩建，对校园的操场进行全面整修。经过体育组的不懈努力，我们终于争取到了两个正规的网球场地。学校成为区级网球项目传统学校，学校里喜欢网球的学生更多了。

虽然喜欢网球的中学生有很多，但几乎没有中学专门开设网球课。而随着体育课程改革的深入，学校开始根据场地条件和师资水平，选择一些学生喜闻乐见的运动项目进入体育课堂。在这样一个大环境下，学校体育组抓住机遇，充分利用学生对网球的热爱和学校的两个网球场地，计划在学校开展网球课教学。体育组的想法得到了学校领导的认可和支持，但是在开展网球课教学的过程中还是遇到了很多困难。首先，网球拍是制约网球课的一个重要因素，因为网球拍的购买费用对一些普通家庭来讲是一个不小的负担。其次，学校虽然开设了网球课，但是任课教师多数是"半路"学习者或者是比较喜欢网球运动的体育教师。他们对网球知识、技能的理解对网球教学多少会产生一些影响。再次，虽然学生的兴趣和积极性较高，但苦于学生人数偏多而场地偏少，而且大多数学生没有学习过网球，掌握网球技能难度较大。最后，当时全国尚无适合中学生的较为成熟的网球教材，关于中学生网球教学方面的研究更是少之又少。面对这些困难，我们不免有点信心不足，关键时刻学校给予了我们巨大的支持。针对这些困难，学校给我们提供了一些网球器材，购买了与网球相关的书籍，并组织教师外出学习，以提高教师的专业水平，为网球课的顺利开展提供了强有力的保证。

在我们开展网球课的几年里，有面对困难的踌躇不前，也有学生喜欢上网球运动时的欢欣鼓舞，更有学生在市区比赛中取得一定成绩时的些许成就感。为了更好地普及网球运动，我们开展了一些教学调查工作。一些数据表明，我们开展网球课教学工作卓有成效。在开展网球课教学的初期，我们通过问卷调查得知，学生选择网球课的主要因素是好奇心驱使，占比达到52.3%；还有学生认为网球课容易及格，占比达到31.8%；陪同伙伴一起参加以及无原因的占比为15.9%。选择网球课的大部分学生以前没有接触过网球，仅有一名学生以前接触过网球。上网球课之前，有40.8%的学生"愿意"继续选修网球课程，而"不愿意"和"不好说"的学生占59.2%。经过一个阶段的网球学习和接触之后，学生的学习意愿发生了明显的变化，"愿意"继续学习的学生明显增加，占比达到77.6%；"不愿意"和"不好说"的学生人数显著下降。学生对网球的学习由好奇驱动逐渐转变成喜欢驱动，学习的兴趣有了相当大的提高。大多数学生能自觉、认真、积极主动地学习，课后也能自觉练习，有了较明确的学习动机。这里说一件让我特别感动的小事，教师节期间有一些考上大学的学生回到学校看望老师，一名学生的一句话让我觉得我们的网球教学工作没有白做。"您知道我大学体育课选的是什么吗？""网球！"我们异口同声地说。"就是因为高中学习过网球，到了大学我发现自己最喜欢的还是网球，所以我选择的还是网球。"这名学生说。还有一些学生因为我们的网球课，爱上了网球，继而爱上了体育教育事业，执意要报考天津体育学院继续深造，并立志成为一名体育教师。

我知道，这些是我们工作最好的回报。通过我们的努力，学生爱上了网球运动，爱上了网球课。每当课间休息的时候，如果你来到我们学校，就会看到网球场上、操场边的砖墙旁有很多正在挥拍击球的学生……

三、教学亮点案例

俯卧撑是常见的自重练习方法，也是简单易行却十分有效的力量训练手段，被广泛应用于体育课和日常锻炼。俯卧撑主要锻炼上肢、胸部、腰部及腹部的肌肉，尤其是胸肌。按身体姿势分为：标准俯卧撑——练习者脚和手都在一个水平面上；退阶俯卧撑——练习者脚低手高，推起难度降低；进阶俯卧撑——练习者脚高手低，推起难度升高。在物理知识方面，学生掌握了运动和相互作用，包括多种多样的运动形式和力等方面的知识。因此，本次授课就以"俯卧撑究竟能推起多少自身的体重"为主题，以体验、提问、解惑、锻炼为主线，把动体与动脑很好地结合起来，给学生创造再认识所学知识的情境，通过体育与物理跨学科融合教学，让学生掌握锻炼原理和解决问题的理性思维。

（一）教学目标预设

（1）能理解俯卧撑的技术要领，区分标准、退阶和进阶俯卧撑；能利用物理学的杠杆原理计算自己推起自身体重的方法；能在比赛中运用体能锻炼原理和物理知识，自己锻炼，增强体能。

（2）在游戏环境中理解体能锻炼的原理，并能运用到日常生活中，形成体育锻炼的意识和习惯；能将物理知识与体育运动联系起来，和同伴一起尝试解决一些体育运动中的问题，安全、科学地进行锻炼。

（3）在"学、练、赛"过程中表现出遵守规则、团结合作、公平竞争和吃苦耐劳的品质，培养勇于探索的实践精神和物理学科严谨的实验观及科学精神。

（二）学习探究过程

1. 课前准备阶段

学习材料：前置任务——学生测量自己的体重、阅读教师提供的相关资料。

活动器材：多媒体触屏 1 台、台凳 36 个、笔记本电脑 2 台、电子体重秤 4 个、米尺 1 个。

2. 准备部分（队形队列与准备活动）

队形队列：学生排成两排，进行原地转圈和齐步走——立定练习。培养学生的团队意识和集体主义精神。

准备活动：学生排成两排，在教师带领下做 6 ~ 8 节功能性体操，增强肌肉、心肺和神经系统能力，为体能锻炼做好准备。

3. 基本部分（学练探究过程）

（1）组织与场地布置：充分利用现有的场地设施，让学生排成人数均等的两排，这样不仅有利于教师选位，减少重复调队，节省时间、提高效率，还能保证学生的安全。练习时将学生分为 4 个小组，多媒体触屏放置在队伍中间靠一侧位置，教师讲解点评时学生适当集中即可解决调队问题，如讲解示范时教师可位于两组之间，练习时教师也可站在任意一组附近，学生都在教师视野之内，便于观察、管理和交流。

（2）安全隐患：学校健体馆相对较小，练习空间不足，学生练习时容易出现碰撞；学生年龄较小，自我控制能力不强，容易出现嬉笑打闹现象；学生使用台凳时也容易出现安全隐患；天气炎热，学生容易疲劳中暑；学生精神不集中时，容易出现安全隐患。

防范措施：学生行动要听指挥，教师鸣哨，所有技术动作即停止；教师提醒学生随时观察场上情况，教学中不允许嬉笑打闹；学生练习时注意脚下台凳的位置；学生身体出现不适应迅速停止运动；教师随时观察学生的学习表现。

（3）教法与学法采用教师讲解提示、学生合作探究的形式，运用要领提示、动作体验、提问、解答、再体验、解惑、归纳和团体比赛的递进形式促进学生运用俯卧撑技术进行体能锻炼和掌握物理知识。学练方法上不断增加难度，设置不同梯度的学习内容和测量方式，帮助学生进一步掌握俯卧撑锻炼的原理和杠杆的五要素。

（4）学、练、赛、评四步骤如下。

① 学、练阶段。

教学活动一：引出问题。

布置第一个练习任务，让学生尝试完成 10 个标准俯卧撑。提出"当完成一个标准的俯卧撑动作时我们推起自身多少体重"这个情境问题，物理教师根据学生的回答引导学生运用杠杆原理分析该问题的要点，找到实验过程中的难点，合理运用现有器材进行测量。

实施过程：按照先体验后互动释疑的方式，引导学生参与思考并得出进行俯卧撑练习时，身体相当于一个杠杆，脚尖与地面的接触点为杠杆中的支点，胸大肌及肱三头肌等将人体向上推动的力为杠杆平衡中的动力，身体所受的重力为阻力的结论（见图 1）。

支点 O　　阻力 G　　动力 F_1

图 1　俯卧撑练习中的杠杆原理

根据"杠杆五要素"的画法，画出学生在做俯卧撑时的支点 O、动力 F_1、动力臂 L_1、阻力 G、阻力臂 L_2。当杠杆（人体）在动力和阻力作用下处于静止状态或者匀速运动的状态时，符合杠杆平衡的条件，即动力 × 动力臂 = 阻力 × 阻力臂，其代数式表示为 $F_1 \times L_1 = G \times L_2$（见图2）。

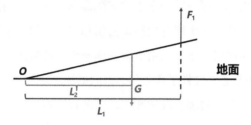

图2 杠杆的五要素和杠杆平衡条件

根据杠杆平衡条件 $F_1 \times L_1 = G \times L_2$ 分析可知，如果想知道"俯卧撑究竟能推起多少自身的体重"，需要测量的物理量有学生所受的重力 G、阻力臂 L_2、动力臂 L_1。这些物理量需要用什么仪器进行测量？生活中可以用电子体重秤测量学生的体重，用米尺测量力臂的长度。使用电子体重秤测量体重既方便又准确；在测量阻力臂和动力臂时，由于每个人的重心各不相同，且在完成俯卧撑时，当人的身体姿态发生变化时，动力臂和阻力臂也会随之改变，导致测量方式不方便，测量结果也不准确。针对学生的回答，进一步引导学生从另一个角度（力的平衡）思考"如何利用现有器材（电子体重秤）准确测量（克服体重秤测量面积小于两手支撑面积的不利因素，由测量手掌位置改进为测量脚尖位置）究竟能推起多少自身的体重"。根据力的平衡知识，学生对人体进行受力分析后，得到自身所受重力 G、动力 F_1 和地面对脚尖竖直向上的支持力 F 之间的关系为：$G = F + F_1$。通过测量 G 与 F，利用公式 $\eta = (G-F)/G \times 100\%$，可以求出完成俯卧撑时不同阶段推起体重占自身体重的百分比（见图3）。

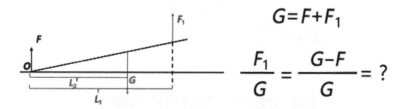

图3 做俯卧撑时 F_1 与 G 的关系

学生利用电子体重秤，结合上述物理知识，测量了进行俯卧撑训练时的各项数值。学生将测量后的数值填至表格中，根据公式计算自己做标准俯卧撑时推起的体重及其占自身体重的百分比。经过统计，学生完成标准俯卧撑时推起自身体重的范围是 65.76% ～ 69.41%。

设计意图：提出的问题应符合学生的实际需求，例如，俯卧撑动作简单却蕴含着丰富的知识，而且与学生现有的知识密切相关，能够引起学生学习兴趣；提出的问题应具有导向作用，学生利用所学物理知识能够解决这个问题的难点与重点，例如，杠杆的五要素、杠杆平衡条件、力的平衡；提出的问题应具有一定的难度，同时学生利用体育、物理和数学知识，借助计算器、计算机软件和电子体重秤等工具能够解决。

教学活动二：体验阶段。

学生完成 10 个退阶俯卧撑（将手放在台凳上，台凳高度为 25 厘米）后，教师观察询问学生练习时的感觉，提出问题"为什么将手放在台凳上完成俯卧撑更容易"，从而激发学生的积极思考。增加练习难度，让学生将脚放在台凳上完成进阶俯卧撑，提问"为什么将脚放在台凳上完成俯卧撑更困难"，鼓励学生运用前面学习的知识分析原因。

实施过程：学生在已有经验的基础上完成 10 个退阶俯卧撑，由于手支撑高度的变化，学生完成得较为轻松，教师根据学生的实际情况适时提出问题："为什么同学们进行退阶俯卧撑练习时要感觉轻松很多？"根据杠杆平衡条件，可以推导出 $F_1 = G \times (L_2/L_1)$，当身体离地越远时，自身体重不变、动力臂不变、阻力臂变小、动力 F_1 变小，则越省力（见图 4）。

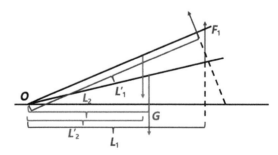

图 4　做退阶俯卧撑时的杠杆平衡条件

学生继续完成 10 个进阶俯卧撑，由于脚支撑高度的变化，学生完成得较为困难，教师根据学生实际情况提出问题："我看到同学们做起来明显更吃力，这又是为什么呢？"把原来的支点 O 提高到 O'，此时人体就呈向下倾斜的状态，阻力臂稍有增大，动力臂减小。根据杠杆平衡条件，当所受重力 G 不变、L_1 变小、L_2 变大时，动力 F_1 变大，推起的体重增加，导致练习难度增加（见图 5）。

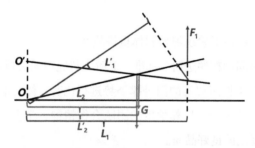

图 5　做进阶俯卧撑时的杠杆平衡条件

学生运用电子体重秤计算退阶和进阶俯卧撑时需要推起的体重。经过统计，学生完成退阶俯卧撑时推起自身体重的范围是 56.49% ～ 65.77%；学生完成进阶俯卧撑时推起自身体重的范围是 67.52% ～ 70.55%。虽然学生体形存在差异，以及测量过程可能存在操作误差，但是整体统计数据符合预期。

设计意图：当学生面对学习中的实际问题无从下手时，教师要帮助学生抓住关键问题，例如本次课上问题的关键是支点的变化导致动力臂和阻力臂的大小产生变化，进而引起电子体重秤相关测量数值的变化。学生明白数值变化的原理后，教师的责任是引导学生形成解决问题的手段和策略，学生在学习小组内分工明确，适当轮换角色，以解决问题为抓手来完成任务。

② 梳理、归纳、提升阶段。

实施过程：学生归纳、总结完成三种俯卧撑时推起自身体重的范围。教师通过点评、分析动作，提出改进意见并与学生共同完成本节课预期的目标。

设计意图：教学过程中教师对学习成果进行持续评价，对好的方法、思路给予肯定和表扬，激励学生顺利完成课堂目标。学生回顾解决问题的过程，进一步归纳整理并形成新的启示。

③ 竞赛运用阶段。

竞赛活动一：团体推起体重挑战赛。

让学生分成若干小组，并在规定时间内运用前面的方法计算出自己能推起的体重。以小组为单位进行评比，学生自由选择俯卧撑姿势。

设计意图：学生自选俯卧撑姿势进行比赛，发展上肢力量，培养团队合作精神。

练习过程中学生自行统计自己完成的数量，培养诚实守信、遵守规则的良好品质。学生迅速计算出结果，教师总结比赛情况，评价学生对促进上肢力量练习原理与方法的掌握情况。

竞赛活动二：团体退阶练习推起体重挑战赛。

学生在规定时间内按照进阶、标准、退阶姿势完成俯卧撑并计算总推起体重。

设计意图：学生按照规定的俯卧撑姿势进行比赛，体验退阶练习过程，发展上肢力量。计算团队成绩，培养学生的团队合作精神。学生自行统计成绩，培养诚实守信、遵守规则的良好品质。

④ 体能补偿练习阶段。

教师运用 Tabata 练习法，利用台凳提升学生的核心力量和下肢力量。每个体能动作练习 20 秒，休息 10 秒。

设计意图：体能补偿练习阶段采用的是动作相互补偿的练习形式。俯卧撑主要发展上肢力量，因此体能部分以提升核心力量和下肢力量为主进行练习。教师充分利用现有器材，设计交替训练核心力量与下肢力量的 Tabata 练习法，促进学生体能全面发展，同时整个练习过程也是对学生坚韧不拔、克服困难的意志品质的一个锤炼过程。

⑤ 学习评价阶段。

学习评价包括参与态度评价、技能评价、教师点评、体能评价。教师要做好过程性"学、练、赛"记录，尤其是利用竞赛调动学生的积极性。教学全过程中采用多种形式的评价方式促进学生综合能力的提升。

（5）放松整理与讲评（结束部分）。

放松整理：学生排成两排，在教师提示下，采用肌肉放松、调节情绪的方法，放松身心，为下一节课的学习做好准备。

教师总结本节课的情况，强化要点，清整场地器材。

（三）教学评析

跨学科教学活动体现了教师的综合能力，尤其是教学中如何体现跨学科素养是一个难点也是一个亮点，双师型授课是一个有效的途径。物理教师参与到体育备课、授课的过程中，这为体育课堂教学提供了一个新形式。学生巧妙地利用电子体重秤结合物理学知识对做俯卧撑时推起的自身体重进行测量，进行实践探究，得出实验结果，验证提出的假设。教师在教学中围绕教学内容的选择以及重、难点的突破，在教法与学法的选择中遵循了教学原则和学生生理、心理特点，使各项教学任务顺利完成。教师通过设置"学、练、赛、评"四环节激发学生的练习兴趣，逐步满足了学生获取知识与提高技能的需求。在竞赛环节，学生能利用已有知识帮助自己练习，练习密度接近50%，课程中学生的平均心率处于140～150次/分。学生能将物理知识灵活地运用到探究实践中，初步掌握力量锻炼的原理。学生的综合能力得到提升，本节课便达到了预期目标。

自白

对我影响最深的一个人： 其实对我的体育教师生涯影响最深的不是一个人，而是一群人。例如，高中时期的刘老师，他让我明白要"用最简单易懂的语言讲解复杂的运动技巧和原理，让学生能够快速提高自己的技能水平"；在天津体育学院学习时的谷老师，他让我知道"体育学科想要及格很容易，但是想要研究透彻，穷其一生只是皮毛而已"；工作之后的师傅吴老师，他让我坚信"不怕起点低，就怕不努力，日积月累，终会有所成就"。正是这些老师让我知道教师是要终身学习的，要不断地用新知识补充自己的大脑，更新自己的教育观念，鞭策自己努力前行。

我心目中理想的体育教师是什么样的： 首先，体育教师应该充满工作热情，不因工作中的困境或者不顺而一蹶不振，始终保持足够的热情投入体育工作之中；其次，体育教师需要拥有扎实的专业知识和技能，包括各种运动项目的知识、技能和教学方法；最后，体育教师需要具备良好的沟通和协作能力，与学生、家长和其他教师进行有效的沟通。

我在教学中遇到了哪些挫折和困难： 首先，我在教学中遇到的最大困难就是运动安全问题。安全问题不仅困扰着教师，也困扰着学校。其次，有些学生可能对体育运动不感兴趣，缺乏动力和积极性。最后，学生之间的身体素质和技能水平存在差异，可能会增大教学难度。

我想对年轻体育教师说的话： 年轻体育教师应该做到"三心"。"三心"是指责任心、爱心和耐心。责任心是体育教师的基本职业素养，体育教师需要对自己的教学工作负责，尽心尽力地完成每一堂课的教学任务。体育教师还要有爱心，关心和爱护每一名学生，用温暖和关怀去感染和引导学生。耐心也是体育教师非常重要的品质，学生存在明显的个体差异，教师需要耐心地指导和帮助学生不断进步。

潜心教研廿七载 无悔芳华育栋梁

——吉林省体育名师王春霞的体育教学特色

名师档案

（一）基本信息

正高级教师，吉林省中小学体育学科带头人、吉林省骨干教师、吉林省教育厅国培、省培专家库专家、吉林省高中新课改实验专家、吉林省体育学科教学名师评审专家、吉林省体育学科核心组成员、吉林省体育专业委员会副理事长、长春市中小学体育教师基本功大赛暨教学名师评审专家、长春市体育学科兼职教研员；啦啦操国家级裁判员、教练员，吉林省啦啦操协会荣誉会长；国家高级学生发展指导师，国家高级家庭教育指导师，国家高级心理危机干预师，东北师范大学硕士研究生指导教师。

（二）教学科研荣誉和成绩

"十一五"至"十三五"期间，多次被评为全国德育科研"优秀实验教师"和"先进工作者"；2020年经吉林省教育厅考核评为"优秀"，给予记功。

专著《中学体育课堂有效互动的理论与实证研究》由吉林人民出版社出版，教案《舞蹈的基本步伐——波尔卡》发表于《中国学校体育》，《啦啦操融入中学体育选修课的价值与实践》等8篇论文发表在核心学术期刊上。

主持的"中学体育教学中培养学生核心素养的实践与研究"等9项科

研课题已结题，另有在研课题3项；参编教材教辅4部、13册，担任教材《义务教育教科书·体育与健康学生用书》副主编，教材《冰雪运动》一至三册、《小学体育》编者，教辅用书《高中新课程课堂教学设计》等3册图书的编者。

执教的"舞蹈的基本步伐——波尔卡"获首届"全国中小学体育教学观摩展示活动"一等奖；执教的"体育舞蹈——北京平四的基本步法"一课，荣获东北三省中小学体育教学研讨会现场展示课一等奖；教学论文、课例、教学设计等在东北三省中小学体育教学评选活动中9次获奖；执教的"花球啦啦操"等在吉林省级教学比赛中获一等奖8次；在省级教师基本功技能大赛、教学设计和论文评选活动中获一等奖6次。

带队参加国家级、省级、市级健美操、啦啦操比赛，共夺得冠军23次，亚季军18次，并多次被国家体育总局体操运动管理中心评为"优秀教练员"。

参与"名师送教""中西部中小学体育骨干教师培训""合肥市中小学体育骨干教师高级研修班"和吉林省国培、省培等活动，举行专题讲座和进行实践授课100余次。

一、教学、教研特色

（一）以"三化一中心"育人模式，提高学生核心素养

坚定学科育人优势，深度领悟体育与健康课程改革的前瞻育人价值，做前行路上的传播者。在"双新"背景下，我聚焦核心素养，创新育人模式，积极开展教育思想、教育理论和教学方法等方面的纵深研究与总结创新，领悟教育政策，深刻理解课改方向，用先进的教育教学理念、改革创新精神探索提高学生核心素养的模式，并将其广泛运用于教学实践。

在教学中，我不断挖掘育人元素，从课程设计到课堂实施，从体能训练到课外活动开展，全方位培养学生的终身体育学习意识，形成了"三化一中心"育人模式，即以学生健康发展为中心，开展体育健康目标化、体育活动情境化、课外

延展多样化的育人模式。

规划目标，助力成长。新生入学时，我组织构建了"体育与健康发展规划"这一育人特色工程，并建立学生"健康教育生涯规划档案"。该档案包括心理健康和身体健康两部分，将真实记录学生未来三年的阶段成长，帮助学生明确自己的身心健康状况，并规划发展目标。每学期伊始，我针对学科课程、校情和学情，设计学段全年教学计划、学期教学计划、模块教学计划和课时学习目标。这些计划和目标以学生实际情况为根本，以大主题统摄小环节，以小环节支撑大主题，使学生明确自己的健康规划，最终促进学生身心全面发展。

设计情境，动态分层。体育课是学生开心的乐园和育心健体的舞台。我在教学过程中，实施动态分层方法。通过创设主题情境，因材施教，针对不同水平的学生制定不同的学、练、赛目标，关注学生的成长过程。让学生在学习中发展运动能力，提升身体素质，树立终身体育的意识，并学会做成长路上的自省者，建立自信、自强的信念。师生间的良性互动，真正促进了长春外国语学校体育教学团队的成长，实现体育与健康课程相结合的育人目标，突出学科育人的实效性。

课外延展，夺标育人。将课上内容与课外活动相结合，促进学生专长发展一直是我关注的一个重点。将课上内容延展到课外，丰富多样的练习形式受到了学生的广泛好评。例如，家校互动的家庭作业、喜闻乐见的社区活动等。此外，还有校园啦啦操专业俱乐部为学生提供专项体育活动和参加比赛的机会，大量学生在国家级、省级、市级多项赛事中获得了优异成绩。

（二）以"教研 + 实证"渗透方式，引领教师专业成长

深耕教研，渗透发展。我深知"教而不研则浅"的道理，作为国培省培专家、吉林省体育学科核心组成员、市兼职教研员和学校健康中心主任，我带领团队通过专题培训、研磨精品课、结构化课程评价等，贯彻落实新课标，积极实践新课程，探索育人新方向。我始终坚持教研，对教育教学研究方向具有较高的敏锐度，以研究者的观察方式、思维方式及时发现体育教育教学中的问题，并在研究和探索中有效分析、解决问题。我将教研贯穿于日常的教育教学中，与团队一起研究讨论，集合团队力量，打造精品体育课程，彰显兴趣教育魅力。

我在教育、教学、教研中的示范引领作用，影响了大批省内外一线体育教师。

我凝心提炼自己的实践经验，撰写了《中学体育课堂有效互动的理论与实证研究》一书。该书被广泛地推广和使用，获得了业内人士的认可。

二、以体育人案例

在一节女生体操技巧课上，我指导学生学习俯平衡、前滚翻直腿坐、肩肘倒立、单肩后滚翻成单膝跪撑平衡、跪跳起动作，并完成垫上技巧成套动作。

本节课为体操技巧模块的第四课时，经过前三节课的学习，学生们已经完成单个技术和专项体能的练习，对所学技术掌握较好。因此我将第三节课的课后作业布置为"以小组为单位，经组内讨论，以保护、帮助的方法创编技巧成套动作"，第四节课时进行汇报展示。

面对第一个展示的机会，学生们既跃跃欲试，又不免紧张胆怯。我手执题板鼓励道："同学们，谁能按题板内容做出规范动作？机会难得呀！"这时，一个响亮的声音响起："老师，让我试试吧！"只见小悦同学高举右手跑到展示区。她快速铺好体操垫，完美地做了个肩肘倒立动作。"做得太漂亮、太潇洒了！"我及时给予积极点评。其他学生也纷纷鼓掌。

借此机会，我引导学生："独乐乐不如众乐乐，请同学们根据创编提示，结合本节课主题，开始小组练习吧！"学生们纷纷展开练习，不过逐渐有些"活跃分子"开始注意力不集中。为了将学生的注意力拉回到动作练习上，激发学生的练习兴趣，我提议和学生来场"师生PK赛"，让学生变身"评委"给我打分，学生一下子对这场新奇的比赛充满了期待。

由于预热不充分、动态拉伸不到位，我在进行动作展示后，有些眩晕，这让给我打分点评的学生一下子变得迟疑起来。我微笑着引导她们："咱们既是师生也是朋友，朋友间应该畅所欲言。"我提议让体委小芳同学先来评价。她深吸一口气，朗声道："王老师的肩肘倒立动作做得很漂亮，接下来的单肩后滚翻成单膝跪撑平衡动作有瑕疵，但连贯性好。"她的话让大家很赞同。我又趁机建议小悦同学评价一下，开始她略显扭捏，在我和其他学生的鼓励下也微笑评价道："总的来说，王老师的技巧成套动作做得还不错，就是动作衔接还不够流畅。"听完她们的评价我很高兴："你们都评价得很到位，老师非常开心。刚才两位同学都仔细观察了老师的展示，并动脑思考，才能对我的动作结构进行细致的分析。王老师结合你们的建议再做一次，你们再来帮我点评，怎么样？"学生们齐欢呼："好！"

激活了学生们的精气神，我充分活动了头部和腰部，深吸一口气，流畅优美地完成了技巧成套动作展示，学生们纷纷喊着"满分""真漂亮"，并给出了更加热烈的掌声。我也趁机表扬她们："我能有这么大的进步，多亏你们中肯的建议呀！谢谢同学们！同时，老师也提醒大家在平时的学练中，多看、善思、勤练、常赛，这样才会更精、更美、更强！只要团结协作，老师相信每一个同学都能拿满分，大家有信心吗？"学生们齐声回答："有！"此刻，学生们训练的热情空前高涨，接下来的练习也更加卖力。我一边巡回检查，一边指导动作。观察中，我发现学生们的动作水平都有了明显的提高。

学练后的比赛环节历来最受学生们欢迎，各小组摩拳擦掌，竞相派出最优秀的成员，展示创编成果。各组展示后，学生们通过自评、互评，将比赛推向了高潮。我趁机鼓励她们："你们的表现真棒！动作正确、衔接流畅。希望在以后的体育课上，大家继续学思结合、团结互助，这样无论面对怎样的困难都能所向披靡！"在学生们的笑容和热烈的掌声中，我结束了本节课的教学。

分析：

兴趣是最好的老师，学生的兴趣是提高教学质量的关键。体育课堂应该在学练中有效互动，以激发学生的学习热情，促进教学目标的达成。因此，在这节课上，我巧妙地通过学生评价环节，激发学生的参与兴趣，使她们在学、练、赛、评中有所收获。

教师应该尽量给学生提供小组学练的机会，培养学生合作探究的能力，同时关注学生的体育品德，促进学生的身心发展。

在课程改革日渐深入的今天，全面育人思想值得每一名教师深入学习。教师要铭记立德树人、健康第一的指导思想，学、练、赛、评一体化的教学理念，重视学生在学习过程中的参与表现，采用灵活激趣、启发奏效的方法，营造轻松愉悦的学习氛围，激发每一名学生的学习兴趣，让每一名学生都成为课堂的参与者和创造者。

自白

我的教学信条： 让学生搭乘健康列车向快乐出发，奔赴美好人生。

我的教学主张： 深入挖掘育人元素，从课程设计到课堂实施，全方位培养学生的终身体育意识。

对我影响最深的一个人： 我的母亲。

我心目中理想的体育教师是什么样的： 用人格魅力影响学生，贴近、尊重学生，信任、欣赏学生，帮助、爱护学生，使学生乐于主动参加体育运动、享受学练乐趣，健康快乐地成长。

我上过最满意的一节体育课： "舞蹈的基本步伐——波尔卡"获教育部体育卫生与艺术教育司举办的"中小学体育教学现场观摩展示课"一等奖。

我最满意的成果： 专著《中学体育课堂有效互动的理论与实证研究》。

我取得优秀成果的主要经验和体会： 积淀体育人生，感恩团队协作，相信"相信"的力量，共筑育人新篇。

自我评价性格特点： 积极开朗、乐观自信。

我的业余爱好： 旅游、体育舞蹈。

我想对年轻体育教师说的话： 拥抱困难、认识自己、坚定信念、不懈努力是你迈向成功的关键。

讲坛坚守绽芳华　风格独树育桃李
——黑龙江省哈尔滨市体育名师杜娟的体育教学特色

📖 名师档案

　　1998 年毕业至今一直从事小学体育教学工作；2013 年开始于黑龙江省哈尔滨市通达小学校任教，被评为体育学科带头人及哈尔滨市体育兼职教研员、教育部新时代小学体育与健康学科领军教师、龙江骨干教师，获黑龙江省体育工作先进个人、哈尔滨市冰城卓越教师等称号；在小学阶段课程教材研发、课程教学实施及地方课程教学设计等领域有深入的研究；执教的体育课多次在各级、各类赛课活动中获得特等奖和一等奖；多年来撰写的多篇论文在全国级、省级、市级评比中获一等奖和二等奖；多次在《体育教学》《林区教学》等期刊上发表文章，同时还参与了教材《大众击剑》的编写；2015 年成立了小学体育杜娟名师工作室，发挥骨干教师的引领作用，指导的体育课分别获得全国一等奖和二等奖，以及市、区特等奖和一等奖；2018 年，工作室被中国教育科学研究院授予"全国体育教学与教师发展联盟工作室"称号；2018 年，携工作室成员成立教材分析组，承担了"全国大中小（幼）体育学科课程一体化"的研究任务，并且个人被中国教育科学研究院体卫艺教育研究所任命为小学体育教材分析组组长。

一、教学、教研特色

教育事业是我心中的朝阳。从踏入教坛的第一天开始，我便在自己的芳草地里编织了一个美好的梦想，那便是成为一名优秀的体育教师。这个信念二十几年如一日激励着我坚守在艰辛的体育教学第一线，在领操台上树立奋进的形象，在操场上挥洒无悔的青春。我将体育事业的艰辛当成了幸福的来源，凭借一种热爱、一份坚持，逐渐靠近自己的理想！

1998 年 9 月，作为优秀体育师范毕业生的我，走上了自己热爱的教师岗位，步入了神圣的教育殿堂。2013 年，怀着对崇高教育理想的追求，通过哈尔滨市教育局优秀教育人才引进评定，我从成都来到了美丽的冰城哈尔滨，继续我的逐梦之旅。转眼 25 年过去了，我始终用心耕耘、呵护童心、启迪智慧，用心灵经营教育、用执着践行教育，在辛勤的耕耘中收获着满满的温暖和幸福！

（一）立德树人，厚德载物

"德领才、德蕴才、德润才。" 25 年的教师生涯，我一直怀着敬畏之心，固守教师之魂、敬守教师之德、谨记教师之职，用自己的行动践行着 "用心教学，潜心育人" 的教育理念。25 年来，我一直坚守在体育教师这个平凡的工作岗位上，带着对教育的热情，怀着对学生无限的爱，踏实、努力、勤奋地工作着。我虽不曾有伟大的举动，也没有耀眼的光环，却执着从教、精心育人，从未懈怠。我一直努力着，让自己成为一名有道德情操的好老师！

（二）不忘初心，静心育人

教育家陶行知先生说过："千教万教教人求真，千学万学学做真人。"工作中，我服从学校安排，不计较个人得失，不追名逐利。从教 25 年来，我始终抱着兢兢业业、任劳任怨的工作态度，不管遇到什么样的状况，我总是把工作放在第一位。即使在病痛中，我也不耽误学校的工作，以大局为重，精心育人。"捧着一颗心来，不带半根草去"，默默奉献，自觉坚守精神家园、坚守人格底线，我以模范行为影响和带动学生前行。

（三）不断学习，完善自我

为了不断提升自身各方面的素养，我不断学习。我深知，只有拥有扎实的学识，才能带好学生。功夫不负有心人，多年来我的潜心学习也让我获得了骄人的成绩。

1. **课堂教学检验学习收获**

（1）在第四届、第六届全国中小学体育教学观摩展示活动中，我进行现场课展示，两节课均获得一等奖。

（2）2016 年，我在中国教育学会体育与卫生分会"十城市"大数据下学生体质健康状况与发展研讨会录像课评比中获一等奖。同时，该课还成为教育部"一师一优课、一课一名师"部级优课。

2. **专题讲座立足经验分享**

（1）我多次在全省国培计划，哈尔滨市、道里区体育学科教研活动中开展专题讲座。

（2）我多次担任省、市、区体育学科教师技能考核、教学质量评估评委工作。

3. **论文论著推广研究成果**

（1）我撰写的《小学体育教学中教师运用评价的艺术》，在 2015 年 1 月的《林区教学》上发表。

（2）2016—2019 年，我编写了全套 3 册《小学体育教师备课指导用书》（未出版）。

（3）我撰写的《纸质击剑器材的制作及使用方法》在 2020 年 11 月的《中国学校体育》上发表。

（4）我撰写的《教学案例》在"'十城市'体育研究会资料丛书"《体育教学展示大会优秀教学案例集（2016）》中发表。

4. **示范引领提升整体素质**

2015 年 9 月，道里区小学体育杜娟名师工作室成立。工作室的教育格言是：博学之，审问之，慎思之，明辨之，笃行之。

在办公室、操场、体育馆，甚至在冰场上都有我和工作室其他教师研讨的身影。除了 QQ、微信，工作室还接入钉钉平台进行直播学习，通过 ClassIn 平台向国家级科研机构取经学习，并积极实践，在全省教研员培训时采取直播方式进行讲解，受到了国家、省、市教研员的一致好评。工作室不断强化成员的教学能力，老教师帮助新教师备课。在我的悉心指导下，工作室教师活跃在各级各类体育教研活动中，并且发挥着重要的作用。我带领工作室教师参与了省专项重点课题"基于小学体育趣味性校本课程内容的实施与策略研究"和市级课题"小学多元体育课程实践研究",同时还参与了《道里区体育与健康课程实施方案》《道里区体育与健康幸福评价标准》《北方冬季体育课程开发成果汇编》《北方冬季冰雪项目教师备课指导用书》的编写工作。

2019 年 6 月,小学体育杜娟名师工作室被哈尔滨市教育研究院艺体教研部授予"哈尔滨市体育学科名师工作室"称号。

(四)爱心浇灌,成就未来

爱是教育的灵魂,高尔基说过:"谁爱孩子,孩子就爱谁。只有爱孩子的人,他才可以教育孩子。"体育运动是累并快乐的事,训练队的学生更是辛苦,因此,我格外心疼学生。尽管我自己也并不富裕,但学生渴了,我就给他们买矿泉水、买西瓜;学生饿了,我就给他们买食物;学生出去熟悉场地,我就给他们买车票。我所带训练队的很多队员至今还在从事专业发展,多年来一直与我保持联系。教育是一场心心相印的活动,唯有老师从心里发出来爱,才能打动学生的心。

桃李不言,下自成蹊。教育路上,我还在辛勤耕耘,付出汗水,并收获幸福。如果说梦想是入云的山、无边的海,那么,我一定是积土不止、积水不辍的追梦人,因为我心中有钟爱的教育事业这轮朝阳!

二、以体育人案例:"画"之魅力

从前在我的课堂上常常会出现这样的现象:好不容易排好的队,呈现的"笔直"犹如昙花一现,转瞬就已"曲折";刚整顿完的纪律,话音未落,又开始涣散;才宣布要做一个游戏,学生们"耶"的一声手舞足蹈,根本不给我说明游戏方法和规则的机会……怎样才能在低年级开展高效的教学呢?

我尝试把美术这种艺术形式应用于体育教学中,以此激发学生的学习兴趣,创造开发学生思维能力的机会,引导学生养成良好的体育学习习惯。针对低年级学生的心理及生理特征,我设计了一个"我与小树共成长"的趣味评价表。该评价表以一幅"画"的形式呈现:花园里有很多鲜花,每朵鲜花下面有 4 片叶子,每一片叶子代表一节体育课,学生将对自己在每一节体育课上的具体表现进行评价，合格则可以将画上的叶子涂成绿色，不合格则将叶子涂成黄色，一周只要获得 4 片绿叶就可以将鲜花涂成红色，如果少一片绿叶就只能将鲜花涂成黄色；花园旁还有一棵苹果树，学生只要获得 3 朵红花或在学习中有突出表现，均可获得一个"苹果"，教师还可以根据学生的实际情况有针对性地奖励"苹果"。这样就从绿叶—鲜花—苹果形成了一个递增式的阶段性评价。期末我将每一个学生的"画"展示出来，比一比谁得到的"苹果"最多，对学生的学习效果进行总结性的评价。

（一）绿叶竞争

我以"绿叶竞争"的方式让每个学生发挥自己的能力和才干，给每个学生积极参与竞争的机会。这使学生在观察到别人的进步的同时，增强自己进步的动力。

从开学的第一节课，我便展示了这幅"画"，并详细向学生说明了这幅"画"的具体"绘制"方法，学生个个热情高涨。我巡视了一下，一年级（1）班，全班共计 47 个学生，有 13 个学生的着装不合格。针对这一情况，我决定将前 3 周的"绿叶竞争"评价内容设计为：规范学生上体育课时的着装。紧接着，我宣布了该"画"的第一个评价内容："从第二节课开始，每个学生上体育课都必须穿运动鞋，合格的将得到第一片绿叶，不合格的则把叶子涂成黄色……"话音刚落，只听见下面"哇！我可以得绿叶！""我也可以！"学生们七嘴八舌地议论着。"绿叶竞争"能成功吗？ 1 周过去了，4 个班中已经有 2 个班的学生能够按要求穿运动鞋上体育课了；2 周过去了，在 4 个班共 191 个学生中，只有 3 个学生的着装不合格；3 周过去了，191 个学生的着装都合格了。

在接下来的教学中，我便分别设计了以广播操、立定跳远、30 米跑、队列训练等为内容的"绿叶竞争"。原本我还担心学生在 4 周的时间内学会广播操比较困难，没想到，学生们的学习热情高涨，到处都可以见到他们练操的身影。在第 6 周的学校运动会上，一年级的学生们在优美的音乐伴奏下将广播操完整地做完了。良好的效果，使我开始感觉到在一年级体育教学中实施趣味教学评价是切实可行的。

（二）鲜花竞争

每周的第 4 节课，我都安排 5 分钟的时间让学生进行相互评价。学生们一边数着"画"上的叶子，一边认真地涂着颜色。当我走到周同学那儿时，他急忙用手遮住了他的"画"，这使我很好奇，我摸着他的头说："能给杜老师看看吗？"只见他把"画"遮得更严了。这时，坐在他旁边的女同学一把将他的"画"抓了过来，大声说："杜老师，你看，他不乖，他只有 3 片绿叶，只能得一朵黄花，可他偏要涂成红色。"周同学看着"画"，小声说："我想要红花。""我想要红花"这一句发自学生肺腑的话一下子触动了我，得到一朵红花不仅是他的想法，更是他上进的内驱力呀！我拉着他的手，亲切地说："你想得红花，很好，老师帮助你补上那片绿叶，好吗？"他兴奋地抬起头来说："真的吗，杜老师？"我含笑点头。后来，我创造机会让他得到了这朵红花。此次，让我体会到了：要给学生创造成功的机会，要激发学生的内驱力。挫折太多会让学生变得消极，成功则能给学生带来"我相信我能做到"的胜任感。

（三）苹果竞争

在一节一年级（1）班的体育课上，为了培养学生们团结合作的精神，我设计了一个"架桥铺路"的小游戏，并将其纳入"苹果竞争"活动中，要求是"哪个小组在比赛中获胜，获胜小组的每一位成员都可以直接获得一个'苹果'；输的一方则要无条件地给胜方表演一个节目"。此言一出，学生们的练习热情很快就达到了高潮。在巡视中，我听见一些速度比较快的学生埋怨经常失误的学生："你怎么这么笨呀，总是铺不好，真讨厌，总是影响我们……"这种状况使我意识到，良性竞争、团队意识也是评价应该关注的问题。教师要让学生感悟到合作中每个人都有优势和劣势，只有做到互相支持才是真正的合作。

在另一节室外课上，教学内容是复习广播操。"今天老师要请一个同学上来领操，谁愿意啊？领得好的同学将得到一个'苹果'！"有很多学生立刻举起了手，我却把目光投向了角落里的黄同学，学操他是他们班最快的，可是他却没有举手。"黄同学，你来领操。"他怯怯地走上来。"黄同学，别怕，喊出声来！大声喊就能得到'苹果'了！"同学们鼓励他，我也给了他一个鼓励的笑容："男子汉嘛，拿出点气概来！"接着，我又高声对学生说："咱们与黄同学一起喊口令，好不好？""好！"整齐响亮的回答回荡在操场上空。"一二三四……二二三四……"大家喊得很卖力，黄同学也跟着张嘴，虽然那声音，也许只有他自己听得见，但他跨出了第一步。我履行承诺，奖励给他"苹果"，他高兴极了。再次碰面时，他不再低着头闪躲，而是很高兴地、大声地喊"杜老师！"一个"苹果"让他从胆怯变勇敢了！我的成就感油然而生。我体会到，为学生喝彩，给予学生鼓励，可以让自卑的学生走出泥沼。一个懂得奖励艺术的好老师，对学生的未来有着深远的影响。

（四）果满树，花满园

"一分耕耘，一分收获"，在期末考核中，全年级 191 名学生，约 80% 的学生得到了 6 个"苹果"、18 朵"红花"、72 片"绿叶"；37 名学生有一朵"黄花"或一片"黄叶"。实践证明，在一年级的体育教学中开展趣味评价，达到了全面考查学生的学习状况、激发学生的学习热情、促进学生全面发展的目的。如果把体育教学比作记录了学生健康成长的"小说"，那么在"小说"的结尾就应呈现学生品尝胜利果实而欢呼雀跃的场景。期末，我在各班安排了一节成果汇报课。课上，学生们争先恐后地将自己的"画"贴到黑板上，教室瞬间变成了一座美丽的大花园。我百感交集：这一个个红红的"苹果"、一朵朵鲜艳的"小花"、一片片翠绿的"叶子"，不正代表着学生们的每一次进步、每一次收获、每一次创新吗？也正是学生们团结协作、不断竞争，才使我的一个个训练项目落到实处，让我圆满完成了本学期的教学任务，也使我在一年级的趣评初探中取得了成功，他们是我的骄傲！

为人师者，不仅是星光引路人，见证学生的成长和蜕变，也是与学生共同学习、成长的伙伴，在陪伴和付出中不断充实自己。

自白

我的教育理念：

激发自我——帮助学生体会运动的快乐；

展示活力——帮助学生发展强健的体魄；

关注细节——帮助学生塑造健全的人格；

笃定信念——帮助学生磨炼坚强的意志。

我心目中理想的体育教师是什么样的： 被学生认同、喜欢，甚至是敬仰；能给学生爱，并让学生感受到爱；能引导学生学习体育、热爱体育、参与体育；能从学生的角度认识、理解体育教学。

我想对年轻体育教师说的话：

一、克服心理障碍，迅速进入教师角色；

二、培养兴趣，树立正确的人生价值观；

三、不断学习，让教学工作得心应手；

四、树立教师威信，展示教师风范；

五、学会教学科研，不断提升能力。

以体育人　匠心常在

——黑龙江省哈尔滨市体育名师赵潘滨的体育教学特色

🎓 名师档案

哈尔滨市师范附属小学校正高级教师，黑龙江省体育艺术先进工作者，黑龙江省体育学科教学能手，哈尔滨市优秀教师，哈尔滨市优秀共产党员，哈尔滨市"四有"好老师，哈尔滨市冰城卓越教师，哈尔滨市体育学科带头人，哈尔滨市体育学科骨干教师，哈尔滨市体育名师工作室核心成员，南岗区小学体育名师工作室核心成员，赵潘滨体育名师工作室主持人；担任黑龙江省中小学体育教学指导专业委员会委员，黑龙江省小学体育学科兼职教研员，哈尔滨市体育学科兼职教研员，是黑龙江省小学体育教研共同体核心成员；主持黑龙江省规划办重点课题1项（"三思三求"教学理念引领小学体育与健康课堂教学的实践与研究），黑龙江省教育学会课题1项（小学新兴体育运动进校园的探究），发表论文10余篇。

在教学工作外，参与了户外活动、各级比赛的执裁工作，还对运动康复知识进行了学习；从2009年开始，参与了全运会和全国赛艇、皮划艇比赛的执裁工作；2014年开始参与滑雪项目的执裁工作；2022年以国内技术官员身份参加了北京冬奥会和冬残奥会，负责冬奥会的单板及自由式滑雪障碍追逐项目以及冬残奥会的单板及自由式滑雪障碍追逐和坡面回转项目的执裁工作，并积极带领其他国内技术官员在完成本职工作的同时协助U型场地、坡障场地清除赛道积雪，使场地达到训练和比赛要求。

一、教学、教研特色

在 34 年的教育教学工作中，我扎根教育事业，以敬业精神、专业知识、创新能力、教育情怀和榜样力量成了学生们的良师益友；几十年如一日地践行"师者也，教之以事而喻诸德者也"的育人理念，主张"每一个孩子都是一个独特的个体，要尊重他们的差异，引导他们找到适合自己的运动方式"。因此，我始终把教育当作自己的终身事业，而不只是一种职业。我认为体育教育的首要目标是促进学生的身心健康。通过运动和锻炼，帮助学生增强体质，提高健康水平。教学中，我注意培养学生的学习兴趣，通过创新的教学方法和活动，激发学生的参与热情，让学生在运动中体验乐趣和成就感。

做一件事就要努力、认真，这是我对自己的要求。在教学中，我总是多进行思考，凭借自身的经验和学习明确了"创新学科专业化成长"的理念，努力做到让体育这一传统学科"活起来""动起来"，体现出它特有的活力。我在备课时加强课程内容整体设计，注重教学方式改革，重视综合性学习评价，关注学生个体差异。我善于驾驭课堂，而且善于总结教学规律，善于积累，并学习新颖、有效的教学方式。

如何让学生们真正喜欢体育课，学好体育技能，并养成爱运动的好习惯，在运动中培养学生的核心素养，是我一直在思考的问题。我在课下与学生们交朋友，充分了解各个年级学生的特点和体能状况，潜心研究教材，针对学生们不同的体能和兴趣制定个性化教学方案，开发了许多创意十足的体育活动，让学生对体育学习产生浓厚的兴趣，使其在轻松愉快的氛围中提高身体素质、掌握运动技能。

我的教学工作得到了大家的认可，在国家级赛课、全国体育教师技能大赛、国家级论文评比、国家级录像课评比中都获得了一等奖，还代表黑龙江省参加了多次国家级公开课比赛。2013 年，我参加了中国教育学会体育与卫生分会体育教学观摩研讨会，"花样跳绳"教学设计获一等奖；同年，我还参加了东三省中小学体育教学观摩展示活动，"花样跳绳"一课获一等奖；2014 年，我参加了省四城市中小学体育教学交流研讨会，"团队小篮球"现场示范课获一等奖。在 2015 年哈尔滨市中小学体育学科"中国十城市体育教学赛课"评选活动中，我代表哈尔滨市参加全国赛课，现场展示的"足球正脚背射门"一课被评为一等奖，并获评最佳教师。这些荣誉，是我对教育事业热爱的见证。从刚踏入校园到成为同事心中的前辈，哈尔滨市师范附属小学校的操场上留下了我的汗水。我热爱教育事业，愿意把自己的时间和精力奉献在哈尔滨市师范附属小学校这片热土上。

在 2022 年 4 月教育部推出了体育学科新课标后，我深入研究课程改革，并带领组内教师深入学习，强调教学设计要以新课标新目标——落实立德树人为根本任务，坚持"健康第一"教育理念，以发展核心素养为引领，落实"教会、勤练、常赛"要求，注重"学、练、赛、评"一体化教学。在我参加的很多教学能力培训中，老师们对我的教学观念和教学方法连连称赞。在哈尔滨市师范附属小学校"三学三思"教育理念下，我研究"三思三求"体育教学模式，力争做到"课堂求真、合作求真、效果求实"。近年来，我多次为"国培计划"体育骨干教师培训班，省、市级中小学体育骨干教师培训班开设专题讲座。2022 年 12 月，我为粤东、粤西、粤北地区的中小学体育教师开设专题讲座；2023 年 2 月，我在"体智云"平台开设专题讲座。参加这些活动也让我有更多的机会和全国优秀同行深入交流、互相学习。

作为一名老教师，我深知体育教学对学生成长的重要性，可以说，教师的课堂教学质量是影响学生运动兴趣的关键。我带领年轻教师学习时，都是用直接、实用的教学方法，将老一辈的敬业精神传递给每一名年轻教师。年轻教师刚入职的几年是成长的关键期，当年轻教师遇到困惑时，我会深入浅出地从理论到实际、从现象到本质为他们分析讲解体育教学的奥妙。如何让学生在玩中学到新的技能，如何在玩中保证安全，如何在玩中培养学生的核心素养，都是令年轻教师迷茫的问题。每一次指导年轻教师时，我都毫无保留，以帮助他们快速成长起来。在2023 年哈尔滨市区级"百花奖"比赛中，我指导的 3 名参赛老师都是入职才几年的教师，他们一人获得第一名，一人获得第二名，另一人获得第五名。这对他们的职业生涯会起到一个非常关键的作用，会使他们在未来的工作当中也充满朝气、激情。他们敢于尝试、乐于创新、阳光向上、不断攀登，他们的勤奋好学、喜欢挑战也是我教学精神的传承。

在工作中我永远保持着一颗年轻的心，充满活力和热情。学校共有 137 个教学班、5000 余名学生，我带领组内年轻教师组织和指导学生进行课余体育活动，在 4 个校区同步组建晨练队和开展周二的特色社团课。我们坚持以学生发展为本，基于校园文化特色，注重兴趣培养，成立了9个特色社团，包括田径、足球、花样跳绳、篮球、轮滑、武术、独轮车、健身操和自由搏击社团；让传统文化与新兴运动碰撞，让学生能够接触到更多的运动项目，也能够在学习中培养不同的运动技能，并以此引导学生在运动中不断进行自我锻造，提升运动能力，挖掘潜力，助力学生个性化发展。学校的花样跳绳队有车轮绳、交互绳、彩虹绳、波浪绳及网绳等40余种跳法；学校的武术课程激发了学生对民间体育活动的兴趣，将强身健体和弘扬民族文化有机结合；而独轮车项目是相对新兴的体育项目，既具有个人表演的竞技特点，又强调团体合作、相互配合、协调一致。每天操场上多姿多彩的晨训活动，让学生们体验到了校园体育带来的快乐。

二、以体育人案例：点亮心中的光

在某个新学期，我开始负责教授三年级1班体育课，但在此之前，我对这个班学生的了解并不多。在第一次上课前，我被要求参加一个临时会议。当会议结束后，我快速跑到操场上，但时间还是晚了整整3分钟。这让代课的实习老师不得不组织学生进行课前准备活动。在与实习老师简单沟通后，我开始给同学们上课。

当同学们看到我来上课时，欢呼声立刻响起，他们知道我上课的习惯：纪律要良好，队伍要整齐，行为习惯养成时间要短，准备活动则以游戏的形式进行。大家相互督促，尽快站好队。看到一张张稚嫩的笑脸，我很开心。

然而，在巡视过程中，我发现一名小个子的男同学还在东张西望。正当我想要走过去时，一名女同学主动开口："老师，张同学就是这样，今天他能来上课就已经很不错了，以前他经常不来，谁都管不了。"我意识到这是一个需要重点关注的学生，需要区别对待。

我转身回到队伍前面开始整队，稍息后，接下来是行为习惯养成。学生们昂首挺胸，两臂紧靠躯干。我突然注意到张同学也站得很标准，我立刻说："现在请表现最好的同学到前面来。"所有学生都精神焕发，我也走到张同学面前。他有些怀疑地看着我，我笑着说："怎么不好意思啊？"他坦然回答："不是。"于是我叫张同学和另一名同学一起走到队伍前面，面向其他学生站好，我大声说：

"好了，我们比一比看谁站得更精神！"

我看到张同学有些紧张，头抬得高高的，两脚尖并拢站着。我马上小声提醒他收回下颌，脚尖分开。我抓住时机问全体学生："张同学站得标准吗？"学生们大声回答："标准！"大家一起鼓励张同学，掌声热烈而感人。同学们看到了他积极向上、充分展示自己的另一面。张同学在同学们的掌声中带着微笑和满满的幸福回到了他的位置。

在后来的体育课上，其他学生都在进行篮球运球练习，张同学又有些情绪亢奋，影响其他学生的学习。我发现这个问题后，首先走到他身边，轻声提醒他要认真练习，并告诉他如果他能好好练习，我会在课后给他一些额外的奖励。但是，张同学并没有听进去，反而更加活跃。

这时，我决定采用一些特殊的方法来帮助他。我让张同学站到一边，看着其他同学练习，并告诉他，如果他能观察到其他同学做得好的地方，并向我报告，我会给他一些奖励。张同学听了之后，开始认真观察其他同学的练习，并向我报告了一些其他同学做得好的地方。我看到张同学的表现有所改变，就趁机鼓励他，告诉他如果他能像其他同学一样认真练习，他也能做得很好。他听了之后，开始认真练习，也逐渐掌握了篮球运球的技巧。

在后来的每一节体育课上，我都会适时地给予张同学鼓励。他非常投入，表现得特别积极。他与同学们一起学习、一起游戏，快乐地奔跑，自然地融入了这个集体，享受着天真快乐的童年世界。

当我在课堂上注意到这名学生时，我不仅看到了他的行为习惯，而且还注意到了他的内心世界。我看到张同学有些紧张，就适时地给予他指导。我敏锐地抓住了这个机会，让他认识到自己的优点，并鼓励他积极参与课堂活动。这不仅让张同学感受到被尊重和认可，也让他看到了自己的长处。我的关注和鼓励给了他积极的反馈，让他更加自信地参与到课堂活动中。除了在课堂上关注和鼓励学生，我还积极与学生互动和沟通，主动倾听他们的想法和感受，给予积极的反馈和建议。这种互动和沟通有助于建立更加融洽的师生关系，同时也能够帮助学生更好地理解自己的问题和需求。

作为一名教师，不能轻易放弃任何一名学生。一个小小的细节——关注和鼓励——可能会给他们带来快乐，甚至对学生的一生产生影响。我始终相信每名学生都有潜力，只是需要正确的引导和支持。在正确的教育引导下，学生们会感到被接纳和认可，愿意主动参与到教学过程中，并与其他同学一起探索知识。我对教育的深刻认识和对每名学生的关怀体现在每一个教学环节中，为学生的成长和发展提供了支持。在教育的道路上，我善于观察细节，抓住时机帮助那些缺少自信、得不到他人认可的学生找回自信、找回自尊，找回他们心中的光。每一名学生都需要爱和关怀，这是教育的真谛，也是教师的责任和使命。我用行动展示了教师的责任和使命。

自白

我的教学主张：根据学生的能力、兴趣和学习风格，制订个性化的教学计划；通过创新的教学方法和活动，激发学生的参与热情，让学生在运动中体验乐趣和成就感；通过组织团体活动和比赛，让学生在合作与竞争中学会相互尊重、沟通与协作，从而培养学生的核心素养，将体育运动融入他们的日常生活，培养学生终身运动的意识。

我心目中理想的体育教师是什么样的：具备扎实的专业知识和技能，对体育教育事业充满热情，注重学生的个体差异，能够根据不同学生的能力和兴趣制订个性化的教学计划，愿意为学生的身心健康和全面发展付出努力和时间；具备终身学习的意识，能够不断更新自己的知识和技能，更好地适应教育变革的需要，保持教学的新鲜感和时代性，培养出更多全面发展的学生。

我的教育理念：每一名学生都是一个独特的个体，要尊重他们的差异，引导他们找到适合自己的运动方式。

我想对年轻体育教师说的话：作为一名体育教师，一要热爱你的工作，不仅要教授学生体育技能，更要培养学生的健康意识和生活习惯；二要保持学习的热情，不断更新自己的知识和技能，以更好地应对教学中的各种挑战；三要关注学生的个体差异，每名学生都是独立的个体，要因材施教；四要培养学生的团队精神，要引导学生学会合作、互助，培养他们的团队意识和集体荣誉感，培养核心素养；五要保持积极的态度，在教学过程中，你可能会遇到各种困难和挑战，相信自己的能力，相信学生的潜力，努力实现教学目标。

身心发展育素养　以体育育人守初心

——上海市体育名师沈洪的体育教学特色

🎓 名师档案

　　沈洪，上海市体育学科特级教师，特级校长，正高级教师，上海市市东实验学校（上海市市东中学）校长，上海师范大学兼职教授，上海体育大学客座教授，硕士研究生导师，上海市第六期体育学科德育实训基地、杨浦区"登峰计划"名校长研习基地主持人，上海市高中体育专项化改革专家组成员。

　　沈洪既是一名具有丰富实践教学经验的体育教师，又是一位具有优秀学校管理经验的特级校长，对学校体育发展有着独特的思路和创新实践。他主持过多项上海市级课题，发表数十篇学术论文、出版近十部著作，其中"上海市高中专项化体育课程改革的理论与实践研究"课题获评教育部全国学校体育教学、训练、竞赛及条件保障体系建设优秀改革成果并被全国推广；《中小学体育课程德育的理论与实践研究》一书获2017年上海市教学成果奖（基础教育）二等奖，形成"身体发展与精神发展的双建构"的教育思想；获上海市园丁奖、上海市最佳阳光体育活力校园"年度最佳贡献校长"奖、上海市运动健康科普人物等荣誉和称号。

一、教学特色

体育课程与一般文化课程的重要区别在于，体育课程是一门以身体练习为主的课程。因此，学校体育不仅要育体，更要育人，要立足于学生的全面发展。在三十多年的教学实践中，我逐步形成了"乐学、善思、会练"的体育教学特色，并将其贯彻到教学设计、教学内容、教学手段和教学过程中。

1. 教学设计有创意

现行的教材内容体系更多将学生的发展放在首要位置，使学生通过学习体育与健康课程内容，得到对现在及未来生活、工作有益的知识与技能；重视学生在学习体育科学知识过程中的情感体验、行为习惯、体育道德等非运动技能的表现。在一线教学中，我始终坚持从学生实际出发，教师的"教"为学生的"学"服务，提供学生感兴趣的学习内容。我充分发掘教材的趣味性、娱乐性、教育性，在课堂教学中引导学生主动学练，激发学生对体育学练的兴趣，不断延伸和拓展体育课堂。我曾进行主题为"武术、柔韧"的教学展示，通过武术的学练来发展学生的柔韧素质，课程整体设计得到了专家的认可，获得了上海市二等奖。

2. 教学内容重融合

学生运动技能的习得是从感知体验到亲身实践再到运用，这是完整课堂的认知流程与结构，这个过程要靠师生共同去推动，并建构认知与思维的全过程，上述各个环节缺一不可。在授课过程中，我十分重视理论与实践融合、体育技能与身体素质并进，并注重学生身心发展与德育教育的有机渗透。我将学科知识贯穿体育课的全过程，引导学生"知其然，更要知其所以然"，让学生善于学习、学会思考。我曾开设"体育运动健康安全知识""体育教育与人的发展"等课程，这些课程揭示了体育运动背后的科学知识与原理基础，受到了学生的欢迎，还被列为大学热门选修课程。

3. 教学手段多变化

体育教学方法，是以促进学生体育学习能力的可持续发展，增强终身体育意识和行为为目的，由多种具体教学方法构成的多层次的开放式学习系统。把握好学生的体育学习方式的基本特征，是体育教师选择和运用体育教学方法的基本原则，也是贯彻落实学科育人的基本保证。如何让不同基础的学生获得进步，我的方法是选用不同的教学手段，提供学生需要的学练菜单，给予学生选择的机会，将教学效果发挥到最优，尊重学生个体差异，让每一名学生都得到全面的发展。

4.教学过程讲实效

学生是课堂的主人，教师要确立学生在教学过程中的主体地位，不断关注学生，成为学生学习的引导者、参与者和激励者，激发学生主动学习。体育教学组织是一项复杂而细致的工作，它的组织水平直接影响学生掌握体育知识与技能的效果，影响学生的心理变化，更能反映体育教师的组织能力和教学的艺术性。我们学校有众多体育社团，学生们参与体育锻炼的热情高涨，多名学生在全国青少年跆拳道比赛中获奖，游泳、网球、篮球、排球等项目在市级、区级比赛中取得了优异的成绩。

二、以体育人案例

我对教育理念的思考是从一个朴素的追问开始的：好的体育教育应该是怎样的教育？是不是和学生一起跑跑跳跳，帮助学生取得好的中考、高考成绩就是成功的体育教育？这个朴素的追问隐含着我对教育目的、办学理念和培养目标的思考。在当今教育转型和变革的背景下，我们应该通过体育把学生培养成一个怎样的人？基于一线教学实践和对体育学科现状的深刻了解，我认为好的体育教育应该符合三个条件，就是把学生培养得更加健康、更有德行、更有智慧。概括而言，我的教育理念就是：通过体育让学生在身体发展中实现精神生命的成长。

1.育好身体，实现体能与技能的同步发展，让学生更加健康

体育教育的目的是培养学生健康的体魄，帮助学生掌握体育运动的基本技能，养成体育运动的意识、习惯，为未来打下基础。知识和技能是体育与健康课程的主要教学内容，是身体活动与思维活动相结合的一种外显的行为表现，它直接影响着学生学习体育的兴趣和效果。知识和技能可能是一种比较理论化的东西，体育教师平时给学生讲述的就是比较理论化的知识和技能。比如：跳远的时候，怎么助跑？怎么起跳？落地的时候采取何种姿势为佳？这些都有一套理论上的规程。学生通过自我操作和训练，将理论转化为实践，同时又根据自己的生活实际

和体质条件获取新的知识和技能。发展体能是体育与健康课程的基本目标，这里的体能包括与运动技能相关的体能和与健康相关的体能。从个体锻炼效果看，体能测试可以是简便的、实用的，比如做俯卧撑，先是只能做 5 个，经过一段时间的科学合理的锻炼，能做 8 个、10 个，甚至更多，这就是体能的进步。因此，体育教育需要以体育课堂教学为主要载体，体现出"乐学、善思、会练"的多重教育效应，从学生立场出发，提升学生的身体素质。

2. 健全人格，实现体格与人格的同步发展，让学生更有德行

体育教学的特殊育人功能在于健全学生的人格，培育学生健康的心理，这也正是精神生命成长的体现。在一堂体育理论课上，我以体育精神举例，向学生们讲述"中华体育精神"的深刻内涵，并以此向学生们提问："你们眼中的中华体育精神是什么？"我本以为学生们对体育精神的理解不够深刻，没想到，学生们的回答让我十分惊讶，他们不仅能说出"女排精神""国乒精神""登山精神"这些中华体育精神的代表，还能从新兴项目讲到竞技体育，从体育历史讲到对体育未来的展望。学生们对中华体育精神的认知和了解程度远远超出了我的想象。让我更加欣喜的是，在后面的体育课上，当他们在比赛中失利后，他们会和我说："胜败都是常事，通过努力我们一定也能赢，之前老师讲的中国女排不就是这样的吗？"这句话令我十分感动，他们不仅传承了中华体育精神，更赋予了这个时代的青年人更多的可能。因此，作为教师，要善于从体育历史事件、项目特征、赛场礼仪、项目规则中挖掘体育对人格发展的影响元素，并通过整合教学内容、重视学练方式、转换教学评价理念、提升素养等方式，让体育学科知识的教学与学生的德行发展紧密融合，使操场成为学生人格成长的沃土，让学生更有德行。

3. 培育能力，实现身体练习与思维活动的同步发展，让学生更有智慧

健身能力不是天生的。当老师的不可能不经过实践测定就知道一名学生体育方面具备哪些能力，也不可能仅仅通过口授的方式向学生传授某种能力。唯一的办法就是实践。在耐力跑教学过程中，我对学生说："你一方面要看到自己具有哪些身体优势，另一方面也要看到自己存在的不足。最重要的是要在跑步中自我体验、自我发掘，最后形成自己的跑步风格。只有这样，你才可能有所突破。"许多学生不断思考我的话，最后在实践中发现了自我，发掘出了自己的体育才华。他们的耐力跑成绩节节上升，有的后来成了我校的耐力跑冠军。不少学生都具有

潜在的体育才华，但是，由于种种原因，这种才华常常被掩盖了。它可能会被独具慧眼的伯乐在某种特定条件下发现，但从现实情况看，更多的是学生自我发现。学生在体育实践中发现了自我的能力，增强了自信，不怕艰难困苦，不断奋斗，最后成就属于他的辉煌。在这个过程中，体育活动能够有效渗透到学生的学习和生活，通过"外化于行，内化于心"的方式，使学生不断明确自己的社会价值，最终实现学生身体发展与精神发展的统一，让学生更有智慧。

三、教学亮点

我曾结合中华传统武术项目——太极推手进行授课。在课程中，我创新性地以太极拳中的"云手"这个动作为出发点，以较为新颖且已有教学基础的项目——太极推手中的平圆单推手技术为主题，设计了总计 5 个课时的教学小单元。该课程授课的学段是高中，我结合高中生的身心发展特点，并结合已经建立起来的一套系统的课程理论与实践基础，希望能够以"云手"技术为基础，将其与现有的武术课程有机融合，使学生掌握太极推手中的平圆单推手技术，进一步提升学生的知识学习层次，并让他们体会其中的攻防含义，发展学生的柔韧、灵敏和力量等相关素质。在这个过程中，为了培养学生的知识运用能力，发展学生思维，我在课程设计中通过数字化手段，为学生提供了强调身心平衡的情境，在课程学练中加强学生武德修养，帮助学生实现平和自信的心态。

太极推手整个课程设计基于人体运动生理规律，结合太极的特点，以教学单元的形式，在教学内容间建立起结构性的联系，让学生对运动项目的知识和技能形成整体性认识。在教学过程中，我采用了多样的学练方法和手段，精简整体教学内容，把更多的时间留给学生，激发他们的学习兴趣并提高学生参与度，鼓励学生主动使用网络资源，锻炼、提高自主学习能力，充分发挥学生的主观能动性。这一教学实践对我也产生了一定的启发。

1. 让课堂成为教学改革的阵地

科技突飞猛进地发展，在给社会生活带来深刻变化的同时，也为教育教学方式的创新提供了良好的机会。尤其是新课标的发布，更加需要教师破除原有的思维定式，与时俱进地更新自己的教学方式。例如，"空中课堂"所代表的混合式教学，就是在教育数字化背景下衍生出来的新型教学方式。随着社会大环境的变化，混合式教学逐渐成为教师转变教学方式的重要方法之一。混合式教学不同于以往传统的教学方式，它得益于现代科技的发展，实现了多种方式的融合与创新，为现代化教学提供了一种全新的呈现方式。近年来，在线教育教学与传统教学的未来发展得到了前所未有的关注，预示着教育改革的新动向。如果教师不愿意拆掉自己思维的墙，不与时俱进地更新自己的教学方式，那新课标的实践将会进度缓慢。

重视结构化教学，注重思维方式转变。结构化教学是在教学内容间建立起结构性的联系，使新旧知识和技能与学生积累的经验、生活、世界观相互关联，使学生形成对运动项目的知识和技能的整体性认识。这个过程也是塑造学生深度思维的过程。在核心素养的要求下，以大单元形式所展现的教学，就是对知识结构化的呈现，我们要更加注重教材和教学过程的整体性与连贯性，强调知识和技能的关联性和层次性，强调知识和技能的运用能力，注重思维方式的转变和重构。

转变教师角色，全面渗透人文关怀。课程教学改革促使教师角色从单一走向多元。现阶段的课堂教学，我们不仅是知识传授者、心理辅导者，还是学生自主学习的指导者和陪伴者，是优质学习资源的供给者，也是"五育融合"的培育者。我们肩负的使命决定了我们需要意识到自身扮演的角色是多元的，我们要做到积极关注、尊重需求、正向激励、树立信念等，以不同形式在体育课程中渗透人文关怀。

2. 体育教学要走小步，不停步

学生要走进体育课堂，懂得体育学习很不容易。每个学生走进体育课堂的历程是不同的，他们遭遇的困难也是不同的。我对学生学习体育的态度是：走小步，不停步。当他们在行进中猛然感悟到体育是什么的时候，他们就算是赢得了体育，也赢得了健康。几十年的体育教师和校长的职业生涯，教会了我怎样小步走。我对"小步走"的理解，总结为以下四句话。

小步走是一种试探。体育教师对学生的认识要有一个过程，学生对自我体质条件、体育的发展方向的认识也要有一个过程，这些都必须经过一段时间的摸索。小步走就是一种有益的试探过程。

小步走是一种策略。这种策略是保证学生战而必胜的，是确保学生能增强信心的。有些学生身体状况比较差，有些学生对自己没有信心。教师在与这样的学生一起研究如何学习体育时，起点尽量放低些。很多学生由于走好了第一小步，所以后面的体育之路走得很好、很顺畅，这就是小步走的体育策略的胜利，这对每名学生都是适用的。

小步走是一种特色。这一条特别重要。这一小步怎么走、走什么、走向哪里，需要教师不断思索。可以说，一千名学生有一千种走法。男生有男生的小步走，女生有女生的小步走，各学段的学生各自有他们的小步走，教师只有把基点放在"特色"上，才能走好这第一步。

小步走是一种积累。教师的立足点是小步，而着眼点是以后的中步或大步。先让学生走好初始阶段的小步，而且要让学生走得顺当，走得适应，走出滋味，走出成绩，然后一点点加码，走进中步，最后才能大踏步地前进。

所谓不停步，就是在教学过程中持续引导学生进行学练。当我与学生确定了体育锻炼方案后，就要求该学生坚持下去，不能中断。有道是：习惯、习惯，习了才能惯。这是对的。从来没有天生的习惯，习惯是在生活中一点一滴形成的。新一代学生接触新事物多，接受新观念、新思想比较容易，只要讲的道理实在，就能让学生动心，就能帮助他们养成体育锻炼的好习惯。

3. 帮助学生成为体育课堂的主人

当今体育教学的一大要务是：把课堂还给学生。体育教育和教学必须有新思路和新作为，尤其是体育课应该成为学生体验、发现和探究等思维活动的过程，让学生将身体练习过程与思维活动紧密结合，充分发挥学生的主观能动性、独立性和创造性，以促进学生的可持续发展。要实现这样的教学目标，我认为关键是要学会帮助学生成为体育课堂的主人。

学生的主动学习。要让学生主动学习体育，学生需要真正懂得体育学习是他们自己的事。不只是为了今天的自己，更重要的是为了明天的自己，为了终身拥有健康的身体和良好的精神状态。这不仅是一个观念问题，更是一个现实问题。比如，跑步有多种形式，包括快速跑、耐力跑、接力跑、障碍跑、定向越野跑，这些都是生活的再现。人的一生，本身就是一场耐力考验，考验着个人的意志。将体育与生活紧密结合，学生的学习动力会更强。

学生的独立学习。独立学习有两点需要注意。

一是要有动态发展的思考方式。独立学习从来就是相对的，也是动态发展的。就像人在生活中不可能完全独立一样，学习上的独立也需要逐步培养。比如足球中的"二过一"战术，教师可以先列出数种，作为引子，使学生明白这就是"二过一"，然后通过让学生观看足球比赛和亲自上场，使他们弄明白"二过一"是怎么回事。独立学习的能力需要教师的精心培育。后期要逐步减少学生对教师的依赖，逐渐将学习的自主权交给学生，让他们形成自己的学习方式和模式。

二是要有个性发展的思考。独立与个性化是同义的。独立是个性的独立，排除了个性发展，还有什么独立可言？从总体而言，会有全体学生的共同要求，但也应有个性的要求。不同学生在学习同一动作技术时，其实际具备的认知基础和情感基础都会影响其独立学习能力，这就决定了在独立学习能力的培养上，不同学生需要体育教师给予不同的帮助。体育教师选择教学行为时，要为每名学生发展富有个性的独立学习能力创造条件，切忌采用"一刀切"的做法。

学生的问题式学习。问题是改善思维方式，促进知识积累和学习的动力，是产生新思维、新思想、新方法的种子。在身体练习过程中，没有问题就难以激起学生的求知欲，没有问题就不能引发学生去深入思考，没有问题的学习往往是表面的、浅层次的学习。在这里需要注意的是，学生体育问题意识的形成和培养。在体育教学中，问题式的学习情景可以说无处不在。因此，在备课时，体育教师要充分关注学生问题意识的培养。体育教师要研究教材，研究学生在进行身体练习时产生的现象，进而设计问题，引导学生在学习动作过程中多问几个"为什么"，激发学生的求知思维。

自白

我的教育理念：通过体育让学生在身心发展中实现精神生命的成长。

我的教学主张：首先要育好学生的身体，实现身体练习与思维活动的同步发展；其次要健全学生的人格，实现体格与人格的协调发展；最后要育好学生的社会适应能力，实现人与社会的和谐发展。

我心目中理想的学生是什么样的：理想的学生应该符合三个条件，即健康、品德高尚、智慧。

我想对年轻体育教师说的话：体育不仅是一种身体运动，更是一种教育手段、一种生活方式、一种精神载体，希望年轻体育教师成为一个有教育情怀、有专业智慧的人。

快乐的体育课堂：为学生创造富有激情的生命体验

——江苏省南通市体育名师潘雪峰的体育教学特色

📖 **名师档案**

潘雪峰，1976年出生，教育学硕士，江苏省南通中学体育教师，教科处主任，中学高级教师。江苏省教学能手，教育部新课程远程研修专家组副组长，"国培计划"授课教师。南通市学科带头人，南通市体育学科基地专家组成员，南通市青年名师潘雪峰工作室主持人，江苏省潘雪峰网络名师工作室主持人，提出了"快乐的体育课堂"的教学主张，曾多次在国家级、省级、市级教学比赛中获一等奖，在《中国学校体育》和《体育教学》等期刊发表论文40余篇。

回首自己25年的从教经历，我深感教师的专业成长离不开学习与思考。法国哲学家帕斯卡尔说过"人是有思想的芦苇"，这让我明白人是有思考能力的；南通中学老校长刘宗保先生说"带着思考进课堂"，让我明白每一节课都是需要反思与完善的；教科处老主任陆军的教学主张"教学即研究"，让我明白课堂就是我思考与研究的主要对象。

自工作以来，我针对"学生喜欢体育但不喜欢体育课"的现象，立足课堂不断探索，精心设计出了符合学习规律、符合学生身心特点、学生感兴趣的手段与方法，用一切可能的方式激发学生的学习欲望，使学生被一种不可抵抗的吸引力诱导着去学习，进而达成体育教学目标。经过科学的预设、艺术的达成，我让每一节体育课都成了学生富有激情、具有活力的生命体验。"快乐的体育课堂"教学主张也慢慢地从我的课堂中生长出来。

一、为教而学，从困惑到明亮的探索之旅

2001 年 6 月，教育部印发《基础教育课程改革纲要（试行）》，开启了第八次基础教育课程改革。本次课程改革强调形成积极主动的学习态度，倡导学生主动参与、乐于探究、勤于动手，培养学生搜集和处理信息的能力、获取新知识的能力、分析和解决问题的能力，以及交流与合作的能力。同年，《义务教育体育与健康课程标准（实验稿）》正式在中小学开始实验使用。彼时，作为一名刚刚步入工作岗位的年轻教师，我认真学习新课标内容，连接实践体育课堂，每日认真完成教学任务、深耕专业领域，追求新知，努力提升自己的教学技能。为了使学生获得更好的学习效果，我不断探索和尝试新的教学方法，让学生在轻松愉快的氛围中掌握知识与技能，不断促进其身心健康发展。

随着 2001 版体育新课程标准的推广，新的教育理念和教学指导方向让我在实践中产生了越来越多的困惑，为了更好地在教学实践中推进课程改革，提高自己的教学水平和能力，我毅然决定攻读研究生，为自己创造提升与成长的机会。2004 年，我顺利被南京师范大学体育科学学院录取。在研究生阶段，我积极钻研体育教学的前沿理论和实践方法，通过参加学术会议、观摩其他优秀教师的课堂教学等方式，不断提高自己的理论思考能力和教学实践水平。

2004 年，体育课程改革小组组长季浏教授带领的团队在北京新思考网站开设了关于体育课程改革的专题论坛，该论坛最活跃的参与者是一位叫"托罗普斯"的网友，他通过教学实践提出了一系列与课程改革相关的问题，并进行了深入的自我思考，引起了课程改革团队的关注。为此，该网站发起了一个名为"寻找托罗普斯"的行动，而这位"托罗普斯"网友正是我本人。

"托罗普斯（trops）"是源自日本的体育教学理念，由日本爱知教育大学的影山健教授首先提出的。他曾在南京师范大学讲学，我对他提出的"没有败者的体育"理念深感兴趣，因此将"托罗普斯"作为自己的网名。我积极参与课程改革推进工作，并就体育教学理念在不同场合展开讨论和思考，引起了季浏教授的关注，我也曾多次与他进行教学实践的探究。我所在的南通中学作为江苏省课程改革的先行者，给季浏教授留下了深刻的印象。2006 年，在江苏省南通中学召开了江苏省体育新课程改革现场会，全国中小学和高等学校体育教学指导委员会的季浏、毛振明、耿培新、赖天德、潘绍伟等专家亲赴现场调研指导，引起了全省乃至全国学校体育界的关注。

攻读研究生为我的专业发展开拓了更广阔的空间，我的知识理论框架趋于完善，并在教学实践中积累了更丰富的经验。从 2007 年开始，华东师范大学新课程改革小组面向全国开设了远程研修活动，我作为理论与实践相结合的一线教师参与到这个项目中，在过去的 5 年里，我积极参与讲座、课程改革研讨和优课评比等活动，在各级各类专家的引领下不断收获、成长和反思。我不断问自己：作为一名体育教师，自己应该追寻什么样的教学主张？

带着这样的目标，我踏上了探索体育教学发展的新征程。

二、以体育人：追寻快乐的体育课堂教学主张

成尚荣先生指出：教学主张是教育思想的个性化表达，也是教学思想学科化的表达，教学主张是一个名师的灵魂。余文森先生指出：教学主张是名师的"个人理论"……由个人经验到个人理论……一方面，要把自己的经验和自己的所行、所见、所闻、所得加工、提炼、升华为理论；另一方面，要用先进科学的理论反思、批判、充实、引领自己的实践和经验。我深刻认识到专业发展的关键在于团队合作的协同效应，以及深刻的思考和实践。

2009 年，托罗普斯学习团队成立，团队第一次大合影站位呈一个大大的"V"字形，每个成员的脸上都洋溢着对体育事业美好未来的憧憬。托罗普斯团队建立的新颖的学习合作方式让大家有了齐心协力共奋进的决心。

作为团队的领头人，我一直保持良好的学习习惯，在网上记录教学日常和教

学反思，我在微博开设了《峰言峰语》专栏，聚焦"快乐的体育课堂教学实践的建设与理解""谁是体育教学中的主体"等核心议题，积极听取同行们的见解，不断丰富自己的教学主张。在聆听专家报告后，我开始思考关于"理想的体育课程"的问题。日积月累，我出版了自己的第一本专著《我们走了有多远——基于新课程背景下的体育教学实践》。这本书是我对过去十年课程改革实践的总结与反思，我从人文教育的角度审视体育教育的方向，在实践中探索自己的教学主张。

2009 年，经过严苛的遴选，我很幸运地成为南通市名师培养工程第一梯队培养对象之一，我带着最初的个人教学主张"快乐的体育课堂"跟随导师团再出发，我的专业成长之路逐步烙上了属于自己的印记。

经历十年的课程改革，赞誉与批评、掌声与质疑并存。但是毋庸置疑的是，人本主义教育思想已经成为当下的一种教育思潮。在广泛阅读文献后，我产生了这样的思考：在人本主义背景下的体育课堂应该是什么样子的？学校如何在"增强体质"的基础上，进一步拓展人文价值，这也是当前学校体育改革所面临的重要问题。我发现学校体育正处于回归人性、尊重个性的时代，学生对体育的学习不应是一种负担与痛苦，而应是一种享受快乐、展现自我、张扬个性的需要。长期以来，人们习惯运用生物学观点来判断学校体育的价值，并对其"增强体质"的功能给予更多关注，却忽视了人的个性发展、情感体验、创造性培养等需求。

正是因为有这样的共识，托罗普斯学习团队最初将视角定位于体育教学"生活化"，将体育教材与学生的生活经验密切结合起来。当然，这里的"生活"包括当下与未来，甚至是终身。儿童时期的习惯很可能对一个人未来的生活方式产生决定性影响。那么，体育教学应该朝着何方发展？我们应该如何做才能更利于学生体育锻炼意识与习惯的养成呢？

在持续的探索中，我发现要培养终身体育的意识和习惯，有两个关键因素：一是热爱体育运动，从而形成良好的锻炼意识；二是掌握正确的锻炼方法，学会一到两项运动技能。只有真正拥有热爱和正确的方法，才有可能实现终身体育的目标。因此，工作室教学主张采用了"快乐的体育课堂"这一表述，其内涵就是"在快乐学习中发展运动技能"。

基于这样的认识，我带领团队成员在实践（课堂教学）层面对"快乐体育"进行了探索，并将教学实践中的研究成果概括为"快乐的体育课堂"实践的教育原理（见表1）。其中我们对"快乐"的内涵进行梳理与分析，总结出特定的指向，描述了学生的学习感受，并根据这些感受梳理出一些教学设计的思路。

表1 "快乐的体育课堂"实践的教育原理

快乐的特定指向	学生的学习感受	教学设计的思路
付出得到回报	学习的东西有价值 我的努力没有白费 挑战困难，不断刷新自己的纪录	让学生学有所获，掌握技能 结合学生的特点，学以致用， 让学生看到自己在不断进步
情绪的高峰体验	体育课很欢快！ 挑战成功 愿意参与到运动中去 期待上下一节课	同课异构的思维：求新、求变 多设计具有竞争元素的练习手段与方法 了解学生喜欢的东西 储备更多学生未知的信息
良好的社会交往	有了归属感 有好伙伴，有竞争对手 与老师能够平等交往	多采用多人练习或小组学习的形式 形成良好的师生、学生交往 学生多表达，老师多倾听
精神需求的满足	感觉被尊重 有成功体验 可以展示自己 愿意帮助他人	尊重个体差异，设计个性化的教学方法 设立恰当的目标，让学生能够体验成功 为学生提供自我表现的平台 某些阶段可以异质分组

这使得"快乐体育"不再仅停留在纯粹的概念或抽象的思维阶段，而是转变为一种可以被学生认可的真实体验，成为他们学习过程中的感受和课堂表现的一部分。这样的教学设计思路，使得一线教师可以更为深刻、准确地把握与认识"快乐体育"的本质与内涵；让教师们清晰地了解如何在课堂教学中实践"快乐体育"的教学理念。

在不断实践教学主张的过程中，工作室有一些特别的表达。比如"不仅仅是命令，更多的是吸引""不仅仅是告诉，更多的是探究""科学地预设、艺术地达成""把有意义的事情做得有意思"，这些表达，赋予了工作室的教学主张独特的意义。在每一次研讨活动和教学展示中，工作室的老师都会精心设计符合学习规律、符合学生身心特点、学生感兴趣的手段与方法，以各种可能的方式激发学生们的学习欲望，让他们被一种不可抵抗的吸引力诱导着去学习，进而达成体育教学目标。"快乐的体育课堂"教学主张自此开始向着更加明确和积极的方向发展。

三、精炼特色：让体育课堂变成快乐的场所

名师的根基始终在课堂，课堂教学质量是名师工作室学科建设水平直接和有力的说明。同时，名师的课堂具有鲜明的特色和独特的标签。因此，工作室围绕"快乐的体育课堂"教学主张，组织了一系列提升课堂教学质量的研修活动，不断精炼工作室的教学特色，努力将"快乐的体育课堂"教学主张打造为学校体育的一面旗帜。

（一）全面学习

首先是阅读，我们不仅阅读体育教育、运动学习等专业类的著作，还进行了快乐主题、儿童发展主题、游戏主题、脑科学主题等专题阅读。比如阅读《斯宾塞的快乐教育》，为构建快乐的体育课堂打好理论基础；阅读成尚荣先生的《儿童立场》，启发我们学会以儿童的思维和体验来优化教育行为；《游戏与学习》一书强调了不仅学生可以通过游戏来学习，教师也可以通过游戏来进行教学，这样就可以建立一个完整的教育等式（实质上表达了学生自主学习和教师指导并存的和谐状态，教师可以为学生提供"高质量的、有目的性的游戏和有价值的活动"）；《受教育的脑》这本书，通过脑科学为我们揭示学习过程中认知、情绪、行为三者的关系（"好情绪，好学习"的表述对我的"快乐的体育课堂"的教学主张具有重要的指导价值，启迪我们应该关注学生的兴趣与需要，营造有利于学习的氛围）。无论如何，将体育学习转变为一件快乐的事情，总是美好的。这些阅读为构建和更新教学主张提供了多维度的认识框架。

此外，我们还阅读了丁卫军的《简约语文公开课》，书中关于教学主张的操作范式给我们留下了深刻的印象。菜单式、板块式、主问题式、线式等，这种种范式，被丁卫军精炼成为其独特的"简约、灵动、丰美"的教学风格。因此，我们模仿他的方法，提出了"通过游戏来教"的方式，即通过教师的精心设计，把简单枯燥的学习内容转化为游戏，使体育学习变得欢快，激发学生的主动性。这样，学生的体育学习过程不再是简单地接受指令，而更多地变成了被课堂内容所吸引。因此，我们将"快乐的体育课堂"教学主张描述为"科学地预设，艺术地达成"。

在王笑梅的《儿童作文的本义——嬉乐作文让儿童乐并成长着》一书中，我

们可以看到她是如何营造教师与儿童的良好关系，如何创设和谐、快乐的学习环境，如何设计有利于儿童成长的制度的。特别是王笑梅老师建构的童性哲学，让我们更为清醒地认识到，在快乐的体育课堂中，快乐既不是简单的娱乐，更不是娱乐主义。实际上，这是将"快乐的体育课堂"转变为"快·乐体育课堂"的一个重要因素。

同时，我们还积极参加与"快乐的体育课堂"相关的学习，不断从他人的观点中获得灵感和启发。

比如体育游戏、Spark 课程、趣味课堂、KDL 体育与健康课程等专业培训与交流，我们曾参加李吉林老师促进儿童快乐高效学习的教学思想研讨会，会议内容聚焦快乐与高效学习的结合，这与我们的教学主张十分契合。因此，我们更加确定了自己的研究方向是正确的。

（二）实践研讨

在潘雪峰工作室，我们每月举行一次"快乐的体育课堂"实践教研活动，在实践中解读和建构"快乐的体育课堂"的主张。我们通过探究、验证、推敲和改进，努力促使"快乐的体育课堂"教学主张逐步实施。我们定期举办"相约星期四"主题活动，团队成员们通过"教学视频评析"的方式，开放自己的课堂，他们在网络上分享自己践行"快乐的体育课堂"教学主张的想法、做法和感受，进行互助诊断、分析和对话。团队成员通过这种方式共同构建课堂教学过程，使得教学主张进一步明晰与完善，同时也实现了教学经验与成果的共享。

经过长时间的关注与践行，"不仅仅是命令，更多的是吸引"这一教学主张，已经成为"快乐的体育课堂"的独特风格，也成为潘雪峰工作室的群体教学风格、教学标签和教学品牌，同时还成了工作室成员共同具有的教学特色和行动指南。

除了主题教研活动，潘雪峰工作室还组织了工作室实践研修活动，根据工作室近期在推进教学主张过程中遇到的问题，确定主题活动，进行集体攻关。例如，在"通过游戏来教"主题研修活动中，探讨了不同学段体育教学中如何以游戏为载体，运用教学手段和方法，丰富"快乐的体育课堂"的达成途径；在"拓展、游戏与体育教学的融合"主题研修活动中，探讨了如何根据体育课堂教学的实际情况，对已有练习进行拓展和改编，使得"快乐的体育课堂"的内容与手段更易设计，呈现形式更为丰富；在"让体能训练也快乐起来"主题研修活动中，设计了不同的体能训练手段，旨在给学生带来快乐，改变了学生对体能训练单一、枯燥、无趣的印象。制度性的研修活动使得与教学主张相关的零散问题得到解决，并实现了专题化和序列化，也使得我们的教学实践更加扎实。

四、专业交往，拓展教学主张的深度与广度

在"快乐的体育课堂"教学主张建设方面，工作室做出了不少探索，特别是在实践建设层面有了很好的突破，但是在理论提升层面，包括对教学主张的概念和内涵的界定、对教学主张的理论基础和依据的说明、对教学主张的具体观点和内容的阐述等方面存在不足，没有一定的理论高度和轨迹进行系统和抽象的论证和阐明，对教学主张的阐明还不够深刻、清楚、丰富，以及逻辑性、思想性还需完善。我们通过不断扩大专业交往半径，不断认识专业领域里的高手，见贤思齐，取法乎上，不断进步。

季浏教授在《中国健康体育课程模式的思考与构建》一文中阐述的教学理念，与潘雪峰工作室"快乐的体育课堂"教学主张完全契合，"快乐的体育课堂"在课程标准中有明确的体现。比如要求学生体验运动的乐趣和成功，养成体育锻炼的习惯；比如通过课程的学习，学生喜爱运动，积极主动地参与运动；树立健康观念，形成良好的生活方式。虽然在课程中没有"快乐"的直接表述，但是其中的乐趣、喜爱就是快乐学习的重要表达。

南京师范大学周兵教授在"快乐的体育课堂"教学主张确立后，为工作室的教师开设了"用实践为'快乐体育'正名"的专题讲座，对工作室的实践研究进行了理论提升，使我们更加坚定我们的研究方向。扬州大学潘绍伟教授建议"快乐的体育课堂"要坚持不懈走下去，体育课堂不应培养未来体育的敌人，而是要培养体育爱好者，"快乐的体育课堂"始终朝着这个方向努力。另外，江苏省原教研员孟文砚、华东师范大学汪晓赞、尹志华，浙江师范大学王水泉等专家多次对"快乐的体育课堂"教学主张提出建议，使之不断完善与提升。

除了对接高校的教授，我还与不少期刊编辑成了朋友，例如：《体育教学》

王子朴、章柳云、李海燕三任编辑部主任给了我足够大的平台，期刊很多栏目都留下了我体育教学探索路上的足迹，为我的专业成长和工作室的发展提供了有力的支持。2011年4月，《体育教学》迎来了创刊30周年，我很荣幸受邀参加编辑部的活动，同时还被聘为社外编辑，负责实案选登栏目。10多年来，我一方面为栏目编写教学设计，接受他人的评价与建议，另一方面也参与点评其他教师的教学设计，我力所能及地为期刊的发展做贡献，《体育教学》的发展也成了我成长的一部分。

我的专业交往不局限于体育学科同行，我乐于多学科相互学习，跨界交往。

2019年本人转岗到学校教科处，学校邀请南京大学操太圣教授来做报告，会后请操教授给出建议。操教授指出"快乐的体育课堂"根植于课堂，但是不要拘泥于课堂；不仅仅是停留在方法层面的研究，不是简单地为了快乐而运动，更应该是在运动中体验快乐。所以我们应该从目标、内容、方法、评价等领域来构建一种新型的体育课程体系。后来在操教授的引荐下，江苏省教育科学院基础教育研究所彭钢所长、喻小琴研究员都成为我专业成长路上的引路人，也为我的专业发展和教学主张的深度和广度提供了支撑。

专业素养的修炼不只是为了在职业道路上不断提升本领，更是一个人品格修为的涵养。学做事，更要学做人。操太圣教授的热诚宽厚、彭钢教授的通达睿智、喻小琴博士的认真踏实……他们的品行流露在他们的作品中，我也因与他们的交往，增长了见识，开阔了视野，丰富了阅历。

五、成己成人：让更多学生体验快乐的体育课堂

2015年年底，在市领导和学校的关心和支持下，我的"南通市中青年名师潘雪峰工作室"正式挂牌。这是对我近20年的体育教学实践探讨和近10年的引领学习团队建设的最有力的证明，说明我在个人专业发展上取得的重要成果得到了认可；这也是我的教学主张开始得到推广的实践平台，让我可以影响和引领更多的青年体育教师，开启更加切实、深入地推动区域学校体育发展的新征程，让更多学生体验快乐的体育课堂。

一花独放不是春，名师工作室的所有成员是一个共同体，实现途径是共同学习、共同交流、共同探讨、共同研究。在潘雪峰工作室中，领衔的名师是引导者，更是组织者；参加的教师是学习者，更是平等的参与者。大家互帮互助，共同进步。

1. 交响乐般的共同体

在团队里，对话、交流、分享是常态。经常以"发现教学的问题—设计解决方法—行动—反思"的研究方式，通过教育教学实践案例，相互交流、相互分享、相互评价教学经验，反思自己的教育教学行为，从团队其他成员那里更多地了解自己的教学，寻找自身存在的不足，解决出现的问题。经过几年的打磨，潘雪峰工作室已经成为一个真正的教师学习共同体。在这里，所有团队成员的专业素养不断提升。

我常常在团队中分享这样一句话："如果你有一个苹果，我有一个苹果，互相交换，就各有一个苹果。但如果你有一种思想，我有一种思想，我们互相分享，就各自有了两种思想。"在团队中，沟通与分享是多元的、多层的、相互弥补的，思想、知识、经验的共享不是简单累加，而是相互碰撞、相互浸润、相互融合。正如佐藤学在《学习的快乐——走向对话》中所言："它不是'珊瑚般的学习共同体'，而是'交响乐般的学习共同体'。"也许这正是对潘雪峰工作室最贴切的描述。

2. 蒲公英计划

为了在更大范围内引领与辐射，潘雪峰工作室实施了蒲公英计划。该计划分为送教、联盟、工作坊、基地校四种形式。以"快乐的体育课堂"为主题的送教活动分学段进行，保证每月一次，走进偏远地区的学校，实现城乡牵手共同进步。潘雪峰工作室牵头成立了省内体育名师工作室联盟，开展跨区域体育教学研讨活动，已经开展了四届；与省外工作室进行交流，与安徽李莉名师工作室、山东吕兵文名师工作室、浙江叶海辉名师工作室、重庆刘勇名师工作室、河南徐虹艳名师工作室展开了交流；与吴彩霞特级教师工作室、褚嘉耘工作室、陈铁梅工作室、李凤名师工作室等进行了跨学科、跨学段的联盟活动。工作室中的优秀成员成立工作坊，如金海滨工作坊、张烨名师工作坊、祁晓健学体名师工作坊等，引领更多人一起活动，一起发展。自2019年以来潘雪峰工作室联合南通市永兴小学和南通市开发区实验小学，在安徽省安庆市石化第三小学建立"快乐的体育课堂"

基地学校，推广教学主张，让更多的老师一起交流，让更多的学生体验快乐的体育课堂。

教师的专业提升需要同伴之间不断研讨和碰撞，需要有相伴携手的温暖和感动。体育教师的专业成长之路，一定不是形只影单的。蒲公英计划使得更多人一起前行，相互交流、相互促进、相互支撑、相互成就，为教师提供了一个共同发展的平台，形成了潘雪峰工作室独特的团队文化。

我们多次荣获各级先进集体称号，包括 2015 年升级为南通市中青年名师工作室、2020 年被评为南通市高品质名师工作室、2022 年升级为江苏省网络名师工作室。

专业交往，携手前行，团队的发展突飞猛进。工作室成员先后收获了特级教师、全国优秀教师、南通市学科带头人、骨干教师等专业荣誉称号，6 名成员获得江苏省基本功比赛一等奖、江苏省优课比赛一等奖，所有成员都在原有基础上取得了显著进步。

工作室的收获不限于以上内容，更为重要的是所有成员的生命觉醒。成员们经由工作室收获的，一是内驱力，二是引领者，三是成长平台，四是发展机遇。每一位成员都在发生着"静悄悄的生命觉醒"。

过去的几年，潘雪峰工作室坚持以学生为中心，立德树人，站在体育学科发展前沿，铭记体育教师的初心与使命；发扬团队精神，携手共进，打造交响乐般的共同体，履行体育教育的责任与担当。

名师工作室高品质建设，对于我们而言，是新征程、新坐标、新使命。新时代学校体育"享受乐趣、增强体质、健全人格、锤炼意志"四位一体的目标表述，坚定了我们的方向。"只要路走对了，就不怕遥远。"我们有着志不改、道不变的坚定，工作室在新时代一定会有新气象，一定会有新作为。我们将继续坚持日新日进、成己成人的建设理念，择高处立，向宽处行，不断向高品质名师工作室迈进。

自白

我的教学主张： 快乐的体育课堂。

对我影响最深的一个人： 对我影响最深的不是体育教师，而是一位叫李吉林的小学语文教师。我记得刚入职的时候，李吉林教师在一次聊天中说"教育不仅为了学生的学习，还为了学生能主动地学习。教育不仅为了学生学习知识，还为了丰富学生的精神世界，愉悦学生的身心。"这让我对课堂教学有了崭新的认识。她是用一生做教育，用半生探"情境"，用全部生命爱学生的语文教师。

我心目中理想的体育教师是什么样的： 可以表述为"四有"吧，即目中有人、心中有爱、手上有活、教中有法。目中有人就是要把人的培养放在第一位；心中有爱就是关注每名学生的成长，让每名学生感受到自己被关注和重视；手上有活就是有本事，做得好研究，带得好班级；教中有法，是指虽然教学不提倡任何一种固定的模式，但教学又必须遵循一定的规律，有法可循。

我心目中理想的学生是什么样的： 德、智、体、美、劳全面发展的社会主义建设者，也可以表述为坚定爱国者、终身运动者、责任担当者、问题解决者和优雅生活者。

我取得优秀成果的主要经验和体会： 坚持与创新。

我的业余爱好： 旅行。

我想对年轻体育教师说的话： 方向对了，就不怕路远。

躬耕教坛甘寂寞　坚持恪守勇笃行

——江苏省徐州市体育名师石冰冰的体育教学特色

📖 名师档案

石冰冰，硕士，中小学正高级教师，徐州市铜山区体育教研员；江苏省网络名师工作室领衔人，徐州市初中体育名师工作室领衔人，领衔的江苏省网络名师工作室2023年度考核被评为优秀；曾获徐州市领军名师、徐州市优秀教育工作者、徐州市优秀共产党员、徐州市教学先进个人、徐州市优秀女教师等荣誉称号；担任《义务教育教科书教师用书　体育与健康排球运动教学》（华东师大版）主编，教育部义务教育阶段远程研修专家组成员，江苏省万名中小学体育教师培训专家、一师一优课评审专家，省编体育备课用书核心组成员；曾获得江苏省教学成果特等奖、教科研先进个人、初中体育优质课一等奖、小学体育教师基本功大赛一等奖和教育教学创新奖、小学及初中体育与健康二次备课教学展示活动一等奖；代表江苏省参加全国首届中小学体育教师基本功大赛获团体一等奖，代表中方参加中美教学展示交流活动，受到中外专家的一致好评；南京师范大学、江苏师范大学、淮北师范大学等高校硕士生导师；应邀开设专题讲座80余场次；主持3项省级重点资助课题均已结题，公开发表论文70余篇，出版专著2部。

一、立岗位、守初心、勇笃行

我是一位中等师范学校毕业的体育教师，通过不断进修，最终硕士毕业。我在小学、初中任教过，有过在幼儿园、高中、大学教学的经历。回首27年的教育生涯，我一直在阅读、教学、反思、写作之路上马拉松式地奔跑，从一名青涩的体育教师成长为一名区级体育教研员，获得了徐州市领军名师的荣誉称号，所领衔的江苏省网络名师工作室2023年度考核被评为优秀。俗话说："人要努力活成一束光，成为自己喜欢的模样。"我也始终认为，一个人的生命是否高贵与伟大，不在于他有没有显赫的地位、优越的环境，而在于他如何体现生命价值、承担生命责任。作为一名新时代的体育教师，一个区域学校体育工作的领头雁，我的生命价值体现和生命责任承担，在于躬耕教坛甘寂寞、坚持恪守勇笃行，我深知厚积薄发、聚沙成塔是想做事、做成事的规律，于是我执着坚守、创新工作，与全区其他中小学体育教师亦师亦友，相伴、相助、相学、相长。

1996年从中等师范学校毕业，我被分配到一所农村初级中学，站在学校那条坑坑洼洼的煤渣跑道的起跑线上，满怀豪情地开启了我的体育教学生涯。此时，恰逢铜山创建全国排球特色县，任班主任、数学教师、体育教师的我，早晚训练排球队，加班加点成为常态，风吹日晒，寒来暑往，从未叫过苦、喊过累，更没有索要过一分额外报酬，有的只是无私奉献和勇敢迎接新的挑战。尤其是在2000年，为了锤炼队伍，也为了在全区排球比赛中取得优异成绩，在那个并不富裕的年代，我爱人借来面包车，载着身怀六甲的我和十余名排球队员，带着行李、干粮辗转于郑集镇、三堡镇等多个地方比赛交流，路途较远晚上赶不回来的时候，我就和队员一起在学校的教室里打地铺，将就着睡一觉，即便如此，也没觉得苦、觉得累，因为热爱！

2001年乘着课程改革的东风，我如痴如魔地深耕课堂、潜心育人，研读课标、研究教材，创新课堂，与其他教师一起探究新理念下的高质量体育教学策略，为全区中小学体育教师开设公开课、示范课百余场次。随着改革的深入，我形成了一节课准备部分的学练内容、方法要与基本部分相对应，基本部分要在准备部分的基础上突出教师主导下的自主、合作、探究的新型学习方式，在结束部分的放松内容要选用舒缓的音乐，要能呼应基本部分的内容和方法，总结性评价要精准点睛、肯定成绩、指出方向的共识。经过多年的沉淀和积累，我精炼出了以"教对、学会、运用"技能为载体，循序渐进、互融生成地达成运动能力、健康行为、体育品德的核心素养目标，促进学生形成成长必备素养的体育教育教学思想，形成了自己独特的教学风格，并取得了显著成效。如我在 2003 年上了一节全省的示范课，2004 年获得了江苏省小学体育教师教学能手比赛一等奖和唯一的教育教学创新奖，这对于一名乡村教师而言是莫大的鼓舞，也坚定了我坚守学校体育的初心。

2006 年我走上了教研员的岗位，职位和角色转变，压力与挑战并存，我深知一个区域的教研员是一个学科的教师的表率，要有足够的实力，打铁必须自身硬，立足操场、深耕课堂、潜心钻研的初心从未动摇也不敢动摇，读书、教书、反思、写作已成为我学习、生活、工作的常态。孔子曰："不患无位，患所以立，不患莫己知，求为可知也。"向上理论高度达不到，向下脱离了教学一线，悬在半空就感觉内心非常忐忑与恐慌，担心自己不能胜任教研员的工作。为了提升知识储备和综合素养，克服内心的惶恐与不安，也为了更好地在教研员的岗位上履职尽责，在上有老下有小的年纪，我克服重重困难，考上了华东师范大学体育与健康学院的在职研究生，师从汪晓赞教授，三年苦行僧般的历练，让我实现了从一名中等师范学校毕业生向硕士生的蝶变，然而"成功的花，人们只惊羡她现时的明艳，然而当初她的芽儿，浸透了奋斗的泪泉"。时至今日，学习到凌晨一两点钟及凌晨三点钟还在修改毕业论文的画面仍历历在目，我也因此养成了读书、写作的良好习惯，至今仍坚持每天读一小时的书、撰写读书笔记、注重理论与实践的融合创新，这为我更好地研究、指导、管理、服务学校体育工作奠定了扎实基础，也进一步增强了我勇毅笃行的信心。

二、身垂范、觅路径、促成长

一位哲人说："教诲是条漫长的道路，榜样是条捷径。"这也是我工作中的口头禅，虽然身为教研员，但只要工作中要求教师们做到的，如讲公开课、听课研讨、做课题、写文章等，我一定模范执行，且欢迎教师们的监督。近年来，我与教师一起备课、上课，参加各级各类的评选活动等，取得显著成效。如 2019 年、

2020 年连续两年指导全区百余位教师在江苏省小学、初中体育与健康二次备课教学展示活动中获奖，我也连续两年获得一等奖，并于 2021 年在全省上了一节示范课，2022 年获得了江苏省初中体育与健康优秀课一等奖。有人说作为教研员本可以不用这么辛苦，只要指导教师们就可以了，但我始终认为只有感同身受、亲身体验，在引领、指导一线教师的时候才更有针对性和信服力，我更相信"一个团队的领头人是什么样子的，团队就是什么样子的"。实践表明，我的亲身示范产生了积极效应，为全区中小学体育教师的专业发展注入了活力、指明了方向，教师们的教学能力、研究能力等素养日益提升，团队的影响力对其他学科的教师也有正向的激励、唤醒和引领。

一花独秀不是春，百花齐放春满园。以一棵树的绿荫营造一片森林的茂密是我的责任和使命。铜山区域辽阔，乡村教师居多，通过对近百位教师的走访、调研，我了解到目前乡村中小学体育教师专业发展存在着缺少规划、动力不足、路径不清晰等问题。于是我直面问题，寻求对策，经过十几年的研究，创新探索出了提高乡村中小学体育教师持续学习动力的"六个一"规约（每天读约一小时的书、每周写约一千字的读书笔记、每月力求精读一本体育专业期刊、每半学期上一节体育公开课或研讨课、每学期撰写一篇体育论文、每学年编写一份本校特色 × × 项目的大单元教学计划）、专业规划引领的"四个三"目标（三不、三能、三权、三会）*、专业长效发展的"三个"学习型团队（乡村中小学体育骨干教师培育站、

---

* "三不"，即体育教师不怕写（学校体育工作计划、总结，运动竞赛的编排，特色活动的创编等文本都能写），所在学校的体育工作不怕看（一校一品阳光体育活动，课余训练竞赛，双减后各项体育社团活动，班级、年级、校级的小型竞赛，课堂教学等均要常态化，能经得住各级各类的督导检查），所带学生的技能、体能不怕测（学生要有一项运动专长，体能测试数据达标率高，能经得住市级、省级的抽测）；"三能"，即体育教师的体能（体现腰腹力量的 1 分钟仰卧起坐等）测试、技能（从所教学段的球类、体操、武术等项目抽取三项）测试、教能（备课、模课、评课等）测试，一年测试一次，已坚持了数十年。"三能测试"对标的是文化学科一年一度的教学能力测试，教师个人成绩须达到测试总人数 50% 以上的水平才有机会参加每年的职称评审及三年一次的名优教师评选（需要三年的成绩累计）；"三权"，即每位教师都要有位置权（要有为有位，更要有位有为，要成长为学校、家长、学生心目中最喜欢的、最敬仰的教师）、版面权（要获区级以上奖，发表的教案、文章或立项、结题的课题等，要有把想法转化为文字并发表的意愿）、话语权（要有鲜明的、独到的见解，在适当的场合能够逻辑清晰、游刃有余地表达）；"三会"，即每位教师都要会讲（教学语言丰满，有激情和感染力等）、会做（做人遵规守纪，谦逊低调；做事周密安排，务实创新，追求高效；做动作示范优美，规范标准，有感召力等）、会写（勤练笔，能动笔，能撰写各类文本）。

乡村中小学优秀体育教师培育站、乡村中小学体育教师志愿者工作队）及专业展示平台搭建的"四条"路径（区级教研活动展示、片级教研活动展示、镇级教研活动展示、校级教研活动展示）。为了培养更多优秀骨干教师，我成立了体育教师志愿者工作队，由主教练牵头，节假日定期活动，人人参与；我主持成立的乡村体育骨干教师培育站、市（县）体育合作项目、江苏省网络名师工作室、徐州市初中体育名师工作室等项目，吸纳了300余名教师的参与，指导的100余名体育教师获得市级以上奖项。我坚信，星星之火，可以燎原，一群人、一件事、一条心、一起拼、一定赢……

为解决在教研活动中个别教师是主角、多数教师是看客的问题，实现人人参与、人人成长的目标，我构建了校、镇、片、区"四级联动"教研网络体系，采用层层推进的形式：各校教研组内每位教师既上课又听课、评课，相互取长补短、教学相长，从中推选出一位优秀教师参加镇级活动，其他教师做评委，大家互听、互评、互研、互导、互促、互提，推选出一位优秀教师参加片级的教学研讨；片级活动采用同样的形式，再从中推选出两位优秀教师参加区级教研，区级活动要求全区各校选派两至三位体育教师观摩、学习，这种人人为基、个个参与、众中推优、优者展示，且有反馈、辐射、引领的做法，体现了普及性、基础性特点，使得全区教师人人能上课，杜绝了多看客的现象。凡是参加片、区级活动的教师都会获得一张公开课的证书，这较好地激发了人人想上课的内驱力，促进了教师课堂教学能力的提升，并且取得了显著成效。郝家顺等10余位教师获得江苏省优质课一等奖，孙飞等20余位教师获得徐州市优质课一等奖。

针对广大中小学体育教师讲不清、说不准、做不对、读不进、写不出等短板，我又提出了体育教师自身发展的强体能、练技能、促教能的"三能"要求，并卓有成效地开展了系列专题培训及测评活动。一是校内自学：各校体育教师集中学习、研讨，并按要求制订个人和集体的学练计划，大家融为一体，互帮、互教、互学、互纠、互长，在进行专项技术动作的学练时，相互取长补短，共同提升。二是区域内助学：遇到实在啃不动的硬骨头，如体操、武术、啦啦操等专项，可以邀请其他学校有此特长的教师来指导；各镇负责人也会根据本镇体育教师的实际情况，对薄弱项目或没有攻克的技术难点采取一对一的帮扶方式，确保人人都有提高。三是集中培训：每年区教师发展中心都会组织2～3次不同形式的培训，尤其是在暑期全员培训的基础上，要对45周岁以下的教师进行"三能"测试，优秀的集体和个人会获得表彰奖励，这为教师规划个人专业发展、自我监督与管理、不断学习与进步提供了参照，促进了体育教师教学技能的均衡发展，为全区学校体育工作的开展注入了强大的动力，许鹏、全来红等教师也因此获得了江苏省青年教师基本功大赛一等奖。

为更好地促进教师专业发展，我以江苏省重点资助课题"中小学体育教师专业发展评价指标体系构建的实践研究"为抓手，科学、合理地构建了铜山区中小学体育教师专业发展评价指标，包括文本类、教学类、成果类3个一级指标，8个二级指标，20个三级指标。每年对全区400余名教师进行一次评价，并分学段排名，以此激励排名靠前的教师加速领跑，这一做法已坚持12年。实践表明：从不同层面进行评价，有利于促进教师专业的全面发展；评价指标与中小学体育教师的工作实际紧密相连，为中小学体育教师自我诊断、自我改进、自我完善提供了参照；评价主体的多元化使评价更具持续性、针对性、导向性和实效性；评价结果为制订、实施中小学体育教师培训培养计划提供了决策依据；评价对当今不少教师职业倦怠、业务疲软做到直面唤醒，有正向的引领、激励、示范作用，增强了教师成长的内驱力。

三、立课题、破难题、解真题

"长善救失"是《礼记·学记》里的一条重要教育原则。多年来，针对学校体育说起来重要，做起来次要，忙起来不要，中小学生学了12年体育却一技不在身及体育教师"一高就停、近四而衰"等问题，我主动寻求对策，走访百余所学校，采访校长、师生及家长，咨询专家，在查阅大量文献资料的基础上，将问题转化为课题，潜心研究。"中小学体育教师专业发展评价指标体系构建的实践研究""中小学体育教师'三能'发展评价的研究""核心素养背景下学、练、赛、评一体化体育教学实践探索"三项省级重点课题均已结题，一项研究成果获得江苏省基础教育教学成果二等奖，我也被评为江苏省教科研先进个人，公开发表论文70余篇。我以课题研究为抓手，为学校体育的发展提供了科学、有效的实施路径和策略保障，也加速了全区学校体育工作优质均衡发展的进程。

一分耕耘，一分收获。近年来，我连续四年年终考核被评为优秀，并获得了徐州市领军名师、徐州市优秀教育工作者、徐州市优秀共产党员、徐州市教学先进个人等荣誉称号；承担了教育部义务教育阶段教材编写的任务；被聘为江苏省万名中小学体育教师培训专家；被南京师范大学、淮北师范大学、江苏师范大学等高校聘为硕士生导师及校外辅导教师；应邀在各大院校及各级各类教师培训中开设讲座达100余场次；等等。虽然如此，但我仍清醒地认识到不能躺在功劳簿上睡大觉，因为，我是教体育的，我是教人学体育的，我是用体育教人的……

四、立操场、创特色、铸品牌

针对学校体育说起来重要，做起来次要，忙起来不要，中小学生身体软、硬、身体素质、意志品质下降及学了12年体育却一技不在身的现状，全区上下立足操场、勤奋耕耘、创新工作。为此，我又提出了以赛促练、以赛促提、以赛促特的要求，在项目选择、活动形式、队形变化、内涵特色等诸多方面，依据学校实际，反复推敲、深入探究、不断实践、总结提升，铜山区每年举行中小学生"四操一舞"（广播操、武术操、特色操、眼睛保健操、校园集体舞）、排球、足球、长跑、啦啦操、轮滑、冰壶等比赛活动，保证每一名学生至少参加两项区级竞赛活动，全区60余种特色操争相斗艳，形成了一校一品、一镇多品、内容丰富、形式多元的阳光体育特色活动。为此，铜山区被教育部授予全国阳光体育先进县，全国基础体育教学改革试验区、示范区称号。一校一品阳光体育特色活动成为铜山区教育的一张亮丽名片，我也被区教育局授予阳光体育特殊贡献奖。

近年来，铜山区承办了全国学校体育教学改革现场会、全国首届球类运动进校园教育论坛、江苏省阳光体育推进会及全国啦啦操比赛、三门球比赛等。尤其是全省阳光体育运动推进会的召开，得到了各级领导、专家的高度赞扬，这更是对全区学校体育工作的空前促进和推动。为此，铜山区委、区政府出资近2亿元，将全区每所学校的煤渣场地塑胶化，学生们再也不用晴天一身灰、雨天一身泥地运动了。有了硬件设施的保障，活动质量也进一步提升，铜山区迎来了浙江、安徽、山东等地方的教育考察团的观摩交流研讨活动，迎接了教育部新闻媒体采访团的采访，中央电视台、中国教育电视台、《中国教育报》、《中国学校体育》、《体育教学》等媒体相继进行了图文并茂的专题报道，《铜山是个好地方》《学校体育样板间》《铜山体育的新时代》等系列文章在全国产生了积极影响。

卓有成效的阳光体育活动促进了学生身体素质的提升，在每年省教育厅组织的大一新生身体素质测试中，铜山区的毕业生获得"七连冠"。除此之外，铜山区学生的高考体育成绩也卓有成效，全区每年高考体育双过线人数突破150，如2023年，达到179人，约占全省招生数的十分之一，得到了社会和家长的认可，我也因此获得了徐州市教学先进个人的称号。全区上下异口同声地喊出了"学生的健康，我的责任"，"全面课程、全员参与、坚持恪守、常做常新"的16字口诀将成为"十四五"时期全区学校体育工作里程碑式的梦想与追求。

作为一名教研员，只有孜孜不倦、脚踏实地、与时俱进地追求个人专业发展，增强责任、使命与担当，不断创新举措，辐射、引领、培养更多优秀教师，坚持恪守、勇毅笃行，才能为筑牢中小学生身心健康的根基，助推全区学校体育工作优质均衡发展，做出更大贡献！

自白

我的教育理念： 把平凡的事做好就是不平凡。

我的教学主张： 践行"教对、学会、常赛"，努力把每一节常态课当作优质课来上。

对我影响最深的一个人： 我的导师——华东师范大学的汪晓赞教授。

我心目中理想的体育教师是什么样的： 在自己的工作岗位上服从、执行、坚守，
一分耕耘，一分收获，努力做一名德才兼备、文武兼修的新时代体育教师。

我心目中理想的学生是什么样的： 始终充满好奇心和探究欲，富有朝气和活力，
不畏艰难，勇往直前。

我上过最满意的一节体育课： "排球：垫、传基本动作技术，传垫、发垫传、发
垫传吊组合动作技术及教学比赛"。

我写过最满意的教学论文： 《中小学体育教师专业发展评价指标构建及实施研

究》。

我在教学中遇到了哪些挫折和困难： 挫折和困难是伴随着整个职业生涯的，初为人师的合格课、骨干教师的公开课、名优教师的示范课及每一节常态课等，每个阶段有每个阶段的挫折和困难，不要逃避，要积极应对，因为这些经历都是教师专业成长的垫脚石，教学能力也会因此不断提升。

我是如何战胜这些挫折和困难的： 自我反思、自我消化，自我解决；与导师对话，与比自己优秀的教师对话，与长者对话；通过阅读滋养身心，寻觅战胜挫折和困难的密码；保持一颗平常心，得之淡然，失之坦然。

我取得优秀成果的主要经验和体会： 先行动起来，坚持恪守，永不言弃，在坚持的过程中朝着日渐清晰的目标努力、努力、再努力！

自我评价性格特点： 不随波逐流，有主见，阳光、开朗、活泼、坚韧、自信，对学习、工作、生活充满激情与憧憬，有所追求，但不苛求。

我的业余爱好： 读书、写作、运动、静坐。

我想对年轻体育教师说的话： 把自己选择的路走好，用良知躬耕教坛，相信越努力越幸运；常思考三个问题——我为课堂改变了什么？我的课堂改变了什么？课堂因为什么改变了？努力践行三句话——我是教体育的。我是教人学体育的。我是用体育教人的。

行于坚守　成于创新

——江苏省体育名师姜秀的体育教学特色

🎓 名师档案

江苏省徐州市柳新实验小学体育教师、江苏省特级教师、江苏省"333高层次人才培养工程"培养对象、江苏省教育系统先进个人、2022江苏教师年度人物、江苏师范大学硕士研究生导师、全国大课间推广专家、全国教学能手。多篇文章在《中国学校体育》《体育教学》《中国体育报》发表，多篇论文在省市级比赛中获得特等奖、一等奖；优质课、基本功、教研课均荣获江苏省各级各类比赛一等奖；执教国家级示范课、省级示范课、市级示范课、区级示范课几十次；开设国家级、省级、市级、区级讲座几十次。由本人设计的呼啦圈操、呼啦圈游戏、呼啦圈集体舞、姿态操、技能操、叠罗汉操、室内沙包操、跑操、单杆、跳箱10大课程体系已全面实施，共280类。

（1）媒体：《中国青年报》、《光明日报》、中央电视台、《体育教学》、《中国学校体育》、江苏电视台等专题报道；呼啦圈活动照片登上《体育教学》封面三次；《一校多品大课间特色项目介绍》被作为典型案例在全国宣讲推广；2018年11月，《中国青年报》的专题报道《一名向中日孩子体质之"差"说"不"的小学教师》，向全国宣讲姜秀老师的榜样力量；2021年5月，《中国青年报》的专题报道《小小呼啦圈因何转动20年》，向全国介绍了学校特色做法和取得的丰硕成果；2023年4月，《中国青年报》的专题报道《徐州这些学校为何敢让单杠重回校园》，再一次向全国介绍了学校特色做法与丰硕成果；2023年4月，《人民日报》的报道《让校园体育拥有更多选项》在全国进行宣传，2023年4月和7月，《江苏教育报》的专题报道《赋能孩子幸福人生的"体育密码"》与《在小天地演绎大精彩》，向全国介绍一位农村小学体育教师姜秀与她带领全校师生创建的校园体育特色迸发出的大能量。

（2）现场会：由于本人和团队设计的操舞类课程特色显著，所以学校承办国家级、省级、市级、区级现场会百余场。全镇学生肥胖率1.87%；近视率13.19%，分别只有全国调查数据的约五分之一和约三分之一；全镇学生因病缺课率0.67%。

（3）辅导青年教师：孔令行、王鲲鹏、刘大权、闫旭、许鹏、胡砾芳、杜文武、王雪娇等10名教师，荣获江苏省基本功、优质课一等奖；胡砾芳等4名教师已成为徐州市优秀教师。

（4）兄弟学校：我校体育特色已带动铜山区中小学大课间身体素质操全面落地；港务区学校一校一品体育特色已成功完成；泉山区学校动作姿态操已实施两年，一区一操、一校一品大课间特色在实施中；36中小学部特色操已成功实施；云龙区多所学校单杠特色操在实施中。

一、行于坚守

（一）行

"行"对我来说，第一层含义是行动。"行"就是做，做教育，做体育教育。28年的工作历程，我始终坚守在一线教学的岗位上，努力地上好每一节课、组织上好每一次课间操、带好每一次小队训练。寒冬酷暑，工作日、假期从不间断。这种坚持贯穿28年，当然还将持续下去。作为指导教师，我对我的同事、团队、学生，始终竭尽所能，让他们有所收获，快速成长。

"行"对我来说，第二层含义是行为，即做事者的一种态度。任何事情要想成功，态度是首要的。而这种态度一定是主动求学探究的体现，就是自己想干事，且保持只顾耕耘，不问收获的豁达心境。所谓"心底无私天地宽"。一定不能抱着为一己私欲去做事的心态，不然很难成功。即使侥幸有所得，也会身心憔悴、疲惫至极。

28年来我只有一种想法，就是用自己的行为，让学生受益。"护学生健康成长，为学生幸福奠定基础"一直是我追求的教学理念。守护学生的健康和幸福，是教育工作者不可推卸的责任，所以我在自己的岗位上，努力奋斗，兢兢业业。

（二）坚守

坚，就是坚忍。28年的工作历程，我一直在用坚韧、坚忍的毅力，去面对工作中出现的种种困难、挑战、挫折，并且从未退缩。我告诉自己要选择做一位砥砺前行的强者，把困难、挑战、挫折转化成自己的力量，因为我始终坚信自己在做一件正确的事。守，就是守住、守望。守住，就是我要守住教师这个职业的责任与担当，教书育人。作为专职的体育教师，我们不仅要担负起教好书、育好人的职责，还要担负起促进学生身体与心理健康发展的责任。守望，就是我希望在我的职业生涯中，通过对教师这份职业的恪尽职守，引领学生带着已学的知识，去认真地生活、工作，服务家庭、服务社会、服务国家。

（三）行与坚守

1. 坚守初心、奋力前行

在28年的工作历程中，我坚持脚踏实地做事，认真教书育人，从未停歇。近20年，全国学生的身体素质出现整体下滑的现象，令人担忧。而我校学生的近视率与肥胖率乃至因病缺勤率始终保持较低水平。"护学生健康成长，为学生幸福奠定基础"，如何看待这样一个看似"渺小"实则"宏大"的目标，我知道会面对众多的挫折和困难，然而在守护学生身心健康的道路上，教师一定要经得起挫折、跨得过困难。任何目标的实现，都是通过艰苦奋斗得来的。

2. 不畏辛劳、无私奉献

就2023年3月31日我校承办的徐州市体育大课间现场会来讲，在9所幼儿园及我校学生共3200名，我校却仅有5名体育教师的情况下，我们克服重重困难，做到保全大局、无私奉献。为了不耽误正常的教学，不占用正常的文化课时间进行训练，所以体育组教师做出决定：牺牲小我，保全大局！为了解决学校体育教师不足、十几个班级无人上体育课的问题，我带领全组体育教师包揽了全校所有的体育课，每天从上午 7:50 到校到下午 5:30 放学几乎全部时间都在操场上整理单杠、跳箱、垫子、拖扫操场、上课、上操，一节课接着一节课，一件事接着一件事，几乎没有回办公室喝口水、休息几分钟的时间。近两个月的时间里，所有教师都付出了巨大的努力，确保现场会的顺利召开。放学后我也要留下来录制口令、编制音乐，很多次都坚持到了晚上 10 点。这种舍小家为大家的奉献精神，所有领导与同事都看在眼里，感动至深。

3. 激发潜能、走向成功

教师要善于把逆境与挑战变成自己的力量，恰恰是在经历了无数次逆境与挑战之后，我的才能、潜能得到了极大的激发和释放，并转变成了内在的财富。谈一谈第一套呼啦圈特色操的成功创编。那是在 2001 年 3 月接到通知，在该学期 10 月份举行全县中小学特色操比赛，每所学校必须参赛。接到通知后，一向对工作富有责任心的我万分焦虑。怎么办，毫无头绪，我怎么可能做到编操。于是我找校长商议对策，希望请专家编操，奈何条件所限，几天下来仍毫无头绪，最终只能硬着头皮自己上场。结果不到 3 周的时间，我便编制成了一套操。从开始编操到全体学生熟练掌握仅用了 5 周的时间。这使我坚信，在决心的驱使下，人有无限的潜能。有时压力就是动力，动力使人走向成功。

二、成于创新

（一）成

"成"是指成功、成果、成就。成功指的是我 28 年的工作历程中一次次做成的案例。当然，成功一定需要科学、有效的方法，方法对了，事情就做成功了。以下就以一校一品大课间为例。2001 年，我编制了第一套呼啦圈操，编操前首先制定方案，我先给自己提出问题：①我想要编什么样的操？②什么样的操学生感兴趣？③什么样的操是特色操？④我要依据什么来编操？⑤编操后要怎么实施？

⑥我能编出什么样的操？⑦我的专业特长是什么？我逐一作答。①我要编器械操，有活动器材学生才会更感兴趣。②符合学生年龄阶段的器械操，并且搭配很多游戏，学生一定会感兴趣。③别人没有的操，就是特色操。④要依据国家规定的广播操的动作名称、节次与方法来给自己启发和帮助。⑤刚开始实施时学生可能不能全员参与，要在编操的时候先选出一个小队的学生，这些学生一定要有灵性，能在我编排动作时给我建议与灵感。⑥我能编出学生喜欢的操。⑦根据我的特长编制。确定了以上 7 个答案，我的第一套操很顺利地编制完成并成功实施。

（二）创新

"创新"是指不断创编出新的大课间内容。只有不断创编出新的内容，增强大课间内容的多样性，学生才能对大课间活动不断产生新鲜感、好奇心，从而主动参与大课间活动，这能有效减少学生出操请假或者懒散应付的现象。很多学校现在就存在这种状况，只有一种音乐、一套广播操，导致学生喜欢体育但不喜欢体育课及大课间。所以我们一定要有源源不断的全新大课间内容产出，要敢于创新、用心创新、科学创新。

从 2001 年开始，我带领全校师生创编呼啦圈特色操，推动学校体育特色课程实现从"一校一品"到"一校多品"。我们以呼啦圈为器械，创编了呼啦圈操、集体舞、姿态操，以及技能操等，继而不断推陈出新，创编了叠罗汉操、单杠大单元课程、跳箱大单元课程等（见表 1）。通过全体师生的共同努力，学生近视率和肥胖率均居于全国较低水平。

表 1 2001—2023 年大课间项目创编明细表

年份	名称	类型	备注
2001	第一套呼啦圈操	单人练习为主	首创
2002	第二套呼啦圈操	2 人 /9 人配合	集体图案造型组合
2003	呼啦圈摇圈技能 20 类	摇圈技能	技术组合
2004	呼啦圈个人游戏 18 类	游戏创编	单人游戏
2005	呼啦圈多人游戏 12 类	游戏创编	多人游戏
2006	呼啦圈班级游戏 20 类	游戏创编	班级游戏
2007	第一套呼啦圈集体舞	集体舞	呼啦圈与校园集体舞相融合

续表

年份	名称	类型	备注
2008	呼啦圈《中国五环》《中心国》	运动图案	庆祝奥运会成功举办，助力汶川抗震救灾
2009	第一套呼啦圈大型游戏	大型游戏	首创
2012	第二套呼啦圈集体舞《骑马舞》	集体舞	《骑马舞》
2014	第一套呼啦圈舞蹈技能操	舞蹈技能操	舞蹈展示
2014	《中国梦》	运动图案	家国情怀
2015	第一套呼啦圈技能操	技能操	技能展示
2016	第一套叠罗汉操	叠罗汉操	技能展示
2017	第一套姿态操	姿态操	技能展示
2018	第二套呼啦圈操及叠罗汉操《六层人字塔》	呼啦圈操/叠罗汉操	技能展示
2019	第二套、第三套技能操	技能操	技能展示
2020	第二套、第三套姿态操；室内沙包游戏10级；叠罗汉操《7层人字塔》	版本升级	操类、游戏、技能展示
2021	第一套呼啦圈游戏操；叠罗汉操《8层人字塔》	首创游戏操/叠罗汉操	首创/版本升级
2022	第一套单杠动作	单杠动作	单杠（自己设计、可移动、多功能）
2023	3个水平段单杠课程；5组跳箱动作	单杠分级/跳箱动作	单杠与跳箱的技能展示
2024	3个水平段单杠体能课程	体能	可移动、多功能单杠
2025	3个水平段单杠游戏课程	游戏	可移动、多功能单杠

三、责任与担当

在提升学生身心健康水平与开展学校体育教学活动的过程中，虽然许多教师心怀热忱并希望持续贡献，但他们时常面临挑战与困境。例如，在进行体育锻炼的过程中，由于担心学生会发生运动损伤，甚至是安全事故，体育教师不得不在体育锻炼的有效性和安全性之间艰难取舍和平衡。但我们必须强调，作为体育教师，要始终从学生的需求出发，以促进学生的身心健康发展为不可推卸的责任，积极面对挑战和困境，以创新思想寻求解决方案，努力为学生创造一个既安全又充满活力的体育学习环境。

四、砥砺前行

我们学校的体育大课间特色，从"一校一品"到"一校多品"，在全国起到示范作用。28 年坚守期间，我没有出现体育运动事故。那是因为，我一定会把体育工作做细、做实。不怕吃苦，亲力亲为，不急于求成。真真正正把心放在学生的身上，真真正正拥有一个理想，即想让学生通过体育锻炼健康成长、快乐成长、幸福成长。教师不能束缚前进的脚步，如果能在这种情况下，坚强、勇敢地承担学校的体育工作，帮助学生提高身体素质，这也是我们的一个机遇。

总结语

在学校体育的实施与创新过程中，难免会出现各种各样的问题。我们要思考，要以"坚守"为准则，以"行动"为基石，要用科学、规范的方式，脚踏实地地把工作做细、做实。家庭、学校等各层面须紧密联合，为学生的健康成长负起责任，共同创造学校体育的美好明天。

自白

我的教育理念： 护学生健康成长，为学生幸福奠定基础。

我的教学主张： 教师要教对，学生要学会。

我心目中理想的体育教师是什么样的： 驰骋操场、积极干练、努力求学、能干会干。

我心目中理想的学生是什么样的： 健康快乐、向上友善。

我上过最满意的一节体育课： "叠罗汉"。

我写过最满意的教学论文： 《行于坚守，成于创新》。

我取得优秀成果的主要经验和体会： 全面课程、全员参与、坚持恪守、常做常新。

我想对年轻体育教师说的话： 让自己的每一天都有收获，让学生的每一天因为有你而有收获。

以体育人——一种精神力的传承和绽放

——江苏省淮安市体育名师王素芳的体育教学特色

📖 名师档案

　　王素芳,江苏淮安人,中共党员,江苏省淮安市人民小学副校长、中小学正高级教师、江苏省特级教师、教育部"一师一优课"部级评审专家、江苏省小学体育名师工作室主持人、江苏省卓越教师创新培育班项目负责人、江苏省教育学会体育专业委员会常务理事。先后荣膺全国"教育科研先进个人",江苏省"群众体育先进个人"、"教育科研先进个人",淮安市"有突出贡献中青年专家"、"十佳教师"、"优秀教师"、"533英才工程学术技术领军人才"等诸多殊荣,"融体育"育人成果"指向融合的小学体育课程一体化育人实践研究"和"体教融合背景下小学体育课程课内外一体化的实践研究"先后荣获江苏省基础教育教学成果一等奖。她把教育视为一项事业、一门科学、一种艺术。用汗水与智慧,求真与创新,孜孜以求,诲人不倦,追寻"体育梦"。介绍她的文章《尽职为民的王素芳》《诲人不倦的王素芳》《情系学生》等刊登在多家媒体头版,其教育教学先进事迹引发媒体广泛关注。她的先进事迹在市区教育系统进行了十场巡回报告,她是"筑梦清河——最美身边人"道德模范,市长亲自为她颁发奖章。

一、教育、教学特色

王素芳30年如一日，躬耕于"融体育"一体化育人沃土，以"育体·育心"融通育人理念为犁铧，探索开拓，耕耘不息，将师者拳拳爱心化作阳光雨露，呵护滋养每一株幼苗茁壮成长。

（一）敬业逐梦，体教融合

秉持"无体育不青春，无体育不少年"的"融体育"育人理念，她综合教育、管理、服务、协调等多个因素，探寻出体教融合育人新路径。

建设温馨港湾。她创办和管理淮安市"体育小学"30年，负责跳水、游泳、射击、射箭、拳击等5个运动队训练管理工作。2013年到2022年担任原清河区青少年业余体校校长和清江浦区青少年业余体校校长。一周上22节体育课的她，曾经常年穿梭于淮安和南京体院外训跳水队之间，周日无休、风雨无阻，全方位照顾运动员、教练员的训练和生活。每逢周末、节假日，"芳妈妈"的到来就是小队员们最开心的时刻。

竞技转轨普及。她广泛开展体育大课间、课余训练、延时服务和课外作业等"家校社"一体化育人实践，让"竞赛体育"转轨"群众体育"，为每一名学生搭建成长之门；年年组织开展学校"校园吉尼斯"活动，激发学生运动热情，锤炼学生，强健体魄；获江苏省"先进裁判长"奖，设计"融体育"竞赛方案4次获省特等奖和一等奖。她作为全省唯一的"体教融合"管理和在一线实践者代表，在全国体育大会上发言，受到教育部领导点名表扬，撰写的"'融体育'一体化育人"相关主题文章获《中国学校体育》《校园足球》等期刊全国推广；创编的足球操获全省大课间评比一等奖第一名。

成就冠军摇篮。一分耕耘，一分收获，她管理训练的运动队连续32次获得区运动会团体总分第一名；培养和输送8名运动员进省队，其中3名运动员获"国家级游泳运动健将"称号，区委、区政府3次发来贺信、连续6年发文表彰；管理训练的跳水队5次参加省锦标赛，荣获34金25银28铜，参加全国比赛荣获12金9银12铜；管理训练的校趣味田径队参加全国、省级比赛，共获2金3铜，2022年代表市参加省二十届运动会，获"优秀组织奖"，市政府授予三等功；分管学校体育工作期间，学校获评全国足球特色学校、全国群众体育先进单位、全国体育传统项目学校、国家高水平体育后备人才基地校和江苏省体育课程基地等称号，个人被评为"优秀管理者"；研究成果辐射华东，被多地推广，"'融体育'一体化育人"引起《中国教育报》《中国体育报》《扬子晚报》等权威媒体广泛关注。

（二）精研融思，创新育人

她构建了小学体育课程、教学、生活、评价融通的"融体育"一体化育人课程体系；组织成立趣味田径体验中心、传统游戏创编吧、"'泳'争上'游'"游泳俱乐部等；构建教学、训练、资源、活动、研训、生活等课程管理与服务中心；创编了"灌篮高手""飞碟大战""趣味田径"等多种集趣味性和健身性于一体的体育游戏……她率先实施融通教学育人，获全国部级优课奖，省市教学基本功大赛和优课一等奖16次。2022年主持的"融合视域下小学游泳课程一体化实践研究"获江苏省教学研究第十二期课题一等奖、"体艺融合的'瑶卿京剧'课程实践研究"获江苏省小学特色文化结项优秀奖，主持省科学规划课题和市重点课题18项均已结题；江苏省前瞻性教学改革实验项目（三类）"学校体育智能化测评系统研发与实验"已结项。申报2个江苏省课程文化基地校，江苏省政府奖励65.7万元经费；参与编著《江苏省课外体育锻炼设计与实施》《经典体育游戏教学技巧》《新编小学体育与健康》等24部书，在《人民教育》等核心期刊发表论文68篇，获全国科报会论文评比一等奖2次、二等奖2次；被聘为全国、江苏省"一师一优课"评审专家、南京师范大学体育科学学院行业指导专家、江苏省教学基本功大赛评委组组长等。作为江苏省首届和第2届小学体育名师工作室和市名师工作室主持人、江苏省卓越教师创新培育班项目负责人，获省市132.7万元资金支持；近两年来，所主持的工作室中有2位学员获评江苏省体育特级教师，3位获评体育正高级教师。

王素芳，以赤诚和智慧，构建和实施体教融合的小学体育课程一体化育人模式，让"学生成长，成就教师，发展学校"的理想，在教育的沃野上开花结果，大放异彩！

二、以体育人案例

案例一

以爱立教，匠心独运。"对学生的爱要落在实处，让学生享受你的课堂，爱上你教的学科，才是最好的爱的礼物。"学校有一些过胖或过瘦的学生，这些学生的共同特点是不爱跑步、害怕运动。她就给学生们讲故事："你们观察过动物睡醒后的动作吗？小猫出窝，第一件事是把身体弓起来，然后肚皮贴地，它做的是腹背运动；鸭子出笼，首先是张开两个翅膀，猛力地扇几下，它做的是扩胸运动；小鸡出窝，又蹦又跳，一蹿老高，它做的是跳跃运动。为什么呀？因为运动是一切生命的本能，难道作为高级动物的我们，却没有这个本能吗？"听了她的一番话，学生们都会主动要求运动。她以融学方式践行体育课堂教学。王素芳从拟人化的视角教学生：小猫出窝——腹背运动，鸭子出笼——扩胸运动，小鸡出窝——跳跃运动，激发学生们的运动兴趣。

案例二

学科融通，寓教于乐。在30年的教学实践中，她跨越学科藩篱，重品德、促多元，发掘提炼了体育学科独特的育人价值，将品德教育贯穿体育之中，形成了"体育+"主题式单元教学体系。如走跑是枯燥的教学内容，学生往往都不喜欢，为了调动大家的积极性，王素芳以课文《王二小》为主题，创设走跑情景，如王二小放牛时的慢速走、王二小发现和躲避敌人时的快速走、军人操练时的正步走等；以红军长征为主题，用橡皮筋做铁索桥，利用学校花圃中的土路、坡路等自然地形设计红军长征路线，进行耐久跑锻炼。《王二小》情境中的走跑训练、红军长征主题的耐久跑锻炼，都培养了学生"运动能力、健康行为和体育品德"的核心素养。

案例三

立德树人，播撒爱心。她的一位学生，由于脑瘫，说话不清，走路困难，双目斜视。许多学生笑他，叫他"傻瓜"。这些都逃不过她的眼睛，趁这个学生不在时，她对其他学生说："他本来应该和你们一样可爱，可因为生病变成了这样。如果换了你，受到同学的讥笑，难受不难受？让我们一起来帮助他吧。"一番话，说得大家低下了头。为了让这位学生与正常学生一样也能享受到体育课的快乐，每次她都是背着或搀扶着他，再领着班级的其他学生。她的爱心育人，感动了学生的家人和班上每一名学生。

三、教学亮点

篮球大单元教学设计
水平二 篮球大单元第 3 次课的课时教学计划设计思路

（一）设计理念

基于《义务教育体育与健康课程标准（2022 年版）》（以下简称《新课标》）课程理念，依据"建构主义"学习理论中"以学生为中心"，以学生为主，动态设计与实施体育教学。课中强调学生对知识、技能的主动探索，以及对所学知识、技能的主动建构，通过"教会、勤练、常赛"的方法，提高学生的原地运球技术能力和综合运用实践能力。她在结构化的教学实施过程中，有效实施"学、练、赛、评"一体化的教学，从而达成教学目标。

（二）教学方法

根据体育大单元设计理念，她设计了水平二（小学三年级）18 课时的篮球大单元教学。本节课为篮球大单元第 3 次课，即原地运球。根据动作的技术特点，利用人手一个篮球，借助球圈，完成整节课的结构化教学。课中采用各种游戏贯穿各个学练环节，教师通过讲解、示范、体验、学练、合作、探究等多种教学手段，让学生学会空出手心、抬头，有节奏、协调地原地运球。学生能在游戏和比赛中掌握和运用运球技术，愉快学习，促进身心和谐发展。

（三）学情分析

"独学而无友，则孤陋而寡闻"，《礼记·学记》中的古老箴言蕴蓄着教育智慧。课中教师采用师生、学生之间"结伴学练"的形式，让教师的"教"和学生的"学"在篮球运球技术的学练中达成同步共频，打通本节课学生自主、合作、探究的"教会、勤练、常赛"的有效学习路径。小学三年级的学生正处于身体素质发展的敏感期和生长发育期，他们手臂力量弱、好胜心强，勇于克服困难，喜欢参加运动游戏。三年级的学生已对篮球的简单运动知识、技能有所了解。因此，要积极培养学生自主学习的能力，在教学过程中拓展学生的思维，培养学生的独立性和自觉性，激发他们在练习中去思考，发展他们的技能、体能和智力。在欢快的练习氛围中穿插多种形式的练习及游戏，并以对抗、挑战和竞赛的形式来激励学生，拓展课堂教学内容和手段，培养学生对篮球的兴趣和参与体育锻炼的习惯。

（四）教学目标

（1）运动能力：学生能够说出篮球原地运球的动作要领；能做出篮球原地运球动作，积极学练，并在游戏中体验，在竞赛中运用；提高灵敏性、速度、力量以及协调配合等能力。

（2）健康行为：学生在游戏和竞赛中有高低姿运球意识，知道如何在运球游戏中空出手心，抬头运球，树立安全意识；学会合作，分享快乐。

（3）体育品德：学生能正确对待运球中的碰撞和丢球现象；善于观察和模仿，乐于体验、游戏和比赛；遵守规则，能主动给同伴鼓励。

（五）教学准备

师生人手一个篮球和一个球圈。教师将动作要领创编成有节奏感的动作，让学生跟音乐节奏练，用有趣的游戏来吸引学生，及时吸引学生的注意。

（六）教法和学法

1. 教法

针对教学目标和学生的实际情况，遵循"从学生的发展出发，培养想象创新能力"的教学理念。在教学过程中，主要采用以下教学方法。①讲解法教学：精讲多练，抓住重点难点。②示范法教学：动作规范、美观，具有可模仿性和灵活性，运球节奏简约实用。③自主法教学：给学生自由、自主的活动和想象空间，发展学生的创新能力。④启发法教学：启发、引导学生进行实践分析，让学生逐步掌握技术动作，提高学生自己解决问题的能力。⑤体验法教学：通过不同身体姿态的原地运球学练，提高学生的控球能力，让学生充分体验原地运球的协调用力，进一步掌握技术动作。⑥游戏法教学：发挥学生的主体作用，通过小团体比赛互相促进提高，加强学生的合作精神，帮助学生形成互帮互助、共同提高的集体意识。

2. 学法

结合教学内容及学生特点，本节课主要采用模仿法、讨论学习法、合作练习法和游戏竞赛法，让学生多触球、多练习、多思考，发挥学生自主学习能力，让学生在练习中发现问题，在练习和相互交流中悟出动作要领，在充满趣味和竞争的游戏、比赛中尝试运用所学的技能，最终解决问题，激发学生的学练热情和求知欲望。

（七）教学设计

本节课是一节以原地运球为主要教学内容的新授课，依据自主学习的教学方法，通过学生的兴趣发展，引导各个环节的教学，在学生熟悉球性的基础上，用各种游戏来引导学生对本节课的学习内容产生兴趣，让学生做好学习主要内容的心理和身体准备。课前，把"你真棒！""大拇指！"印在每名学生的左右手心，目的是让学生在课上练习篮球原地运球时，带着"如何保护好印章"的问题学练，从而在课上能时刻记着空出手心。在运球练习中，教师示范使学生更具体地了解技术动作要领。通过让学生听唱运篮球的动作音乐，参与"萝卜蹲"游戏、听鼓点音乐、背诵五言律诗、换位运球、运球报数、运球猜拳、运球断球等游戏，解决学生不能空出手心、运球时身体不能协调用力、运球时不抬头等问题。在学生基本掌握运球的技术动作的基础上，引导学生进行"一""1"字运球的创意练习，这不但能增加练习的难度，同时也能以自然的方式完成本节课主要内容的系统、结构化的学练。然后，在教师的组织带领下，学生进行两人拔河比赛和拓展运球比赛，这将再次提升学生练习的兴趣，让学生得以检验所学动作要领。接下来的师生互动对抗游戏和身体素质练习，将更加活跃课堂气氛，增强学生的体能，把本节课推向高潮。然后，拉伸式的放松练习让学生的身心得到放松。最后，教师和学生进行互动性的总结、评价，让学生的篮球知识、技术水平得以增强。

（八）教学效果

本节课从设计理念、教学方法、学情分析、教学目标与教法和学法等多个方面进行实践，通过教学，让学生能够掌握篮球原地运球技术。整节课，教师教得轻松、愉快、积极、艺术，学生们学得开心、愉悦、主动、成功。教师始终以学生为中心，动态设计适合学生的教学内容，充分发挥学生的主体作用，做到在注重教学活动的整体设计的同时，确保"教、学、赛、评"一致性的深度落实，达成提升学生学习效果的目的，让有效教学再出发，让"教育自信"真实发生。

自白

我的教育理念： 秉持"无体育不青春，无体育不少年"的融合精神，执"育体·育心"的"融体育"育人理念之犁铧，探索开拓，耕耘不息。

我的教学主张： 以"融合一体，适切悦动"教学主张唤起学生内心深处的运动天性，关注体育弱势生，为学生搭建"凯旋门"。

自我评价性格特点： 开朗大方。

我的业余爱好： 游泳、打乒乓球。

我想对年轻体育教师说的话： 努力到无能为力，拼搏到感动自己！

用体育淬炼儿童模样

——江苏省盐城市体育名师俞向阳的体育教学特色

📖 名师档案

　　俞向阳，女，1966年8月出生，中共党员，正高级教师，江苏省盐城市第一小学副校长，国家"万人计划"教学名师，"江苏人民教育家培养工程"培养对象，省体育特级教师，省教学能手，省教育学会体育专业委员会常务理事，南京师范大学体育学院基础教育领域指导教师，市领航名师工作室领衔人。全国青少年校园足球优秀特色学校校长、省优秀教育工作者、省优秀教练员、省管理学校体育工作优秀校长、市群众体育工作"贡献突出个人"。个人事迹被《体育教学》《江苏教育》《盐阜大众报》等媒体报道。

　　曾获省首届青年体育教师教学基本功比赛二等奖、市一等奖，省"二次备课"教学展评一等奖。提出了"用体育淬炼儿童模样"教学主张，形成了"规范、扎实、趣味、灵动"的教学风格。在全国、省、市执教示范课60余节，开设讲座100余场；在《中国学校体育》《体育教学》《江苏教育》《中国教师》《小学教学参考》等刊物发表论文40余篇；主持、参与10多项国家、省、市级课题研究；参编江苏新版义务教育体育与健康课程标准实验教学丛书《科学的预设 艺术的生成》，主编江苏校园《魅力足球》学生用书和教师备课用书；主持三个项目获省基础教育教学成果特等奖、一等奖、二等奖。

一、且行且思——精炼教学特色

向阳而生，花开别样，大爱无言，质朴无华。这是俞老师自己喜欢的生长模样。1986 年参加工作，一直扎根小学体育课堂。38 年以来，面对儿童的天真烂漫，她以执着坚守的情怀、不忘初心的品格、以体育人的学科自信去赢得儿童的心；她用发现的眼、火热的心去关照儿童、解读儿童，让儿童享受到体育课堂的快乐。她以孜孜不倦的探索精神践行"用体育淬炼儿童模样"的教学主张，不断彰显规范、扎实、趣味、灵动的教学风格。

（一）淬炼守规范：品味体育学科独特价值

体育学科具有基础性、实践性、健身性和综合性的特征，需要教师具有"精于教学、勤于练学、善于研学"的专业素养和学术操守。她从学生的"身"到"心"、课堂的"知"到"智"，以编者、教者、观者和说者的身份演绎师生合作、平等、有趣的课堂故事。从"三课"一体化体育课堂样态优化实践研究中，寻找课前、课中、课后的精妙设计、精巧方法、精彩表达。同时，让课堂回归质朴，致力于学生学习生活、现实生活与未来生活的有效对接，使体育学习真正成为学生生活中不可或缺的一部分。

（1）坚守严谨的风格。细致、周全、完善、追求完美是对严谨的解释。而严谨就是她体育课堂的一贯风格。她始终用规范的言行、教法和指导，营造和谐的课堂氛围，满足学生、引领学生、发展学生，使学生知道如何观察、如何思考、如何表达、如何倾听、如何发问、如何练习、如何合作、如何分享、如何相互尊重。她认为少了规范的体育课堂就是一盘散沙。

（2）坚守科学的预设。科学是使主观认识与客观实际实现具体统一的实践活动，是通往预期目标的桥梁，是联结现实与理想的纽带。她认为体育教学必须有科学的预设，这很重要。教师要站在学生的角度理解教材，从细微处着手，抓住教材的关键和细节，引领学生感知、理解、体会运动技能，在促使学生真正掌握运动技能、获得健全发展的同时，也为生成精彩的体育课程打下坚实的基础。科学的预设需要教师更新理念，始终站在课程改革前沿；需要教师基于学生研究，善于读懂学生，给学生搭建自主学习的平台；需要教师终身学习，在科学的预设与艺术的生成之间搭建起智慧桥梁。幸福的体育课堂有时就是教师一个小小的改变或翻转。

（3）坚守适合的内容。适合就是适宜、符合。在课程改革的浪潮中，她认为学生兴趣的培养，很大程度上需要教师对教学的内容进行反复推敲，准确把握教材，将精巧的构思、灵动的手段蕴于有效的教学内容设计中。对一些比较枯燥的教材，教师要从教材本身的目标出发，对教学内容进行重新构思，将生活化的内容融入课堂教学中，以契合学生在不同学习阶段的学习兴趣。如在进行一年级的"正面投掷轻物"教学时，联系学生生活经验，设计双臂肩上屈伸做欢迎动作或双臂肩上屈伸做打大鼓的动作，配以"欢迎—欢迎""咚—咚—咚咚咚"的声音进行练习，使投掷动作更形象，更便于学生理解掌握。实践中，要关注教学的主体性、问题性、开放性和创造性，让设计的内容不仅涵盖基本的健康知识、基本的运动技能的学习与掌握，还有良好行为习惯的养成、心理品质的滋养和道德品格的润泽，真正达到智力开发、技能提高、情感升华的目的。

（二）淬炼显灵动：感受体育课堂创新洗礼

教育的本质是灵动的。由于体育学科的特点，课堂教学需要灵动，需要教师生动活泼地教，更需要学生生动活泼地学。为了让每一名学生都能在课堂中获得最优化的发展，她用自己独特的"精、气、神"，营造和谐氛围，精心组织教学，用自身的气场、气势激发学生的学习欲望，用独有的气质影响、培育学生的品质。

（1）灵妙的组织。有效是体育课堂脉搏有力的基础。她带领体育团队挖掘一堂堂优质课，以示范式的引领和指导，让学生扎实有效地学、生动活泼地练、放心大胆地比。互动法、口诀法、游戏法是她在体育课堂上的三大法宝；她将音乐、舞蹈、美术、数学、语文、英语等元素融入体育课堂，挖掘体育场地、器材最大效用；生活化、趣味化、科学化整合教学内容，将多种教学方法合理融合。在进行四年级的"跨越式跳高"教学时，她为解决"依次过竿"问题，组织学生玩两腿"画彩虹"游戏，通过让学生画地面彩虹—彩虹过桥（支撑的小垫子）—彩虹跨越（横竿），帮助学生在学、练、比中掌握动作。灵妙的课堂组织，让有目标、有方法、有评价、有反思、有改变、有收获的体育课堂更有自信、更有力量。

（2）灵巧的手段。吴非在《不跪着教书》中说："我认为，评价一位教师的工作，简单来说可以是三句话——让学生喜欢你的课，让学生喜欢你任教的学科，让学生有终身学习的意识。"她觉得，课堂微创新其实无处不在，学生喜欢你的课堂，或许就是因为你的一句话、一个微笑、一个有趣的游戏、一个漂亮的示范、一次角色扮演等。教师要表达的就是将学生放在课堂正中央，享受幸福体育课。比如，在教授三年级学生"武术：手型和步型"时，很多学生不能快速记住拳、掌、勾手型的各部位名称，她就带领学生做"对对碰"小游戏，用"拳心对拳心、掌根对掌根"等口令，让学生左右手边说口令边碰，快速找到部位，她还使用边跑边碰、边跳边碰的方法，不仅提高了动作的难度，更增加了学生练习的兴趣，还使学生熟悉了变换手型的方法。

（3）灵感的生成。让体育课堂更有创新是教师的追求。她一直坚信"改变"的力量，也在不断改变自己的课堂。在排队、行进、做操、游戏、提问、练习、纠错、合作等教与学的现场，她善于捕捉课堂灵感，使金点子、小窍门等课堂微创新成为教与学的调味品。例如，在准备活动中她很喜欢和学生玩"照镜子"小游戏，在无声的状态下，学生形象快速地模仿她的动作。教师在课堂中要用睿智的眼光、灵动的方法正确面对一些始料未及的事情，有效地处理教学突发事件，形成能够有效达成教学目标的课堂。没有创新灵感的体育课堂了无生趣。

（三）淬炼付真爱：寻找体育课堂生长的力量

（1）爱心支撑的力量。冰心提出"有了爱就有了一切"，教师应该通过体育课堂锻炼身体来表达"爱"。这份爱是教师在平等、信任、尊重、激发、共生的体育课堂文化中展现、释放的。她觉得爱的力量表现在"教室（操场）小课堂"中的师生相长、生生相长的对话沟通、合作共建，实现教学相长；表现在"学校中课堂"中理念建构、课程设置、内容重构下的活动策划、活动组织、活动效果和活动影响，实现活动育人；表现在"社会大课堂"中课程拓展、课后延伸、生活实践、活动参与和潜能开发，实现全员育人。有爱的体育课堂最真实、最有力量。

（2）童心牵引的力量。斯霞的"童心母爱"理论根植人心。"头脑简单，四肢发达"不应该成为现代体育教师的心灵绊脚石。保持一颗童心，站在学生的立场思考问题、预设学情、优化内容、展开教学、生成教学成果，始终把学生的需求作为课堂的起点和终点，无论是课前、课中、课后，都会有一种牵引的力量伴随着教师。在教学"足球：脚内侧踢球"时，她知道射门才是学生最感兴趣的事，于是她在设计内容时通过小组的"射入门"游戏，满足学生射门愿望，培养学生的射门意识，使学生在学习技术的过程中享受成功感。为了学生的学与教、行与思、研与创、得与失，都是值得的。

（3）耐心博大的力量。教育事业是静等花开的事业，学生成长的路上需要耐心陪伴与呵护。锻炼习惯的养成，不是一蹴而就的，需要教师有现场意识、转化意识、未来意识和教育的自觉，以终身学习的态度，以不忘初心的品格，努力实现"两个提升"：每名学生有提升，每一节课有提升。教师还要学会时时追问：学生是否有收获？学生是否学得快乐？学生是否享受学习过程？在智能时代到来的今天，体育课堂实施策略需要通过教师、学生和家长的共同参与才能实现，教师要努力寻求体育学科核心素养落地的方法。

二、有爱有度——关注儿童成长

俞老师认为理想中的体育课堂应该是弘扬真善美，体现课堂的真实、朴实、扎实和务实，让健康、快乐、自信、仁爱与师生相伴的。38年来，她在教材—儿童—情境—游戏之间探求课堂教法之道、育人之道，演绎师生的成长故事。

故事一：和老虎交朋友

"一二三四五，上山打老虎。老虎没打着，看见小松鼠。松鼠有几只，我来数一数。数来又数去，一二三四五。"学生们正在欢快地随着儿歌的节奏拍着篮球。

她心里不禁为这样的练习效果暗暗得意，因为这个办法是她给现在的一年级学生上小篮球课时灵感迸发而产生的。总以为过去指导学生练习运球动作时采用的自拍自数拍球、听数拍球、看数拍球、口算数学题拍球、听音（跺脚、拍手等）拍球、自由拍球的方法效果还不错，在拍球过程中既能向学生传授数学的基本知识，又能培养学生动手、动眼、动耳又动脑的能力。现在，她正为自己在拍球练习中又能教授儿歌而高兴时，一个男生突然停下拍球动作举起手说："俞老师，老虎是国家保护动物，我们能打吗？"其他学生听了都停止了拍球，一双双眼睛唰地投向了她，她真没想到学生会提这样的问题，但学生的这个问题一下子给了她启发，她立刻表扬他说："你提的问题非常好，老师都没有想到，你真了不起，老师要奖励你一颗智慧星。"当她顺手从口袋里拿出"体育之星"奖励给这名学生时，她接着问："现在真的不能打老虎了，那你们觉得上山应该怎么办呢？想一想，看谁能把这首儿歌中的'打'字改一改，小组还可以讨论讨论、交流交流，开始吧！"学生们一下子热闹起来，有的两三个一组，有的五六个一组，头靠头讨论开了。她的大脑也快速地转起来，设想着学生们会怎么改。

不一会，一只只小手就高高地举了起来，一个学生说："一二三四五，上山救老虎，我要把那些打老虎的人赶走。"另一个学生说："一二三四五，上山陪老虎，它就不孤单了。"还有一个学生说："我要上山画老虎，我喜欢画画。"还有的说："我要上山找老虎，和它交朋友。""我要上山喂老虎，给它好多好吃的。""我要上山变老虎，这样我就不怕了。""我要上山养老虎，它就会越来越多。"学生们超凡的想象力让她赞叹不已，有的学生甚至还说要上山请老虎、等老虎、看老虎……她由衷地为学生们竖起了大拇指，一颗颗智慧之星、仁爱之星毋庸置疑属于他们。

接下来，她就让学生们用自己喜欢的"打"老虎的方式继续随儿歌练习拍球，场地上拍球的声音和儿歌交融，形成了一首动听的乐曲，她也情不自禁地加入学生们的行列当中。练习后，她还让学生们相互交流自己救（找、喂、养、画、陪、看、等、请等）了几只老虎，是否愿意和老虎交朋友，还明白了什么道理。

置身在这样的场景中，她非常开心。

故事二：越轨

技巧运动是学生非常喜爱的项目，尤其是对低年级学生而言，在小垫子上翻来滚去是件既快乐又很好玩的事。一次，她给二年级学生上技巧课"连续前滚翻"为了保证课堂有序地进行，她再三强调"练习不准越轨乱翻"的要求。哪知在分组复习单个前滚翻时，有位小个子男生就没按她的要求翻完后走回队尾，而是转身又快速地做了个前滚翻，两只脚正好踩在第二排已做好蹲撑准备的学生脸上，好危险！那个被踩的女生捂着脸哇地一声哭了起来，全班学生的目光一下子被吸引了过去。"越轨"的学生一下子呆住了，她立刻跑过去检查那个哭的女生是否有受伤，还好没事，她转身训斥了那个男生。可在接下来的练习中，"越轨"的男生一点也提不起精神，动作越做越差。

第二天，"越轨"的事在另外一个班也发生了。这次她冷静地把这名学生叫到队伍前面来，请他把刚才的动作重新表演了一下，并告诉全班学生，这个动作就属于今天要学的"连续前滚翻"的一种，但他连续做时没有向前，却转身向后了，极易造成刚才的危险情况，希望大家暂时不要这样翻，等一会儿自由练习时再翻。她在批评他不妥之处的同时，摸着他的头，肯定他的无意，并鼓励他好好地练。这名学生在接下来的练习中特别带劲，动作质量也越来越高。于是，她大胆地让学生进行创新：你们还会怎样连续翻？学生们听了马上兴奋起来，相互商量并且试着做各种各样的新动作，课堂气氛活跃极了，这堂课获得了意想不到的效果。

故事三：重拾久远的快乐

童年的记忆中，滚铁环深刻且难忘。铁环如同我们身边的亲密伙伴，在上学、放学的路上伴着我们奔跑在田间路边，让我们感觉不到路途的遥远；课间活动时，它伴着我们尽情玩乐，不知疲倦；比赛场上，我们的技艺又得到展示。滚铁环让我们在奔跑中锻炼身体，在奔跑中磨炼意志，伴着我们走过美好的童年时代。

俞老师给学生讲小时候滚铁环的故事，学生个个都发出惊叹声。生活在不同的时代，成长经历如何相比，而今滚铁环不仅在城市不容易见到，在乡村也不多见了。我们在感受现代文明所带来的冲击时，在大力实施素质教育时，在新课程背景下为努力提高学生的身体素质而为他们选择合适的学习、锻炼套餐时，有责任为学生重拾久远的快乐，让学生们享受到滚铁环的乐趣。因此，学校再添体育器材时，铁环成了首选。

镜头一：感慨的一幕

第一次看到铁环，学生们都好奇地看着、议论着，有的兴奋地跳起来，有的互相击掌示意：太棒了！有个别调皮的学生干脆跑到铁环跟前惊讶地说："俞老师，这就是铁环呀？"还有个别女生悄悄地问："俞老师，铁环难不难学呀？"

在教之前，俞老师先了解了全班会滚铁环学生的情况，结果没有一个会的，这也是意料之中的。在她讲解、示范时，学生个个睁大双眼、神情专注、仔细听讲，她也为能把她小小的本领教给学生们而感到高兴，学生们的掌声告诉她，她的水平还不赖。

学生们拿到铁环后，迫不及待地练了起来，铁环与地面亲密接触发出哗哗声。

学生们经历了第一次尝试、第一次失败、第一次滚起来的激动，在滚法比较中领悟动作的快乐。她还时不时听到学生们的真情流露——"俞老师，快看，铁环滚起来了！""俞老师，铁环怎么滚不起来，我这样对吗？""俞老师，你再滚铁环给我们看看好吗？"学生们在不知不觉中勤快地跑着、滚着铁环，顾不得脱衣、擦汗，一节课结束，学生们都说时间怎么过得那么快呀！就一节课的时间，绝大部分学生已经学会了，瞧他们那得意的神情，她为他们高兴，同时也遗憾没有早点让他们享受这样的课堂。

镜头二：感激的一幕

听说要检测滚铁环的水平，学生们异常兴奋，个个争分夺秒地练了起来，滚铁环不够熟练的学生一会儿请教同学，一会儿来请教她。领会了滚铁环的技巧，他们别提有多高兴了。热烈的场面不知什么时候吸引了局外人，当时她正在辅导一名学生尝试内、外两种滚法，一名学生跑来对她说："俞老师，一位叔叔也来滚铁环了！"是谁？原来是送牛奶的师傅，只见他借来一名学生的铁环，熟练地在场地上滚了起来，一边滚一边笑着说："多少年不玩了，看看还行不行？"学生们看他滚铁环那么好，情不自禁地为他喝彩！他们都没为课堂中来了一个外人感到意外，送牛奶的师傅谢过学生们，骑上他的车开心地走了。这个小插曲让学生们练得更勤、更欢了。她趁机和学生们交流："你们看这位叔叔小时候学会滚铁环，这么多年竟然还玩得这么棒，这可是终身受益的事，你们到八十岁时依然会滚铁环。"她的话学生们信。检测时，学生们用他们的实际行动展示了他们的技艺。下课了，学生们在她的催促下才恋恋不舍地放下铁环，走时还不忘说一句："俞老师，下节课还玩铁环吗？我们还想玩！"她感激这位送牛奶的师傅，是他的出现给学生们上了生动的一课。在接下来的几个班级，她特地请送牛奶的师傅来客串一下课堂，让其他几个班的学生们都能感受这一幕。

镜头三：感动的一幕

学校一位退休老教师看到学生上铁环课，非常感慨，久违的滚铁环就应该让现在的学生学一学。他孙女体质弱，开始总是滚不好铁环，于是就到体育器材保管处那里借了一副铁环回家练，经过爷爷的精心指点，很快掌握了滚铁环的技巧，全家人都很高兴。这位老教师还特地跟她说了孙女练的情况，还说放假就把滚铁环作为他孙女体育锻炼的首选项目。她没想到学生们这么在意、这么喜欢滚铁环。

教育的理想让我们不断品味生活的真谛，新课程又引领我们不断追求课堂的真与实。让学生在课堂的体验中快乐地学、尽情地练，再让学生在生活中延续锻炼的快乐是我们所追求的。如今，学校的条件在不断改善，家庭生活质量也在不断提高，我们在充分利用身边的教学资源的时候，不可忽视家庭资源。如果来算一笔家庭每年为孩子购买的各类学习用品、衣食零用等费用的话，其中体育经费的支出占多少？真的少得可怜。所以，她多么希望每个家庭在为孩子创造优良学习环境、提供良好物质的同时，为孩子的身体健康倾情投资，一根跳绳、一个足球、一个篮球、一个羽毛球、一个乒乓球、一双溜冰鞋……在投资运动器材的同时，家长在繁忙的工作之余适当抽点时间关心一下孩子的体育锻炼情况，检查一下孩子的衣服适合运动吗，有体育课的日子督促孩子穿球鞋，问一下孩子在今天的体育课上学会了什么，寒暑假、节假日再带孩子到体育场馆、到社区、到大自然中去感受运动的快乐，其中的乐趣是无法言喻的。

三、求变求新——激发课堂智慧

"喜欢体育却不喜欢体育课！"这句很扎心的话，成为俞老师反思课堂、追溯课堂本质时一个绕不开的话题。上一节让学生喜欢的体育课难吗？上了38年体育课，她一直追问自己真的会上体育课吗？她认为，好课堂就是从"不会"到"会"的周而往复，再从"会"到"慧"的不断挑战、不断攀升的过程中磨砺出来的。

她于2014年和2019年分别在浙江、广东小学体育课堂教学研讨会上，执教了三年级"障碍跑和游戏"一课。两节课相隔五年，虽然内容没变，但留给观摩教师、留给学生、留给自己的不一样的思考无限延伸……

关键词一：理念突围

紧扣"以学为本的课堂教学探究"主题，以践行新课标理念的行为为根本，将"有意义常态性、有效率、生成性、待完善"的好课标准作为行为导向，充分发挥师生"双主"作用，通过多种创新学练活动，给学生提供一个真实的、开放的障碍跑教学场地，激发学生主动学习的欲望，培养学生积极向上、团结合作、努力进取的精神。

理念就是课的风向标，理念决定课的走向和效果。

亮点与特色：①公开课也是常态课；②突出"学"的指导；③设计"人体障碍"，打破障碍跑原有课堂模式。

关键词二：教材突围

障碍跑是三年级第一学期移动类"跑"教学单元的内容之一，这一单元主要有自然地形跑、合作跑、30～50米快速跑、障碍跑等教学内容。本节课是第7课时，且学生已有各种跑的技能基础，有利于本节课的教学；但平时学生过障碍的经验比较少，这是本节课的一个挑战。本节课创新设计绕、跨、钻"人体障碍"，让学生体验和挑战，对发展学生的自信心、意志力、耐挫力及身体素质有很大好处。

本节课主要突出人与物、教材与负荷、体育与生活的转换、冲突关系，体现在巧不巧妙、实不实用上。

剖析之点：①抓住教材利用价值；②抓住资源合理搭配；③抓住过程设计创新。

关键词三：学情突围

有利因素：三年级学生兴趣广泛、活泼好动，对新鲜事物充满好奇，模仿能力较强。他们对跑的练习总是乐此不疲。本节课根据学生的身心特点，关注每一名学生的学习状况，努力促进师生有效互动，保证学生自主学习的时间和空间，实现师生间的民主与平等。

不利因素及措施：虽然学生已具备一定的技能基础，但是他们的心理素质不稳定，容易满足，这对他们学习新技术动作有一定阻力。因此，教学时采用形式多样的教学方法，激发学生的学习兴趣，为学生学好障碍跑奠定良好的基础。

"知己知彼，百战不殆。"学情突围了，就找到了课的突破口。教师要投学生所好，用更适合学生的方法，吸引学生最大限度地付出努力。

剖析之点：①了解学生脾性，知道他们要什么；②找准教学方法，选择便捷的方法；③发现课堂生成，体现思维的碰撞。

分享教学故事是件快乐的事。内容相同的两节课，在不同时间呈现着课的不同精彩。

精彩课堂故事需要角色的建构。

成尚荣先生曾提出过这样的教育观点：教育科研应以儿童为中心。好课堂一定是以学生为中心的，好课堂应该是教师愿意去回味它、咀嚼它的。本节课巧妙设计"人体障碍"学习过程，让学生感受绕、跨、钻"人体障碍"时的紧张、兴奋和挑战的乐趣，在有趣和谐的氛围中发展学生的自信心、意志力、耐挫力，发展学生的奔跑能力、跳跃能力和躲闪能力。"开动脑筋，积极锻炼，团结合作，人人进步"的教学理念贯穿全课，学生在"体验式"的学练指导中感受学习障碍跑的快乐。

精彩课堂故事表现在以下四个方面。

其一，角色的身份定位。课伊始，教师语："今天，我们要当小小护林员，森林爷爷将带我们一起学本领，内容是障碍跑。"让学生第一时间知道自己的角色。课中"人体障碍"的多种变化给了每名学生切换角色的挑战，且有森林爷爷的鼓励和肯定，学生练得兴奋而投入。因此，如何在每堂课中给学生比较合适的角色，教师们需要根据不同教材内容进行思考。

其二，角色的情境定位。学生是天生的游戏家，只要玩游戏，就有角色分配，就有情境再现。情境是课堂学练的黏合剂，也是课堂氛围的催化剂。教师要善于创设课堂情境，通过情境集中学生的注意力。本节课中的"网红打卡"练习是一大亮点，它将障碍跑和"打卡"进行了融合，将时尚融进课堂，让原本比较单调的来回跑变得生动有趣。

其三，角色的转换定位。如何让学生练得有效，使教师设计的角色贴近学生的心理，让学生乐意参与其中，值得我们深思。若课堂中角色单一，学生则容易身心疲劳，继而影响学习效果。随着角色的转换，学生的身体、心理等多方面会积极参与到活动中来。另外，课堂中教师的角色转换更为重要，且要设计更为巧妙，要在不知不觉中带学生入课、入境。

其四，角色的合作定位。合作在每节课中都会发生，有了角色分配，合作就变得更加立体和鲜活。本节课中两人一组高密度地过"人体障碍"，体现出合作的默契度和信任度。学生明确了合作方法和要求，要在短时间内绕、跨、钻过同伴的"人体障碍"，方法好才能过得快。因此，学生在观察同伴、角色转换中不断校正方法，就形成了互相学习、互相配合的氛围。

精彩课堂故事需要过程的再优化。

（1）场地器材生活化。生活即体育，体育更离不开生活。如何将器材生活化，选用或创新生活器材，是每位体育教师的必备功课。教师需要善于利用生活资源，通过运用、改造、创新等方法，变废为宝、变化组合、变通使用；同时还体现一物多用、一物妙用，做到经济适用，简便易行。本节课的辅助器材为"手帕"，教师设计以发展上肢力量为主的"勤劳的小蜜蜂"游戏，做放松运动时用"手帕"做拉伸练习。

（2）动作口诀简单化。好的语言是课堂的催化剂。教师们需要在了解学生上下功夫，知道他们需要什么，讲学生听得懂的话，讲学生感兴趣的话，讲学生记得住的话。努力使课堂语言贴合学生的心理需求，通过互动性语言调控课堂，激发学生的兴趣，及时评价。本节课中朗朗上口、富有童趣的动作口诀，使学生易于接受，教师教得轻松，学生学得快乐。

（3）教学设计创新化。备一节课，教师就要成为这节课的专家。好的设计是课的灵魂。创新一定源自热爱、好奇、坚持和分享。本节课最大的特色是利用人体设置障碍，使学生兴趣盎然地参与到身体变化的练习中，既体验过障碍的方法，又感受设置障碍的乐趣，改变过去障碍跑一定要用垫子、凳子、体操圈等大量器材的现象，发挥"人体障碍"的最大优势，更能激发学生的想象力。且前面提到的"网红打卡"练习激发了学生热爱家乡的情感，更是知识点的延伸。

（4）方法手段游戏化。游戏可谓是体育课堂的正餐或大餐。当下，游戏的改编、拓展和创新如魔术般变化无穷，给课堂带来无限生机。同样，游戏辅助技术教学、游戏替代热身、游戏增强体能、游戏愉悦身心、游戏育人等方面已成为课堂最闪亮的符号。本节课准备部分的"照镜子""音乐手绢"等游戏充满乐趣；基本部分的"穿越小树林""跨过滚动的、旋转的小木椅""钻山洞""勤劳的小蜜蜂"等游戏新颖有趣，学生能在设置障碍、过障碍的游戏过程中学会绕、跨、钻的方法。

（5）学练方式灵活化。随着生活的变迁，课堂中让学生们肆意玩耍的机会越来越少，安全的枷锁禁锢了教师们的思维，时代发展之责任倒逼教师必须有"变"的勇气和胆量。此课的变化之处体现于由集体—小组—2 人小组—小组的学练方法更灵活，达到了收与放的效果；体现于越过动态"人体障碍"的活动方式更灵活，学生对高低起伏的小树、来回滚动和旋转的小木椅、各种形状的树洞等要做出时机的判断和动作的配合，这挑战了学生的胆量、思维和技能。

（6）成功失败自省化。没有一节课是完美无缺的。两节课的时间不同，演绎也不同，在变与不变之中，教师的理念、心态会随时代发展而改变，以符合学生的需求。围绕"以学为本的课堂教学探究"主题，两节课前后虽然有所调整，但给学生自主创设和学练的机会还不够多，多到什么程度，值得大家思考。一堂课的时间是有限的，如何选用得当方法教、如何设计合适的运动负荷、如何关注个体差异、如何进行有效的课堂评价等方面的问题，更需要教师针对不同的教材内容进行研判，通过不断的课堂实践找到答案。

教学的最终落脚点是发展学生。苏霍姆林斯基要求教师在开展体育教育时必须"努力确立身体和谐发展的概念"。促进学生的健康发展是体育与健康课程的终极目标，用发展的眼光构建扎实有效的课堂是每位体育教师不懈的追求。因此，她会不断努力，站在儿童立场，继续用规范有效驱动课堂，用趣味激活课堂，用生命烛照学生，让"体育淬炼儿童模样"的教学主张引领自己从容沉稳、活泼轻松地走向成熟。

自白

我的教育理念：每个人身上都有太阳，只要让它发光。

我的教学主张：用体育淬炼儿童模样。

我上过最满意的一节体育课：2019 年执教三年级"跑：障碍跑和游戏"。

我写过最满意的教学论文：《将"趣"送给每个学生》（获 1999 年江苏省"教海探航"征文一等奖）。

我的业余爱好：跑步、读书、旅游、休闲。

我想对年轻体育教师说的话：在推动教育强国的伟大进程中，每一位年轻体育教师都应该用教育家精神要求自己、引领自己、激励自己、成就自己，聚焦体育学科核心素养，并努力做到用执着和坚守的情怀、以不忘初心的匠人品格、以以体育人的学科自信走进儿童的心；用发现的眼、火热的心去关照儿童、解读儿童；用奋斗的精神、奋斗的节奏、奋斗的责任、奋斗的智慧，让学生享受到幸福体育课堂。

做一名幸福的体育教师

——浙江省体育名师叶海辉的体育教学特色

📖 名师档案

叶海辉，男，1971年出生，中共党员，正高级教师（二级岗位），浙江省特级教师，现在浙江省玉环市坎门海都小学任教。

曾入选全国教书育人楷模、国家"万人计划"教学名师和中国好人榜，曾获全国五一劳动奖章、全国岗位学雷锋标兵、全国优秀教师、全国最美退役军人、浙江省劳模、浙江省道德模范等荣誉，并有幸成为《体育教学》《运动》《青少年体育》《中国退役军人》4本期刊的封面人物。

曾获全国教学比赛一等奖、国家专利8项，著有专著1本，主编图书7本，发表论文40多篇。创编体育游戏近2000例，制作80余种、4200多件体育器材，让学生爱上体育课。主持省市两级名师工作室，开设公开课及讲座300余场，工作室成员中有500余人次在各级各类比赛中获奖，受益1.5万余人，体育组获省优秀教研组称号。

积极践行公益，勇担社会责任。远赴湖南、江西、西藏、青海参与红粉笔乡村支教活动，为全国"特岗青椒计划"体育老师授课，还带领团队开展老年人体育活动达50场，3600人次受益，主编完成《老年人"阳光历奇"教育读本》，该书入选浙江省成教品牌项目，在全省推广使用。

从教近30年，用心去爱每一名学生，让每一名学生都学有所获并健康快乐地成长，也明确了自己的人生目标——做一名幸福的体育老师，把幸福带给更多的人。

一、成长感悟——勤学笃行、求是创新，师者当躬耕不辍

教育家精神中的一个重要方面就是"勤学笃行、求是创新的躬耕态度"。回想自己从一名退伍军人到普通教师，再一步步成长为省特级教师、国家"万人计划"教学名师，其实就离不开"勤学笃行、求是创新"的躬耕态度。下面说说自己对此的理解与感悟。

勤学笃行是知行合一的重要体现，也是一种行动准则。这要求我们把知识与实践相结合，让思想与行动保持一致。作为学生学习成长的引路人，教师应当在治学为人上为学生做出表率，成为勤学善思、笃行不怠的终身学习者。

勤学是一种持续学习的心态和习惯，也是教师专业成长和职业素养养成的基本要求。当下，新科学、新技术、新知识、新事物、新问题层出不穷，知识更迭和技术革新以前所未有的速度向前发展。如果不坚持学习、紧跟时代，教育者的知识结构和教育教学方式很快就会落后于时代。毕竟社会在发展，现在的学生与以往有很大的不同，他们接收的信息量更大、兴趣爱好更加多元化，更加注重自我意识和自我表达。我们不能用过去的方法教育现在的学生，唯有不断学习、探索新的教学方法，才能满足学生的需求。向书本学，让自己文理相融；向前辈学，学习他们的丰富经验，让我们少走弯路；向年轻教师学，学习他们的激情与进取精神；向同行学，博采众长。其实，只要有心，学习榜样就在身边，学习无处不在。

笃行是一种信念和担当，是将学到的知识应用到实际行动中的能力。正所谓"内化于心、外化于行"，教育是一步步积累的过程，也是实实在在的行为，只有在实际的行为中，我们才能发现、思考和解决问题。为了让学生爱上体育、享受运动，我创编体育游戏近2000例，制作80余种、4200多件体育器材，开展传统体育项目进校园活动、打造乐动会体育教学模式等，不断努力实践，奔向自己

的理想和目标。

求是与创新是辩证统一的关系，也是人类不断追求真理的基石和推动人类发展的重要动力。教师只有在实事求是、求真务实中不断探索、不断创新，才能顺应时代潮流，做一名创新型的高素质教师。

求是是一种科学的精神和方法。人们都说教育是一门科学，科学需要求真，求真就是坚持解放思想、追求真知、不懈探索、善于反思的精神。作为人民教师，课堂是我们的主阵地，唯有读懂教材、读透教材和基于学情，才能实现教学内容、教学方法与教学手段的统一，促进高质量课堂教学。以体育课为例，学生运动技能的形成，要经历泛化、分化、固化和自动化 4 个阶段，因此教师在教学中不能急功近利，应坚持由易到难、由简到繁、循序渐进的原则，不然就会适得其反。又如，新课标要求大单元教学，目的就是通过相对系统和较长时间的连续学练，让学生掌握所学的运动技能，解决以往知识与技能碎片化的问题。为此，教师要摒弃用一两节课上完一个单元的传统思想，要通过大概念、大任务、大情境统领下教学活动的结构化，来培育学生的核心素养。

创新是一种智慧和精神。作为教师，因循守旧、不思进取，很容易落伍；唯有敢于打破常规、勇于对原有的教学模式进行创新，才会创造出更多行之有效且适合学生的教学方法，让学生爱学、乐学、会学，让自己爱教、乐教、善教。比如，我在课堂教学中尝试"导师制学习法"，让学生自荐做"导师"，然后全体学生自主选择自己心仪的"导师"，接着"学员"跟着"导师"学练指定的教学内容。由于"导师"是"学员"自己选择的，因此在小组学练中"学员"表现得更加积极、用心和投入，而"导师"也更加用心、认真地组织学练，学练效果比传统教学方法提升了许多。

新时代新征程，吾辈当以教育家为榜样，大力弘扬教育家精神，自觉践行教育家精神，秉持勤学笃行、求是创新的躬耕态度，做好学生前行的引路人，为学生的成长奉献自己的智慧和力量。

二、体育不止于运动

众所周知，体育一词有两种解释，一种是增强体质的体育运动，英文为 sport

或 sports；另一种就是身体教育，英文简称是 P.E.，全称为 Physical Education。在我国，有一部分人还简单地将体育理解为体育运动，其实，体育的价值远不只促进身体发育、增强体质，更深层次的价值在于培养健全人格、促进人的心理健康以及提升人感知世界的能力，从而充分调动人所有的感官投入生活，使心灵和身体更和谐。为此，体育不是简单的肢体运动，而是一种身体教育，"体"字深藏奥妙——"体"字由左边"亻"和右边"本"组成，寓意为"人的身体"，也表示"以人为本"，一撇显"健康体魄"，一竖筑"健全人格"，"文明其精神，野蛮其体魄"，让体育焕发出无限的生机与活力。

我从教近 30 年，大部分时间在初中学校度过，与初中生接触最多。初中生正值"身心巨变"时期，其中初一、初二学生尤为明显。为此，我与他们相处时发生的许许多多的事，现在都成为我的珍贵记忆和宝贵教学经验，今天在此给大家分享一二。

（一）惩罚也温情

一天下午初二上体育课，我安排了篮球行进间单手肩上投篮教学内容，在复习、纠错后，进入了运用环节，组织学生进行三打三半场比赛，我在场地之间巡视。突然，有名学生跑到我跟前喊道："老师！张某某和李某某打起来了！"我立即跑向出事的篮球场，见到两个人正在互相拉扯："你为什么撞我！""我没撞你，是你撞到我了。"我赶忙上前制止，把拉扯的两个人分开。经过了解，我得知了争执发生的原因——双方在争抢篮板球时发生了肢体冲撞，所幸没有人受伤。其实，理论上篮球运动是不允许身体接触的，但激烈的对抗已成为现代篮球运动的特点和发展趋势。球员争抢篮板球发生肢体上的碰撞是极其常见的现象，这种现象在比赛中是不可避免的，只要双方不是故意为之，就没有犯规。

从两名学生当时的表情来看，双方都有情绪失控的趋势，为了不让事情复杂化、严重化，我开始琢磨如何处理这件可大可小的事情，我的脑袋快速运转：罚跑、冷处理、批评、说教等各种惩罚方式一一闪过，突然脑中灵光一现，闪现出这样一个念头——为何不尝试一下拉手走？于是，我说："给你们两个选择：第一个是每人绕操场跑 10 圈（300 米一圈）；第二个是相互牵手，绕操场走两圈。"最终，他们选择了后者。

两人都碍于面子，勉强拉住对方的手，第一圈时，两人边走边聊天。从第二圈开始，张某某主动拉起李某某的手一起小跑，最后 50 米时，张某某还背起李某某走了一会儿，结束后两人就肩搭肩朝着我走来了。我问道："现在你们怎么看待刚刚打架的事？"他们异口同声地说："没事了，老师！我们和解了！我们刚才都是为了抢球才撞在一起的，没有故意去撞对方，不应该动手打人。"

"刚才你俩都是下意识抢球，不是故意冲撞，这也是篮球比赛的对抗特点。"我说，"现在你俩以拥抱的方式来彻底告别这次的不愉快吧。"最后，双方在拥抱和其他学生的掌声中和解，事情就这样完美地解决了！

这次别样的惩罚收到了意想不到的效果，惩罚作为教育的方式之一，目的是让学生朝着更好的方向发展，而不是利用教师的权威，"逼迫"他们下次不再犯错。当学生出现争执时，教师的最终目的是让双方和解，并在和解的过程中重获友谊。本次别样的惩罚与传统的惩罚相比，采用二选一的形式，让学生主动选择相对容易的惩罚，这样既能让学生容易接受，又能让教师从容不迫地解决问题。

教育需要创新，惩罚也需要创新。说教或传统的惩罚方式，只是墨守成规和因循守旧，教师如果善于运用各种创新惩罚手段，会达到四两拨千斤的惊人效果，这也印证了"教学有法，但无定法，贵在得法"这句话。教育有规律，但也要因势利导、因材施教。只有正视教育惩罚，善待教育惩罚，以人性化审之，以育人化导之，以新颖化引之，以温情化暖之，凸显教育惩罚的多样化与艺术化，才能更充分地发挥惩罚的积极作用，让惩罚变得更有意义。

（二）我也来领罚

我们知道，体育是一门以身体练习为主的课程，由于学科的特殊性，大多数时间都以室外实践为主，不像其他学科基本在室内上课。如果学生等上课铃响了再从教室走到操场，一般要占用 3 ~ 5 分钟的时间，这样就导致上课时间不到完整的一节课的 40 分钟或 45 分钟。为此，我的体育课堂就有了特殊的"迟到"规定：学生迟到 1 分钟做 10 个俯卧撑，每多 1 分钟时间增加 10 个俯卧撑，100 个俯卧撑封顶。

这项"政策"执行后，总有个别学生因故迟到而被罚做俯卧撑，迟到理由基本是写作业、上厕所等，甚至有几名学生屡次迟到，归根结底还是他们规矩意识和纪律意识不强，导致他们在心理上不够重视。

而我一般都会提早 5 分钟到操场，准备、布置上课所需的器材，然后等待学生们来上课。可世事难料，没想到我也"中奖"了。一天，我正准备去操场上课，突然听到校长大声叫我马上到校长室一趟，看似有很要紧的事，于是我小跑前进。原来是关于推选"万人计划－教学名师"人选一事，在校长交代完相关推选上报事项后，我快速跑到操场，学生们早已排成四列横队等候我上课。

"老师，迟到了——"一名迟到多次的男生轻轻地拉长声音说道。

我看了一下手表，回答："是的！同学们，老师迟到了 3 分钟。对不起，让大家久等了。"并向全班学生深深地鞠了一躬，队伍出奇地安静。

"这是我第一次'迟到'，根据规定，要做 30 个俯卧撑，但作为老师的我，没能以身作则给同学们做好榜样，增加 20 个，共做 50 个俯卧撑。"

说完，我俯撑在地上，当着全班学生的面做了 50 个俯卧撑。

"叶老师真的做了。""老师好样的。"安静的队伍中偶尔传来几句低语。在我做完第 50 个俯卧撑起立的一瞬间，全班响起了掌声。"叶老师，今后我们不迟到。"很多学生说道。

在随后的体育课上，迟到人数极少，迟到的大多是因为被其他科老师叫去辅导等"公事"。

古人云："以身教者从，以言教者讼。"教师要求学生做到的，自己必须以身作则，率先示范，立言立行，这能有效引领学生行为的自律。而有一些教师在制定规则的时候，一味要求学生，却疏于约束自己，严重影响了教师在学生心中的形象，当然也就不利于班级的管理。

教师在要求学生怎样做的时候，同样也应该对自己提出相应的要求，只有一视同仁，"约定"或"规则"才能真正成为学生心目中的行为准则。同时，这也诠释了正人先正己的内涵，体现出的是一种诚信与契约精神。无规矩不成方圆，身教重于言教，这样的教育才是真教育，才能让学生入耳、入脑、入心。

（三）山羊勇敢跳

山羊分腿腾越（俗称"跳山羊"）是体育教学的基本内容，它是一项借助支撑动作的跳跃技能，是实用性很强的技能动作与身体锻炼手段。教师通过要求学生学习并完成助跑、踏跳、支撑分腿腾空和落地一系列动作，对发展学生体能与技能，增强学生的上下肢、肩带和腰腹肌力量，提高灵敏性、协调性和控制力等素质有着积极作用。同时，教师通过山羊分腿腾越教学，可培养学生良好的心理素质，使学生克服胆怯心理和畏难情绪，逐步树立自信心，培养勇敢、顽强、果断等意志品质，体验取得成功的快乐。

我搬出学校"封存"多年的"山羊"，大胆尝试山羊分腿腾越教学。在整个单元 5 课时的教学中，给我印象最深的是小 A，她身高 1.55 米，体形匀称，在前面的单跳双落、踏跳、支撑提臀及提臀分腿练习中还一切顺利，可是在保护与帮助下进行完整练习时就卡住了，只见她双手支撑在"山羊"面上，但两脚发软，不是推"山羊"，就是撞"山羊"，经过多次试跳，始终不敢越过"山羊"，眼里也泛起了泪水。于是，我让她暂停练习，问起缘由，她说就是害怕、畏惧，导致不敢用力踏起。接着，我们在场地边上一边看其他人练习，一边现场评论："小 A，你看小 C，能独立完成跳山羊了，她身高没你高？"小 A 点了头，我接着说："体重比你重？"小 A 又点了点头。我问："知道为什么吗？"小 A 用困惑的眼神看着我。我说："其实跳山羊主要考验一个人的勇气，只要敢于挑战自己、战胜自己，能力不是问题，而且你在之前的练习中已经做得非常棒了。"小 A 露出了不好意思的微笑。我再次鼓励她："相信自己，老师给你做好保护与帮助，我们一起来战胜'山羊'，好吗？"小 A 再次点了点头，并"嗯"了一声。

我前后脚站于落地区的体操垫上，两手张开做好准备，小 A 站于 5 米外的起跑点，小组其他学生站于场地两侧，边鼓掌边大喊："小 A，加油！小 A，加油！"

在小 A 完成助跑、踏跳、支撑腾空后我立即两手抓握小 A 上臂顺势上提，随即后退一步帮助小 A 完成山羊分腿腾跃，小 A 落地一瞬间，边上的学生立即报以热烈的掌声，小 A 也露出惊喜的笑容。于是趁热打铁，我又帮助小 A 完成多次跳跃，小 A 也不再那么紧张与害怕，见时机成熟，我说道："小 A，接下来在老师的保护下，你独立完成跳山羊。"

我站于"山羊"侧前方做好保护，小 A 助跑、踏跳、支撑分腿，只听见啪的一声，小 A 抿着嘴坐在"山羊"上，两腿分别夹住"山羊"两侧。

"好样的，都能骑在'山羊'背上了，接下来，两手直臂支撑，积极用力推手，就可以成功了。"我鼓励道，"再来一次，加油！"

　　小 A 再次助跑、踏跳、支撑分腿，只听见唰的一声，小 A 大腿和臀部擦着"山羊"跳了过去，分腿落地。

　　"成功了！成功了！"掌声和欢呼声在场地上空响起，小 A 对我们露出了久违的笑容。

　　初尝成功，小 A 显得格外自信，动力十足地继续一次次跳跃，没多久，小 A 顺利地完成了跳山羊练习，并能做到并脚稳稳地落地。

　　"叶老师，谢谢您的鼓励与帮助，让我成功地跳过'山羊'。"小 A 向我致谢，我的心里顿时荡漾着幸福的涟漪。

　　从胆怯、畏惧，一步步地努力，直到独立成功完成山羊分腿腾越，小 A 收获了自信，变得勇敢了。其实，山羊分腿腾越除锻炼肢体灵敏性与协调性这个显性功能外，更为重要的是它的隐性功能，就是培养学生克服困难、失败、挫折的意志品质。

（四）大球齐心抛

　　《体育与健康课程标准》提倡新型的学习方式，提出体育教师要注重培养学生自主学习、合作学习和探究学习的能力，以促进学生学会学习，培养学生的创新精神和实践能力。

　　我的课堂，我做主。从教以来，我坚持"以生为本，服务育人"的教育理念，积极挖掘与拓展课程资源，不断丰富课程内容，将"阳光历奇"特色教育全面纳入教学，在体育课教学、大课间、群体活动等层面进行广泛尝试。"阳光历奇"特色教育深受广大师生的喜爱与肯定。根据八年级教学计划的安排，本节课安排"网抛大球"项目，方法是将学生均分成两队，每队学生手拉住一张 3 米 ×6 米安全网的四周，然后通力合作把一个瑜伽球连续上抛，球离网要在 1 米以上，否则视为"调整球"不计数，若球落地，须重新抛球开始计数，在规定的时间内，看哪队连续抛球次数最多。

　　在热身活动之后，我讲解了"网抛大球"的方法及要求，将学生分成两队，然后布置第一个任务——看哪队先完成抛 10 个球。一声令下，学生第一次玩这个项目，早就按捺不住了，迫不及待地抛了起来，边抛边喊，只听见"1—2—咚""1—咚"……还没连续抛到 10 个球，瑜伽球就纷纷落地，只能反复重抛，一些学生在相互指责与抱怨，用时 5 分钟了仍未能连续抛 10 个球。"滴"——我吹哨暂停了抛球："从开始到现在，已经用时 5 分钟，两队连续抛球最多没超过 5 个球，引人深思啊。"我故意停顿一下，俗话说："方法总比困难多。"我给各队 1 分钟的商量时间，让他们找到完成任务的有效方法。

"网要拉平""人要移动""力量不能太大，要均匀用力""大家要合作"……两队学生纷纷讨论起来，共同出谋划策。

"同学们都说道，网要拉平，用力要均匀，若球被上抛后偏离网的正上方，就要将网移动到球的正下方……还要团队的合作。"我接着说，"既然同学们找到了解决方法，那让我们行动起来，共同拭目以待。开始之前我建议，各队全体队员围圈搭肩，为团队加油助威！"

学生们搭肩边跳边喊"加油！加油！"，在欢呼中开始了新一轮的尝试。

"1—2—3—4—5—6—咚""1—2—3—4—5—6—7—咚"一上来，果然效果不一样，两队都有了明显的进步，不到 2 分钟时间，两队顺利地完成了连续抛 10 个球，学生们也随之高举手臂欢呼起来，庆贺团队的成功。

"挑战抛 10 个球成功了！我建议，同学们把最热烈的掌声送给自己及团队！"在我的倒计时"5、4、3、2、1"结束后，雷鸣般的掌声响起。

接下来，我让学生挑战连续抛球 100 个。有了之前的经验，学生们信心满满，斗志旺盛，在几次失败后，最终分别定格在 167 个和 204 个，都远超抛 100 个球的目标。结束时，学生们热情相拥，相互祝贺。

小结时，我问大家"网抛大球"最重要的秘诀是什么，学生们几乎是异口同声地回答："团结就是力量！"是啊，从 10 个到 100 个，再到 200 个，抛出的不仅仅是数字，更是合作、坚持。

团队，不是个体，一个优秀的团队必须团结、信任与协作，只有集体凝心聚力，才能形成战斗力。"网抛大球"这项活动是真合作，团队成员只有亲身感受，大家眼往一处看，心往一处想，劲往一处使，才能形成合力，战胜困难，创造奇迹，赢得胜利。

（五）规则学会守

为了积累小学体育教育的经验，2020 年 8 月，我调到附近的一所小学教五年级体育。对于一名在初中教育战线上奋斗近 30 年的"老兵"来说，来到小学就是一名"新兵"，一切从零开始。正所谓：知己知彼，百战不殆。我开始了解自己的教学对象，他们虽然精力旺盛、活泼可爱，但是争强好胜、自制力不强、遇事易冲动……结合学生身心发展特点，我积极采用多样化的教学方式来激发学生上体育课的兴趣，经常组织各种形式的接力比赛。在一次结束基础跳绳教学内容后，我直接利用跳绳做接力物让学生进行比赛，第一次比赛让学生依次将跳绳放在前方 20 米处的呼啦圈内；第二次比赛让学生依次取回跳绳。第一次比赛开始后，学生们求胜心切，各组都有几根跳绳被扔在呼啦圈外面，当各组最后一名学生返回起点时，领先小组的学生都在欢呼雀跃，庆贺自己赢得了比赛。我吹响了哨声，学生们顿时安静下来，我大声说道："我宣布，第一次比赛成绩无效。"学生纷纷议论起来：为什么无效？接着，我将队伍调动到呼啦圈边上，队伍里就有人发出"好多跳绳被丢在呼啦圈外面了""原来没有把跳绳放到位"等声音。

"同学们请看前面地上的跳绳，各组的呼啦圈内、外都有跳绳，这些被丢在圈外的跳绳的主人可能是不小心，也可能是求胜心切，但比赛规则要求将跳绳放进圈内，有的同学不遵守规则就会导致比赛无效。"我稍停一下，继续说，"我希望看到的是一场公平公正的较量，而不是通过违规来取胜。赢，要光明正大；输，要心服口服。同学们，我们要不要来一场遵守比赛规则的真正较量？""要——！"全班学生给出了铿锵有力的回答。

新的比赛开始了，各组你追我赶，奋勇争先，个别学生不小心将绳子丢在圈外，立即补放到圈内，直到比赛结束，没有一根跳绳被丢在呼啦圈外。

此时此刻，我露出了欣慰的笑容。点评时说："同学们，比赛有胜负，但在这次比赛中老师看到每一位同学都认真遵守比赛规则，没有一根跳绳落在圈外，为此，四组并列为冠军。""耶——"学生们大喊一声，个个欢呼雀跃，脸上露出了灿烂的笑容。

常言道："不以规矩，不能成方圆。"规矩是人类生存与活动的前提与基础，人们要在规与矩所形成的范围内活动。世间万事万物都有规矩，小到日常生活、体育比赛、课堂学习等，大到地方、国家法律法规等，我们都需要共同遵守。规矩有大有小，我们不能重大轻小，而是要一视同仁。

"体育教会孩子如何在规则下去赢，又如何有尊严和体面地去输。"这句话震撼了我，"赢"是人们参与体育的出发点，而"在规则下去赢"是组织者鼓励人们参与体育竞技的目的所在，只有强调"赢"的合法性、合理性，人们的"输"才是"有尊严和体面"的。这句话在今天的学校教育中，更值得我们去思考与践行，毕竟教书育人之根本在于育人，而育人的基础教育是守规矩。

体育不是一个简单的运动，它是一门学科，也是一门科学，更是一门艺术，它具有教书育人的价值，是教育的重要组成部分。体育可以教会学生团结与竞争、理解与宽容、坚守与自律、自信与勇敢，这些正是当代青少年为应对将来进入社会必须习得的品质，也是他们应内化为人生技能的必备品质。

韩愈《师说》的"传道授业解惑"中将传道作为教师教育的首要任务，"道"就是思想教育。毛泽东在《体育之研究》中说："文明其精神，野蛮其体魄。"体育活动足以"野蛮其体魄"，而教师的引导亦可"文明其精神"。学生在一次次体育课上的收获，不仅强健了体魄，启迪了心灵，更感化了精神。

让我们为了每一个学生，一起来关注体育、参与体育运动。生命因运动而精彩，生活因锻炼而美好。请记住：体育愉悦人心，体育强健体魄，体育塑造人格，体育丰富人生，体育点燃未来，体育永远是最基础、最美好的学科之一！

自白

我的教育理念： 人生因选择教育而幸福，人生因追求教育而精彩。

我的教学主张： 聚焦乐动会，上好体育课。

对我影响最深的一个人： 我的恩师吴纪安（中国游戏大王）。

我心目中理想的体育教师是什么样的： 幸福的体育教师。

我心目中理想的学生是什么样的： 阳光快乐的新时代少年。

我上过最满意的一节体育课： "耐久跑的练习方法"。

我写过最满意的教学论文：《初中体育教学田径教材的发展与变化》。

我取得优秀成果的主要经验和体会： "喜欢＋用心＋坚持"。

我的业余爱好： 跑步。

我想对年轻体育教师说的话： 做好自己，顺其自然。

做一名有"心"的体育教师

——全国模范教师、浙江省丽水市体育名师钟华燕的体育教学特色

📖 名师档案

　　钟华燕，女，畲族人，1985年8月出生，中共党员，中国共产党第二十次全国代表大会代表，浙江省第十四次、第十五次党代会代表，丽水市第四次、第五次党代会代表，云和县第十七届人民代表大会代表、云和县十七届人大常委会委员、云和三中副书记兼副校长。先后获评"全国模范教师""中国好畲'娘'""全国啦啦操推广先进个人""浙江省万名好党员""浙江省优秀共产党员""浙江好人""浙江省体坛十佳最美基层体育人物""亚运会火炬手""浙江省亚运会、亚残运会先进个人""浙江省五一巾帼标兵""浙江省优秀宣讲个人""丽水市十大杰出青年""丽水市名师"等荣誉称号。

一、教学、教研特色

（一）以情动人，点亮学生的梦想

　　2008年，钟华燕大学毕业后回到家乡成了云和三中的一名体育教师，她所在

的学校80%以上的学生都是农村留守儿童或农民工子女。钟华燕发挥自身的特长，在体育课中用健美操动作，有针对性地培养他们的自信心和竞争意识。她告诉学生们："做任何事情都要像学习健美操一样，不能轻言放弃。"跳操不仅能强体魄，还能让更多学生在学习中感受到克服困难、积极向上的精神。

在此基础上，钟华燕通过构建以健美操为特色的学校体育与健康课程，形成了学、练、赛一致的课程实施形态，学生在体育课中学习、在课外活动中练习，教师定期举办比赛成为云和三中健美操课程的特色。课程以学生品行培养为重点，让学生们都喜爱上体育课，全校所有的学生都会跳健美操，学校每年参加各级各类健美操比赛达1500多人次成为课程实施的亮点，学生们也变得越来越阳光和自信。"我是从农村走出来的，体育让我看到更大的世界。作为一名党员，我想通过体育为山里的学生点亮梦想，让更多的学生走向更好的未来，拥有更好的生活。"所以她始终心怀教育、心系学生，用自己所学的健美操，在云和三中学生们心中播下希望的种子，点亮山区学生的人生，钟华燕因此被评为丽水市名师、浙派名师培养对象。学校也成为丽水市首批中小学生运动技能、艺术特长达到标准（健美操项目）的指定学校。师生精神面貌、校园环境、教育教学质量均有了显著改善和提高，在该县教育优质均衡发展方面发挥了重要作用。

（二）以行带人，改变学生的命运

2011年，她在学校组建了"云之梦"健美操队，利用课余、周末等时间，组织学生开展训练。当时，很多人压根不知道健美操这个比赛项目，来参加训练的学生屈指可数，有的学生还在家长的强烈要求下中途退出，他们说"跳跳舞有什么用""练体育的成绩都不好"。她就一次次地做家长的思想工作，以不耽误学业成绩作为让学生留队的条件。从此，认真学习，努力练操，成了"云之梦"健美操队学生们的约定。当时，没有专门的训练场地，学生们只能在学校的篮球馆里训练，篮球馆地面硬，学生们受伤时有发生，她就像一个妈妈嘘寒问暖，悉心照顾。训练的地方没有镜子，学生们看不到自己的动作，她就用手机拍，拍好后给学生们看。因为入队前大多数学生从未登过台，有的甚至从未出过县，学生缺乏自信、怯场，缺少表演的张力。她就从微笑练习开始，逐渐到力量、舞姿，一点点地完善动作、细节。

  "云之梦"健美操队创建至今，学生换了一批又一批，可钟华燕的训练从不间断。丈夫未退伍，她带着思念训练健美操队；怀孕后，她挺着肚子训练健美操队。因为，她知道，健美操对这些农村学生甚至对这个学校来说，代表着很多。10 多年来，她始终和健美操队的学生们在一起摸爬滚打，她用自己最质朴的方式，以最严厉的要求和最刻苦的训练，培育学生们求真拼搏的精神，创造出了学生成长的奇迹，学生们共斩获全国比赛第 1 名、第 2 名、第 3 名、第 4 名，省赛 49 金 47 银 43 铜，市赛 13 连冠的成绩，其间 1 名学生获得国家健将称号，2 名学生获得健美操国家一级运动员称号。她应邀登上了浙江卫视《中国梦想秀》舞台，并通过这个舞台荣获健美操训练维护基金 13 万元、比赛服 40 套、比赛鞋 40 双、训练服 80 套，改善了学生们的训练环境。更有"山里娃"通过健美操考入北京体育大学、上海体育大学、上海师范大学、中国美术学院、武汉体育学院等重点高校。她让山里的学生们坚定了通过努力改变自己命运的决心，更加自信阳光地成长。为此，《丽水日报》率先刊登了《山里"飞"出的健美操"梦之队"》的报道，在社会上引起了广泛关注，中国新闻图片网、腾讯网、中国青年网、光明网等 20 多家媒体对此进行了转载报道。

（三）以爱化人，抒写青春的赞歌

  钟华燕思想上关心学生，感情上亲近学生，生活上关怀学生。队里的周同学是典型的留守儿童，父母在外地打工，平时周末他要步行 2 小时回家，他跟着奶奶生活，周六要训练。钟华燕便让他住自己家，一方面监督他学习，另一方面给他改善伙食，让这个瘦弱的孩子补充营养并感受家人的温暖。就在《中国梦想秀》节目录制后的第 5 天，健美操队队长赖同学被查出患脑部恶性肿瘤。面对手足无措的学生和家长，钟华燕沉着冷静，经过多方帮助为她联系了医院，并陪伴在赖同学身边，鼓励她勇敢接受治疗。因赖同学的家庭无力支付高额医药费，钟华燕四处奔走，在当地媒体的帮助下，筹集了 30 多万元善款帮助赖同学渡过了难关。一时间，赖同学的阳光自信和健美操队的团结友爱感动了云和这座小城。健美操队不怕吃苦、乐观向上的精神更成了学校积极向上的象征。

  这样的例子不胜枚举，她用爱心谱写了一曲曲动人的乐章。她是体育教师，是健美操队教练，还是数十名山区留守儿童的"党员爱心妈妈"，更是一名来自基层的省、市、县党代表，她积极发挥党员的先锋模范作用，努力把工作落到实处、干出实效，关心学生心理健康，引导学生通过体育锻炼铸就健康美好的体魄，引导学生坚强乐观地面对困难，践行不怕吃苦、展现自我的精神。身为省第十五次党代会代表的她，投身到省党代会精神宣讲等活动中，宣讲足迹遍布全县大中小学校和乡镇街道。以她的典型事迹为题材的微电影《从云边走来》获得浙江省党员电教片一等奖，入选"学习强国"平台。2019年9月10日，她的事迹以人物单条的形式被中央电视台宣传报道，还被选为2018年云和县"尊法治、强担责、比实干"主题教育十大正面典型之一，先后在中央、省、市主流媒体上进行报道。

爱是一个永恒的话题，教师对学生的爱更是一种把全部心思和才智献给学生的真诚。这种爱是无私的，她毫无保留地献给学生。为了这份伟大的职业，她奉献了青春，成就了祖国未来花朵的梦想，也为自己的青春书写了最美的赞歌。

她信念坚定，以"健美"导向提升关怀温度。作为一名来自基层的省、市、县党代表和县人大代表，她始终秉持着忠于党和人民教育事业的信仰，积极发挥党员的先锋模范作用。同时，她认真履行一名基层党代表、人大代表职责，深入学生家庭走访谈话，了解学生成长环境和困难需求，充分发挥沟通联系作用，积极建言献策。在省第十四次党代会上，她提出的关于建立留守儿童和农民工子女的关爱服务体系的提案，得到省委领导的肯定和重视；在省第十五次党代会上，她提出的关注山区孩子的心理健康的建议，也得到省委领导的重视和支持。2022年10月，在党的二十大召开期间，她在有关会议上做了关于"关爱青少年心理健康，树立正确三观"的建议的发言，在全国层面呼吁全社会关注未成年人心理健康，加强对困境儿童的帮扶，强化儿童主体队伍建设。

二、以体育人案例

作为教师，起到桥梁作用，她希望学生能够通过健美操这一专业途径，改变命运。在平时的教学过程当中，钟老师就经常关注一些沉默不语的学生，借助健美操这个积极阳光的项目，让学生们打开心扉，鼓励他们自信、自立、自强，激发学生们的学习兴趣，帮助他们考上理想的大学。季同学是云和三中2010届的学生，也是第一批健美操队员，她从小热爱舞蹈，但因父母离异，跟着父亲生活的她住在县城的出租屋里，没机会接受正规舞蹈训练，站上舞台是她最大的愿望。初登台时难免怯场，钟老师就不断表扬她、激励她，经历了一次次比赛后她越来越自信。2017年她如愿考入钟老师的母校——台州学院，如今，季同学也成了一名体育教师。

就这样，"云之梦"健美操队在校园里的知名度越来越高，队员们脸上自信的笑容多了，队伍也逐渐庞大。2013年5月，一次体育课上，钟老师发现了一棵好苗子——王同学。听说儿子被学校健美操队选中了，远在外省打工的王同学的父母急了，坚决反对儿子跳健美操。王同学妈妈说："哪有男孩子跳健美操的，他学好文化课才是最重要的。"为了让这棵好苗子茁壮成长，钟老师一次次打电话，一次次做工作，常常和王同学妈妈聊到深夜，为了让她松口，钟老师还主动提出为王同学补习文化课。后来，王同学的父母终于松口了。王同学接过季同学的接力棒，成为健美操队的一员。王同学的父母不在身边，钟老师对他格外"照顾"，每天早上给他煮鸡蛋，周末，王同学还跟着钟老师回家。如果动作不到位，钟老师的批评也格外严厉。2019年，王同学参加北京体育大学的校招考试，取得了全国第11名、浙江省第1名的好成绩，如愿进入梦想的大学。2022年8月，王同学通过了云和县教师招聘考试，成为云和三中的一名体育教师，他以自己的经历为更多学生树立了榜样。

也正是因为季同学、王同学这些学生，经过努力以优异的文化成绩和健美操特长，考上了高中甚至大学，健美操才被越来越多的人认可。12年间，20多名学生通过健美操特长考入北京体育大学、上海体育大学、上海师范大学、中国美术学院、武汉体育学院、台州学院等大学，这让他们有机会去成就自己的梦想，绽放更美好的人生。

看着学生们成长成才，是钟老师最大的幸福！有人说，是钟老师给了学生们希望，但钟老师认为是学生们让她的人生变得更加有意义，未来钟老师希望有更多山里的学生通过健美操，走出大山，获得更加美好的生活。她也会继续发挥光和热，为照亮山区学生的未来贡献力量。

自白

我的教育理念： 不忘初心、牢记使命！以体育身、以体育心、以体育德。

我的教学主张： 我认为教育应该是一种积极的学习过程，教育要帮助学生发现他
们自己的天赋和潜力，并鼓励他们对知识、思想和价值观进行探索。我的教
学主张之一是培养学生独立思考的能力，让学生成为思考的主人；之二是创
设积极、支持性的学习环境，鼓励学生互相学习和分享自己的想法；之三是
提供多样化的学习体验，满足不同学生的需求；之四是鼓励创造性思维，帮
助学生成为有思想、有创造力、有责任心的人。

对我影响最深的一个人： 我的大学健美操恩师、教练吴博。

我心目中理想的体育教师是什么样的： 能够给学生带来真正的快乐和健康，让他
们在运动中发挥自己的才能，发掘自我潜能，塑造自我的价值，从而实现人
生价值。

我心目中理想的学生是什么样的： 坦诚正直、自信阳光、追求正义的表里如一的
好少年。

我上过最满意的一节体育课： 给青田万阜乡学校送教课（给留守儿童送教课，最
偏远的学校）。

我写过最满意的教学论文： 《指向高阶思维的体育课堂项目化学习探析》。

我在教学中遇到了哪些挫折和困难： 社会高速发展的今天，学生的知识面变宽，
有时上课思维跳动不够快，跟不上学生的频道切换，较难构建学校、家庭和
社会一体化的复合教育体系以实现"立体式"的体育教育。

我是如何战胜这些挫折和困难的： 制定明确的目标。明确的目标有助于激发动力，
解决问题。将各项目标分解成小目标，短期目标的达成汇聚成长期目标的达成。

我取得优秀成果的主要经验和体会： 身体力行，不断总结，不断反思，不断突破。
目标明确，不要轻易更改，朝着目标努力前进。

自我评价性格特点： 阳光自信，简单细心。

我的业余爱好： 运动、看书。

我想对年轻体育教师说的话： 教育不是灌输，而是点燃火焰。作为年轻体育教师，
你们拥有独特的力量，要学会创新。

躬耕杏坛三十载　以体育人守情怀

——浙江省温州市体育名师钱勇的体育教学特色

📖 名师档案

　　钱勇，1992 年 8 月参加工作，至 2004 年 2 月在中学从事教育教学、业余训练、教育管理工作；2004 年 3 月至今，在教研、师训部门从事教育教学研究和教师教育工作。

　　现任温州市教师教育院副院长，正高级教师。主要研究领域为体育教育和教师教育。曾获浙江省特级教师、浙江省教坛新秀、浙江省优秀教研员、浙江省教科研先进个人、浙江省贯彻《学校体育工作条例》先进个人、温州市名教师等荣誉和称号。担任浙江省名师网络工作室和温州市钱勇名师工作室主持人、浙江师范大学和温州大学硕士研究生校外指导教师、温州大学客座教授。主持或参与 12 项省级课题研究，曾获浙江省第四届基础教育成果奖二等奖；在《体育学刊》《中小学教师培训》《中国学校体育》《体育教学》等核心刊物上发表 25 篇论文；担任副主编或参编《凝练教学风格》《浙江省中小学体育与健康课程指导纲要》等 7 本著作。

一、体育教学特色

　　为师者有三重境界：教精其术做经师，此为第一重境界；教明其道做能师，此为第二重境界；教取其势做人师，此为第三重境界。从教 32 年，无论在一线还是培训岗位，我始终坚持以扎实的专业知识、深厚的教育情怀、高尚的师德师风躬耕教坛，努力成为"为学、为事、为人"示范的"经师、能师、人师"。

（一）逐梦笃行：让"教书育人"成为毕生信仰

1. 坚持"7+1 > 8"教育理念，成就学生高考成绩斐然

1997 年 9 月至 2000 年 7 月，身为体育教师的我担任了省二级重点中学班主任，来自各方面的压力不言而喻。《中庸》有言："君子素其位而行，不愿乎其外。"于是，化压力为动力，我全身心投入班主任工作，充分发挥体育学科和体育教师的特点和优势：利用体育的团队精神和合作意识增强班级凝聚力；利用体育的拼搏、奋进精神增强班级战斗力；利用体育教师身份增强学生关注各学科素质平衡发展的意识；利用体育教学开放、动态、视野开阔的特点提高学生的思考能力。学生高效学习需要劳逸结合，因此我一直坚持"7+1 > 8"教育理念。我坚持让学生每天锻炼 1 小时，使全班学习效率大大提升；坚持培养学生的竞争意识、责任意识和集体荣誉感，激励学生力争上游、奋勇拼搏；坚持发挥学生主观能动性，最大限度激发学生的创造力，使学生身心同步协调发展。以生为本、机动灵活的管理模式促成了学生高效学习。高考成绩发布后，我班学生全部上本科线，成绩居年级第一，重点大学上线占比 41.7%，5 人被浙江大学录取、1 人被四川大学录取；同时，班级还获市级优秀班级荣誉。由于所带班级成绩优异、教学管理能力突出，我次年被民主推选为新一届年级段长、学校工会主席。

2. 追求"技体融合·品德无痕"教学主张，促进学生身心健康发展

在体育教育教学实践中，我一直追求"技体融合·品德无痕"教学主张。"技"指"技术"，是技术动作的要领、学练方法和运用方法；"体"指"体能"，一是指与健康相关的体能，二是指与运动技能相关的体能，三是指发展以上两项体能的学练方法。"技体融合"指将借助技术动作发展体能的练习方法和提高技术动作所需体能的练习方法，融于技术动作的学练方法及动作技能的运用方法之中，使课堂效益最大化。"品德"指体育品德，是学生的体育核心素养，亦是立德树人之德。"品德无痕"指自尊自信、积极进取等体育精神，诚信自律、公平正义等体育道德，团队合作、社会责任感等体育品格，不着痕迹地浸润于"技体融合"

的身体练习中，从而达成"健体育人""以体育人""以体立德"，乃至"立德树人"的体育教育根本目的。

同时，在一线教学中，我坚持"技体融合·品德无痕"教学主张，通过教研和师训，引领并指导教师积极践行教学主张，促进学生身心健康发展。实践成果有执笔的浙江省教科规划课题"嵌入与重构：'技体融合'的高中篮球模块设计策略研究"，主持的温州市教研课题"四化策略：指向运动能力的高中体育生态课堂的教学实践研究"获温州市一等奖，主持的课题"高中体育模块内容设计组合的实践研究"获浙江省第四届基础教学成果二等奖，在全国知名体育期刊《体育教学》上发表的教学主张代表论文《技体融合 品德无痕》，在 CSSCI 刊物《体育学刊》上发表的《核心素养背景下体育课程指导纲要发展方向——以浙江省为例》。

3.形成体育学科四条教学策略，引领区域师生共同成长

基于"健康第一"教育理念，我遵循学生身心发展规律，在教学中聚焦学生技术学练，培养学生体育技能；注重技体融合，强调技能和体能共同发展的效果和效率；追求技术的学以致用，在运用中发展学生技术运用能力，激发练习兴趣；坚持德育为先、无痕渗透，着力学生的思想品德教育和个性培养，注重学生身体和心理协调发展。通过 12 年的一线课堂教学实践以及 20 年的教研和师训教育教学实践研究，我逐步形成了"聚焦技术学练、注重技体融合、追求运用至上、渗透品德无痕"四条教学策略。所教学生体育成绩一直位居全校前列，100 余名学生被体育院校、公安院校及其他院校体育特招录取；所带田径运动队多次获瑞安市和瓯海区冠、亚军；曾在瓯海区任体育研训员近 7 年，体育教师专业成长成绩喜人，现有省特级教师 1 人、正高级教师 2 人、市名师 3 人。

（二）开拓创新：以"智慧育师"谱写教师教育新篇章

在 20 年的教研和师训工作中，我主要负责体育教师培训，以及教师教育管理和指导"学习共同体"（主要指各类各层研修班、名师工作室）工作，引领教师专业发展。下面以"工作室理念文化"构建为例，阐述本人的教师教育工作特色。工作室理念要把价值观、理想信念、教育思想等共同愿景进行高度概括，并以简洁、明确的文字呈现出来。工作室成立之初，主持人就应对其进行精准定位，确定其

发展目标，从而明确努力方向。理念文化回答了工作室"我是谁"和"我要到哪里去"两大问题。理念文化建设指向工作室发展方向，引导着工作室行为，是工作室文化建设的价值核心和灵魂。工作室理念文化包括工作室理念、工作室目标、工作室宗旨、工作室室风、工作室教学主张等。

（1）工作室理念：纳百川·勇逐梦。一是海纳百川，胸怀博大，低调谦逊，不忘初心。教师的初心，一切为了学生，为了学生的一切。教师在汲取知识提升自我的同时，回归教育本真，抵达"海纳百川，有容乃大"的彼岸。二是勇于逐梦，勇攀高峰，无畏则刚。无畏则刚化用了"无欲则刚"，寓意毫不畏惧困难和坎坷，为教育事业坚守情怀，追逐梦想，守望学生。

（2）工作室目标：勇攀教学高峰。"勇"，一是暗指工作室成员在导师引领下攀登教学高峰；二是隐喻勇敢，团队成员勇往直前，一步一个台阶勇于攀登教学高峰；三是隐指团队成员是"勇者"。勇者不惧困难，攀登教学高峰，永不停息，体现"更高、更快、更强"的体育精神。

（3）工作室宗旨：践行体育课堂变革、传播体育课改成果、促进体育教师发展。教师以传承和创新实现工作室宗旨。传承是继承、传接和认同，延续体育情怀，彰显体育精神，隐含体育素养。在继承中"践行体育课堂变革"，依据课标进行体育教育教学改革创新；在传接中"传播体育课改成果"，把课改实践中提炼和创新的教学方法和手段，辐射和传递出去；在认同中"促进体育教师发展"，在课堂变革、传播成果过程中，达成共识促进专业成长，反哺体育课堂，形成良性循环，全面提升教育教学质量。

（4）工作室室风：做人如"潜泳"，默默前行，现君子之风；做事似"起跑"，勇往直前，显侠气豪情。工作室室风把"钱勇"的拼音巧妙隐于其中，倡导做人要低调谦逊，做事要向上奋进。把"潜泳"比喻为做人的态度和原则，以"起跑"作为行事的活力和冲劲，是体育教师所特有和必须具备的品质。室风呈现的是一种脚踏实地、默默守望的做人态度，又是一种仰望星空、奋勇前进的行动姿态，更是一种追逐梦想、实现自我超越的勇气和精神。

（5）工作室教学主张：技体融合·品德无痕。"技"指"技术"，是技术动作的要领、学练方法和运用方法；"体"指"体能"，一是指与健康和运动技能相关的体能，二是指与运动技能相关的体能，三是指发展以上两项体能的学练方法。要将借助技术动作发展体能的练习方法和提高技术动作所需体能的练习方法，有机融合于身体练习中。"品德无痕"指体育精神、体育道德、体育品格，无痕地渗透于"技体融合"的身体练习中。

（6）工作室 Logo：共同追求的精神象征。Logo 是工作室共同信念、价值与理想的外显表达，使工作室理念内涵可视化、简洁化、符号化，更有辨识度。Logo 代表了工作室"做成怎样"的形象，有效、快速、准确地传播工作室理念。Logo 图案元素丰富、学科特征明显。各种元素意蕴诠释如下。第一，外圈用接力棒，寓意传与接，用学科术语形象地传递工作室对体育教育传承与发展的理念。内含三层寓意：一是导师指导的"传"和学员内化的"接"；二是学员对外辐射的"传"和外围老师学习的"接"；三是相关老师教授的"传"和学生学习的"接"。如此循环，犹如奔跑在跑道上，生生不息。第二，"勇"字采用篆体设计，凸显工作室的文化涵养和理念内涵，以及全体成员勇攀教学高峰的信念、决心和勇气。

Logo 的核心图案是"勇"字形。"勇"字中间部分是一本翻开的书，代表阅读与思考；上部是一支笔，代表交流与表达；下部是一人在"潜泳"，其姿势如同"起跑"，寓意工作室室风"做人如'潜泳'，默默前行，现君子之风；做事似'起跑'，勇往直前，显侠气豪情。"从色调上看，主色调为蓝色，其次为黄色。蓝色代表广阔天空和无垠大海，寓意为"纳百川"；"勇"字符号，寓意为体育教师勇往直前"勇逐梦"，也代表学生勇攀高峰的体育精神。蓝色代表沉稳、理智，表示静心思考、潜心铸学，遨游在知识的海洋；黄色代表希望、活力，表示满怀信心和期待去学习、分享和成长。

二、以体育人案例

（一）育生：身心协调发展

1. 体德并重，让体育特长生健康成长

对于体育特长生，我坚持体育和德育并重，"练人"和"育人"两手抓。我在一线教学时，曾同时带训篮球队、田径队、排球队、体育特招训练队、体育高考训练队、体育特长加分训练队、报考警察公安院校体育训练队……我待生如子，

时刻用教育之爱温暖着这些体育特长生。在田径场上，我"朝饮清风、暮浴晚霞、夏顶烈日、冬临霜雪"，无怨无悔；在体育馆里，我宽严相济，循循善诱，春风化雨，让学生坚持"不放弃、不掉队、不服输"的信念；在各种场合中，我"恳求"家长和其他教师对体育特长生多鼓励、多指导、多关注。通过不懈努力，我促成多方合力，使体育特长生健康成长并取得了令人欣喜的成绩。如金同学和陈同学，因成绩突出，被浙江大学高水平运动队特招，后多次在全国大赛中获奖。

又如，林同学因打破学校宣传牌而面临被劝退的风险，学校让他留下来的条件是要我做担保人并让他在体训队训练。我了解这名学生，他是家中独子，虽然任性、轻狂、自我，但也具有讲义气、好动、善良的特质。看着学生和其家人忐忑不安又带着渴求的双眼，我毫不犹豫让他进入体育高考训练队。他大学毕业后也成了一名体育教师，现已成长为某中学的中层领导。我相信，他对爱与教育关系的理解会比其他教师更加深刻，这有利于他开展有效的德育工作。林同学说："长大后我就成了你，感谢我的恩师与师母，你们的恩情我铭记于心！没有你们对我的鼓励与保全，肯定不会有我今天的成就。我一定会延续您的这份教育爱心。"

2. 身心同步，让每个学生都获得成功

基于"健康第一"教育理念，我在教育教学中坚持德育为先，致力于学生的思想品德教育和个性培养，注重学生的身体和心理协调发展，特别关注和关爱文化课相对薄弱的学生。

如一名学生基础薄弱，文化课成绩比较差，高中会考过后，个别教师认为以他的会考成绩绝对考不上大学。但是，该生有中长跑特长，于是家长向我求助。本着不放弃任何有体育特长的学生的原则，我决定借测试之机了解这名学生。看着他在测跑时的那股韧劲，我从他的眼中捕捉到了他对未来的渴望和想要证明自己的欲望，于是，招他加入了体育高考训练队。经受挫折和磨炼之后的他，倍加珍惜机会也分外努力，在学习和训练中都释放出巨大的能量，所有付出都得到了回报。他现在已经是一所初中的副校长了，我相信他一定会更加用心育人、宽宏待人，爱护每一名学生。

后来师生相聚时，学生们纷纷回忆："冬天里，您总是让我们在训练之后能吃上热饭热菜，并且为了保证饭菜有足够的营养，还经常煲汤给我们喝；在我们参加浙江师范大学体育特招生考试时，您跟我们一起挤学生宿舍，天天陪伴、夜夜谈心、时时监督、常常激励。这两件事我们一直铭记于心！"

（二）育师：身正为范共进取

师德为先，引领教师树立育人初心。我从事教师教育工作之后，在培训中全程、全方位渗透和贯彻"为党的教育事业培养教师"的"师德为先"培训理念，坚持"立德树人、为党育人、为国育才"的育人初心，助力"未来教育"高品质发展。我设置具有针对性的师德培训课程，丰富师德培训形式，如红色基地的情景教学、特殊教育学校的现场教学等。我在师德为先的基础上，发展教师专业能力。

如已经成长为省特级教师、正高级教师的刘老师曾给我留言："假如，把专业成长比作一次快车之行，那么，钱勇老师就是这列快车的司机，时刻为我们把握方向。他踏实严谨、认真务实，他对体育教育事业纯粹的热爱默默地感染着我们，虽不留痕迹，却是浓墨重彩！他用心感染了心，用爱唤醒了爱，使我们的专业能力快速提升。"

又如已经成长为正高级教师的陈老师的感悟：

"我的成长离不开名师的悉心指导和引领。我很庆幸，在职业生涯的起点，就遇见了对我影响至深的导师——钱勇老师。钱老师的教学箴言是'每天改变一点点，争取一点点改变，将来改变的绝不是一点点'，这句话不仅激励着他在教育领域不断求新求变，也深深烙印在我的心中，成为我的座右铭。每当我在教学上遇到困惑或挑战时，这句话就像一盏明灯，指引我不断前行，寻求突破。"

"钱老师对我的影响是全方位的。作为瓯海区体育研训员，他并没有选择只坐在办公室，而选择深入一线教学。那段时间，他频繁地来到我所任教的瓯海第二高级中学，与我共同研讨教学技巧。他的每一次授课都是经过精心准备的，从教学内容的选择到教学方法的运用，从教学语言的锤炼到教学细节的处理，他都力求完美。"

"在钱老师的课堂上，我领略到了体育教学的魅力。他通过一次次磨课、修正、创新，让我深刻体会到优秀课堂的诞生并非一蹴而就，而是需要不断付出努力。他的课堂充满活力，学生们能在轻松愉悦的氛围中掌握知识、提升技能。这种寓教于乐的教学方式让我受益匪浅。"

　　"在钱老师的引领下，我逐渐领悟到教学的真谛在于'以人为本'，即关注学生的全面发展。我开始尝试将新的教学理念和模式融入自己的课堂中，关注学生的个体差异和需求，注重培养学生的综合素质。这种转变让我的教学更加贴近学生的实际需求，也提升了我的教学效果。"

　　"如今，我已经从一名新教师成长为一名能够独立承担重任的骨干教师，并成功评上了正高级教师。这一切都离不开钱老师的悉心指导和无私帮助。他用自己的实际行动诠释了什么是真正的教育者和引路人。我将永远铭记他的恩情和教诲，在教育的道路上不断前行、探索和创新。"

三、《篮球：持球交叉步突破》教学案例

【案例描述】

片段一：技术动作学练

（1）持球交叉步突破的讲解和示范。教师在讲解和示范之前，需提示不同位置的学生观察点在哪里。第一排学生主要观察腿部动作如何变化，第二排学生主要观察身体躯干如何变化，所有学生思考：在什么情况下使用此技术？突破后该做什么？教师在左右两边各示范一次，之后要求学生回答问题。由于观察点准确，学生基本能看出蹬腿、跨步、转体的动作要领，并能表达分享。

　　意图：提示学生有针对性地思考，明确动作要领，使学生尽快建立正确的动作表象，调动学生的思维，培养学生的探究意识，为学生学练技术动作打下基础。

（2）原地持球交叉步突破的分解练习。原地蹬、转、探的徒手练习，原地蹬、转、探、放球练习，自抛自接球，做蹬、转、探、放球练习。

（3）两人一球的综合练习。两人一组一球，原地蹬、转、探、放、运球2至3步停球，连续做3次后两人交换练习；变化1——一人两臂侧平举，另一人从其手臂下做动作；变化2——自抛自接球，再做动作。教师同时提示学生思考怎么做到快而不走步违例。

　　意图：从分解到完整，建立完整动作结构。同时使学生感受突破时的低重心和加速的结合，让学生在练习中学会合作、相互指导，提高学生的技术动作水平，

让学生思考动作的结构性。

片段二：组合练习

四人一组的综合练习。学生在篮球场边线面对面两两站立，A 和 C 一边，B 和 D 一边。A 同学运球至距对面 6 米左右传球给对面的 B 同学，B 同学跳步急停接球，A 同学做防守状态，B 同学做持球交叉步突破，运球至距对面 6 米左右，传球给对面的 C 同学，B 同学做防守状态，C 同学做持球交叉步突破，运球至距对面 6 米左右，传球给 D 同学。学生依次轮流练习。

意图：结合接球突破和突破后的运、传球动作，增加难度，强化学生运用意识，为学生之后拓展运用打下基础。

片段三：拓展运用练习

半场接传球后持球交叉步突破上篮的综合练习。一组在边线和中线交接处，二组在三分线 90 度投篮处，并放一障碍物。一组的 A 传球给二组的 B，二组的 B 跳步急停接球，在障碍物前做持球交叉步突破上篮，并抢篮板球，之后回到一组排队尾；一组的 A 到二组排队尾，交换练习。分层变化 1：二组的 B 接球面对障碍物突破的练习。分层变化 2：二组的 B 接球后结合假动作左右晃动或瞄篮投篮，一组的 A 上去作弱防守（即 A 假装被骗伸手摸下边上的障碍物）。分层变化 3：二组的 B 接球后结合假动作左右晃动或瞄篮投篮，一组的 A 上去作强防守。同时，要求学生在等待时间做 2～3 个"立卧撑跳"。教师提示："贴上去""盯住他""别放弃"。并比喻"传接球犹如帮助他人与寻求帮助的关系，就像同学之间的相互合作、相互帮助"。

【案例反思】

1. 精准文本解读，抓牢技能学习的关键点

突破技术是篮球运动的重要内容之一。"一低三度"，即重心低，角度小（贴）、速度快、幅度大（跨步），这是学生学习突破技术的关键点。教师在讲解示范之前，提示学生观察并思考：在什么情况下使用此技术？突破后该做什么？由于观察点准确，学生基本能看出蹬腿、跨步、转体的动作要领，并能表达分享。从持球上步，到持球上步按球，再到持球上步运球加速。学生循序渐进地掌握持球交叉步突破的技术，还能在防守下进行技能拓展，逐渐形成自己的风格。

2.精简教学步骤，设计练习密度的突破点

如何让课堂组织、场地设计、器材摆放为学生活动节约时间，是提高课堂练习密度的突破点。在两人一球综合练习环节，学生两人一球，原地蹬、转、探、放、运球 2 至 3 步停球，连续做 3 次后两人交换练习，教师用标志线提醒。教师在课堂中让学生在持球突破的时候跨越指定标志线，解决了学生持球跨步幅度小的问题，提升了学生持球突破效果；让学生在弧顶做持球交叉步突破练习，充分考虑到了学生左右手上篮问题。精简教学步骤提高了练习密度，让学生有更充裕的时间进行练习，从而达到"技体融合"。

3.精巧教学手段，突出技能与体能的融合点

没有防守就不能实现持球交叉步突破。防守太松，达不到防守效果，不贴近实战；防守过于积极则会打击初学者的积极性。我想出了一个方法：突破者做假动作后立即触摸假动作同一方向的障碍物，让防守者被假动作诱骗（设想让攻守趋于平衡），使得突破者能较好地突破。如此一来，突破者不仅能体验突破乐趣，还能感受实战的练习强度，防守者还能积极防守，这让练习有了更多不可预见性，又能锻炼体能。同时让学生在等待时间做"立卧撑跳"，更加体现了"技体融合"的理念。

4.精炼教学语言，找到品德渗透的落脚点

教学语言表达的有效性，体现在课堂上临时的语言组织。在持球交叉步突破上篮的综合练习环节，教师运用"贴上去""盯住他""别放弃"等语言，激励学生积极防守，让掌握得好的学生结合假动作突破积极防守的学生。这能培养学生积极、果断的品质，提高学生的技术水平。教师在巡回指导时运用启发式提问，让学生在思考中进步，在思考中练习。在技术练习环节，教师让学生带着问题观察同伴动作，主动点评，积极赞扬；同时还把传接球比喻为同学间的互助互帮。精练的语言，就是品德无痕渗透的落脚点。

自白

我的教育理念：有教无类，静待花开。

我的教学主张： 技体融合，品德无痕。

对我影响最深的一个人： 李玉宇（我曾经的领导）。

我心目中理想的体育教师是什么样的： 拥有浓厚的体育情怀、精通专业技能和教学技能、通晓数字技术、善于协作互助。

我心目中理想的学生是什么样的： 积极向上、活泼好动、喜欢运动、善于助人、勇于表达、阳光乐观，有一项运动特长。

我上过最满意的一节体育课： "篮球：持球交叉步突破"。

我写过最满意的教学论文： 《核心素养背景下体育课程指导纲要发展方向——以浙江省为例》。

我在教学中遇到了哪些挫折和困难： 对学生情绪的把控能力不足，学生"错误"现象有效诊断和纠正较难。

我是如何战胜这些挫折和困难的： "练"，千万遍。阅读、学习相关理论，观摩优质课堂，内化学习实践成果。

我取得优秀成果的主要经验和体会： 高质量完成各项工作。

自我评价性格特点： 内敛、平和、执着、勤奋、上进、诚信。

我的业余爱好： 阅读。

我想对年轻体育教师说的话： 把工作当作研究来做，带着研究态度去工作，工作、研究、学习一体化；先行动，再追求完美；每天改变一点点，争取一点点改变，将来改变的绝不是一点点。

潜心育人做模范　国际赛场展英姿

——浙江省体育名师何鲁伟的体育教学特色

🎓 名师档案

　　荣誉称号：全国工会积极分子，浙江省体育特级教师，国际级篮球裁判，浙派名师，浙江省中体协先进个人，杭州市劳动模范等。

　　社会职务：全国中小学体育教学指导委员会委员，中国篮球协会裁判委员会委员，杭州市篮球协会副主席，杭州市政协委员，民进杭州市委会常委，杭州市教育学会中小学体育教学专业委员会秘书长等。

　　教学荣誉：全国十佳活力园丁，第三届全国中小学体育优质课评比一等奖，浙江省优质课评比一等奖，杭州市教坛新秀，杭州市系统级教坛新秀，杭州市多项教学能力评比一等奖。

　　科研荣誉：第十三届中学生运动会科学论文报告二等奖，浙江省级论文一等奖，浙江省教学论文评比一等奖，杭州市中小幼教学论文一等奖，20余篇论文在《首都体育学院学报》《中国学校体育》《体育教学》《青少年体育》等体育类期刊发表。

一、教学风格与教研特色

　　"删繁就简三秋树"是何鲁伟老师多年教学风格的写照。不可否认，体育名师的教学风格是其教学思想、教学能力、教学经验、教学技艺、教学突发事件处理水平等的综合性表现。

（一）"何式"教学风格

何鲁伟老师始终恪守体育教师职业道德，二十五年如一日地落实课前钻研教材，认真备课；课中有效实施，把握重难点；课后总结与反思。何鲁伟老师在教学中始终立足课标、因人而异、因地制宜，结合任教学校多方资源，最大限度地发挥场地优势和学生的潜能。体育课堂教学氛围融洽，形成了"乐于参与、乐于锻炼"的学习氛围，何鲁伟老师让一批又一批学生逐渐养成了"喜欢运动—主动运动—热爱运动"的体育锻炼习惯。何鲁伟老师经过二十多年的实践磨炼，形成了特色鲜明的"简、实、准、效"教学风格，具体表现在以下四个方面。

（1）"化繁为简"——提炼知识要点。高中体育与健康课程内容较为复杂，运动技术以组合、运用为主。课标与教材表述与讲解较为晦涩，教师需深入研读、研学，将其转化为"拿来即用"的教学内容。何鲁伟老师在课前从关键词、关键问题入手，重点关注动作技术的难点、核心点，深入浅出地提炼教学的知识点，在课堂中让学生更清晰地了解重难点，真正实现让学生"知其然更知其所以然"。

（2）"躬行实践"——求实教学方法。为有效解决教学中的重难点，何鲁伟老师课前必定会实践几遍，以检验教学方法是否得当，是否能够真正解决教学中的重难点，是否能使每名学生都有所提升。同时，何鲁伟老师在检验教学方法过程中，不断优化教学组织、教学过程，最大限度地调动学生的积极性，让学生有更多的时间参与练习、参与比赛。"纸上得来终觉浅，绝知此事要躬行"是何鲁伟老师教学的座右铭。

（3）"精准定位"——明确教学目标。为提升教学目标的有效性和达成率，何鲁伟老师在每节课前后都会了解学生的学习情况、动作技术掌握情况。何鲁伟老师以此为基础并依据维果茨基的"最近发展区"理论，制定教学目标，实现教学目标的精准化，有效地服务不同层次的学生，让每名学生都有目标、都能收获进步、都能享受课堂带来的成就感。

（4）"行之有效"——提升课堂实效。何鲁伟老师将追求课堂教学的有效性作为一种自我要求深入内心。何鲁伟老师认为"追求课堂教学有效性，才能产生教学应有的实效"。在提高课堂实效性过程中，何鲁伟老师注重把握以下几点。第一，注重学生兴趣的培养。俗话说"兴趣是最好的老师"，何鲁伟老师每节课都通过不同的引入形式，激发学生的学习动力，充分调动学生的主观能动性，让学生乐于去尝试、乐于去学习、乐于去努力，从而树立学生的自信。第二，注重情境的创设。何鲁伟老师始终认为，"学以致用"是体育教学的最终目的。何鲁伟老师在教学中创设真实的情境，让学生依据情境的变化调整自己的运动行为，真正让学生实现体育学习的"会比赛"目标。何鲁伟老师应学生而动，应情境而变，真正提高课堂的实效性。第三，注重练习形式的多样。多样的练习形式在体育教学中功不可没，形式多样的练习不仅能让学生巩固知识，还有利于学生将所学知识转化成技能技巧。何鲁伟老师通过练习反馈及时调整自己的教学进度。

（二）"杭派"教研特色

"拨亮一盏灯，照亮一大片"一直是何鲁伟老师教研前行路上的座右铭！作为浙江省特级教师，何鲁伟老师在个人教研层面上坚持落实"勤于观察、敢于思考、善于总结、乐于动笔"的教研理念。其中"勤于观察"即通过多听课、多上课，观察课堂中教师与学生的行为；"敢于思考"即针对上课、评课中存在的优点与缺点，通过"再现"的形式，进行深度思考，明确优点"优在何处"，缺点"缺在何处"；"善于总结"即在教学、教研中对相应的"优点""缺点"进行再思考，总结优点在教学中的规律，通过再实践，拓宽其迁移性；"乐于动笔"即"勤于观察—敢于思考—善于总结"的最终再现形式，何鲁伟老师总结其教学中的"优点""缺点"，撰写成文并推广其教学"优点"、解决其教学"缺点"，从而进一步指导教学实践。

作为杭州市中小学体育教研员，何鲁伟老师从区域层面开展效果显著的"杭派"特色教研。具体举措如下。①立足青年——成立市高中青年体育骨干教师研修班。区域教研的发展基础在于青年教师，培养青年教师是教研员的责任与义务之一，何鲁伟老师通过引领青年体育教师，搭建优质平台，实现区域教育的真帮、真带、真传。青年体育骨干教师研修班实施"班级—班主任制"，为期2年，何鲁伟老师制订详细且具有针对性的培养计划，对青年体育教师在教学理念树立、教学风格形成、模块制定与实践、论文撰写等方面进行全方面、立体式培养。

②立足课堂——研制市域特色教学建议指导。何鲁伟老师从杭州市高中体育教育的实际出发，以新课标理念、省纲要求为基本点，以"教师需求、课堂规范"为出发点，立足项目总结模块内容、评价机制、教学方法与手段运用，并积极推进区域示范课展示，提升区域体育教学教研实效。③立足创新——推进教研"课内外一体化"。教学创新是区域教研的核心点和出发点。围绕教学创新，何鲁伟老师持续组织开展市学会、区域教学研讨，组织并推出"优质课""示范课""公开课"评比等活动；推动"医教融合"机制，组织并建立科学运动促进学生健康论坛；以政策为引领，创新、规范、落实市域《杭州市中小学体育家庭作业设计指引》，形成了高质高标的全国体育家庭作业机制。

二、以体育人案例

《论语·子罕篇》言："夫子循循然善诱人。"这句话是指教师善于引导别人学习。何鲁伟老师在教学过程中时刻注重对学生的启发和引导，鼓励学生主动学习并取得进步，提高学生的运动技能和水平。在"循循善诱"的教学过程中，何鲁伟老师秉承两个原则。一是教师要将"学"与"思"相结合，引导学生"自得"。孔子曰"不愤不启，不悱不发，举一隅不以三隅反，则不复也。"即教师要对学生不断加以引导，让学生将学与思有效结合。二是教师要有足够的耐心，突出"自得"。在启发过程中，教师要具备足够的耐心，要真切地将教育做到实处、做到学生的心中。在体育教育过程中，何鲁伟老师不仅循循善诱，而且经常和学生进行心灵的沟通与交流，使情感实现升华。

案例：一封毕业生的来信

执哨奥运威名扬　春风化雨美誉传
——记杭州高级中学老师何鲁伟

我离开杭州高级中学（以下简称杭高）已经有 7 个年头了，印象最深的是相貌堂堂的国际级篮球裁判——何鲁伟老师，他曾担任 2008 年北京奥运会和残奥会以及 2011 年广州亚运会的篮球裁判员。

记得当年上第一节体育课，何老师因故请假，代课老师说："给你们上课的老师是杭高的骄傲，叫何鲁伟，曾经担任过众多国际、国内重大篮球比赛的裁判员。"听到此言，我心中暗道，一所中学的体育教师是国际大赛的裁判？可转念想到这所学校走出过李叔同、鲁迅、金庸，又觉得不足为奇了。我向来反对给人贴上标签，但是如果在我身上贴上"杭高人"的标签，我会觉得很荣幸。

何老师的优秀不仅仅在于自身，更在于他对学生的循循善诱。正如杭州高级中学镜子上写的"生我者父母，育我者杭高"，如果说我对体育的热爱来自天性和父母的培养，那么我对体育精神的理解和对现代体育训练的接触就来自何老师。我从 6 岁开始游泳，从 8 岁开始打篮球，自认为在体能上有些天赋和韧性，我上杭高时正值青春期，又是班长，喜欢在上体育课时戴一条印有"prince"（王子）的白色头带，跑步测试从来都是第一名。我 2003 年进入杭高，那时社会传言杭高是"天堂"，名副其实。我每天下午四点半下课，篮球馆和绿茵场上少不了我挥汗如雨的身影。学校周末从来不补课，开放校园体育场，供杭州市民和学生健身，我也毫不谦虚，双手抓篮筐自以为技惊众人，直到我在何老师的体育课上碰壁。记得那时班上有从美国华盛顿来这里交流学习的学生，他在 1500 米测试的最后一圈超过了我，那时的我接受不了不是第一名这个事实，难过不已，一个人坐在草地上，久未言语。"以你的天赋和韧性，通过科学的训练，远不止如此。"不知何时，何老师就站在我身后，我怔怔地看着他的眼睛，那里似乎有一个我神往的世界。从那时起，我参加了田径队，从热身、变速跑到整理、拉伸，我渐渐懂得，体育不是在众人前炫耀，而是踏踏实实地努力，严格科学训练自己，渐臻完美。还有一次，在引体向上练习中，我这个平日里的"体育尖子"居然一个也做不起来，我百思不得其解，何老师见我疑惑，向我讲解了运动时身体节奏和小肌肉群对整个动作的影响，我开始懂得，人的身体不可能完美，人体是一个协调的整体，我们可以通过练习和调整来弥补短处。2011 年我在全国警体三项赛上，也是凭借这些发挥主观能动性，获得男子冠军的。在体育课上，何老师不仅通过强大的业务能力，让我知道了什么是 YOYO 测试（间歇性耐力测试），什么是最新的篮球训练方法，他更像是导师，让我顿悟了一些道理，这些道理让我受益终身。

相遇是缘，遇上这样的老师，是何等的幸运。

2006 届毕业生郑同学，现就职于公安系统

2013 年 7 月 9 日

自白

我的教育理念："删繁就简三秋树，领异标新二月花。"（郑板桥）

我的教学主张：拨亮一盏灯，照亮一大片；夫子循循然善诱人。

我上过最满意的一节体育课：第三届全国中小学体育优质课评比活动中，向全国同行们展示"篮球与跳跃"一课教学，获得全国高中体育优质课一等奖。

我写过最满意的教学论文：《体育家庭作业高质量发展的区域探索》，在《体育教学》杂志 2023 年第 5 期专题发表。

我的业余爱好：跑步、打篮球、读书、旅游。

我想对年轻体育教师说的话：要坚持"勤于观察、敢于思考、善于总结、乐于动笔"的教研理念。

"勤于观察"即要多听课、多上课，观察课堂中师生的行为。

"敢于思考"即针对听课、上课、评课中存在的优点与缺点，通过"再现"的形式，进行深度思考，明确优点"优在何处"，缺点"缺在何处"。

"善于总结"即在教学、教研中对相应的"优点""缺点"进行再思考，总结优点在教学中的规律，通过再实践，拓宽其迁移性。

"乐于动笔"是"勤于观察—敢于思考—善于总结"的最终再现形式，总结自己在教学中的"优点""缺点"，撰写成文并推广教学"优点"、解决教学"缺点"。

厚植担当教育情怀
助推体育人发展使命
——浙江省体育特级教师张朝辉的体育教学特色

🎓 名师档案

　　张朝辉，1971年3月出生，浙江温岭人，现就职于宁波市鄞州区教育学院，担任小学体育与健康学科教研员，正高级教师。曾获浙江省特级教师、浙江省优秀教师、宁波市领军人才等荣誉。首批浙派名师培养对象、省中小学骨干教师高级访问学者、省体育高端培训学员。

　　从教以来，他潜心教育教研，曾获浙江省中小学体育优质课一等奖，参与编写《"浙江省中小学学科教学建议"案例解读》《〈浙江省中小学体育与健康课程指导纲要〉配套教师用书》等11部教师用书，主编《宁波乡土特色体育教程》等3部校本教材，出版个人专著《且行且思》，主持并参与18项教育科研课题、8门精品课程，80多篇论文发表或获奖，其中35篇论文发表在《体育教学》《中国学校体育》等专业期刊上。

　　有这样一位教师，在35年的教育生涯中，拥有一线体育教师、一线教育管理者、区域教研员三重教育经历。他基于课堂教学所闻之事、所做之事，找准自我定位，形成"课堂无我才有我"的教学风格；他基于学校管理所见之难，以"实、小、好"

的特色去教育、感染学生；他基于青年教师发展所遇之事，以"五纵六航"体育教研新模式助推区域学科发展。

一、深耕教学教研，实现课程大视野

张老师一直倾力于小学体育教学改革工作，在孜孜不倦的实践与探索中，初步形成了自身的教育教学风格，并在多个领域取得了研究成果。

（一）基于项目带全面，课余训练出成效

体育教师的核心工作离不开三件事：课余训练、课堂教学和教育科研。课余训练，体育教师除了埋头苦干，更要实现从"器"到"道"，从项目实践到项目教学规律、本质的转变。张老师在课余训练方面积累了丰富的经验，他提出的"立足项目，以点促面"成为学校田径队的指导思想。他摸索出"基本素质天天练，关键技术迁移练"的训练思想，从跳高训练中提炼出"基础要夯实，注重敏感期"的训练要求；从短跑训练中感悟到"力量是基础，放松是关键"的训练真谛。学校田径队连续 15 年获得浙江省温岭市中小学生田径运动会小学 A 组第一名，先后有 8 名学生被送到省队训练，3 名学生获省运会冠军，他所在的学校也先后被评为浙江省阳光体育特色学校、全国群众体育先进集体。

（二）课堂无我才有我，教学风格显特色

张老师是首批浙派名师培养对象、省中小学骨干教师高级访问学者。他先后开设了多次公开课、讲座，其中省级 28 次、市级 24 次、区级 39 次。他经专家悉心指导和自身不断努力，逐步形成"实、变、活"的课堂教学特色。他以博客为家，目前写了博文 300 多篇，积累了学习卡片五六百张，摘抄了资料 50 余本，由中国文联出版社出版的专著《且行且思》，标志着其体育教学研究有了阶段性成果。该书以随笔的方式，全面介绍了张老师的教育生涯、教学思想和教学实践。

（三）跳出学科看学科，课程视野拓维度

张老师从项目开展、特色创建、品牌效应进行探索，找到竞技体育与学校体育的融合点，并产生了一定的社会辐射力与影响力。温岭市太平小学的田径训练

特色，温岭市城北小学的羽毛球特色、温岭市三星小学的足球特色、鄞州区中小学大课间活动特色、鄞州区体育器材室与体育档案资料管理特色都成为当地学校的名片。2014 年，张老师主编了《温岭乡土体育特色教程》，9 年后，他又完成了《宁波乡土特色体育教程》（2023 年 4 月）。乡土体育进入学校、融入课堂，这是一项富有意义的课题。对乡土体育的传承是对其特有文化价值的认同，促进一代又一代浙江人的体育文化传承，坚守着浙江省朴素而真实的文化自信。

二、坚守教育初心，践行以体育人

张老师先后在 5 所学校任教，从一名普通体育教师成长为学校校长再到区体育教研员、省特级教师、正高级教师。

（一）心怀教师成长，从校内走向校外

优秀教师的共同特征是对自己所做的事充满激情，热爱自己的工作。自 2014 年以来，张老师先后担任张朝辉名师工作室导师、宁波市第十二届中小学（幼儿园）特级教师（名教师）跨区域带徒活动导师、浙江省名师网络工作室领衔人、全国体育名师教学改革联盟名师。张老师培养的青年教师中，浙江省网络名师工作室学科带头人 45 名、浙江省春蚕奖 2 名、市名师 2 名、市骨干教师 2 名、省教坛新秀 2 名、市教坛新秀 3 名、区体育学科骨干教师 16 名。张老师开设省级讲座、公开课 28 次，市级讲座、公开课 24 次，区级讲座、公开课 39 次。

（二）心系学生，做学生忠实的服务者

在 35 年的体育教学生涯中，张老师用爱对待每一名学生，在学习、训练、生活各方面关心他们，做他们忠实的服务者、引路人。张老师遇到过一名学生，这名学生是个难得的体育好苗子，但从小失去双亲，性格孤僻，家境贫困。于是张老师每年资助 1000 元帮其添置学习生活用品；学习上，每次训练后张老师都会辅导他的文化课，还让他写训练日记，促进其健康成长。两年后，该学生在第 13 届省运会上勇夺跆拳道冠军，还被评为校优秀学生，被推荐到省运动学校学习。在多年的教学工作中，张老师重点帮扶、资助的学生达 13 人。

（三）心系学校，立足课程建设

办一所让群众满意的现代化高质量农村学校，是张老师的心愿。在泽国小学任校长期间，他提出了"阅读丰富情感，运动增长智慧"的办学理念。经过实践探索，学校被评为全国青少年校园足球特色学校。在省规课题"用阅读引领师生精神成长"的引领下，学校全面开启了国学、诗文诵读教学。学校被评为"中华经典诗文诵读"重点实验学校、台州市书香校园、台州市第四批非物质文化遗产传承教学基地，获温岭市中华经典诗文诵读展示活动一等奖；学校编写的拓展性校本教材《记忆泽国——传承非遗三月三》在温岭市优秀非物质文化遗产校本教材（读本）评选中获"薪传奖"。作为学校特色品牌，智慧校园课程建设也取得了一定的成效。国家级重点课题"泛在学习型智慧校园的建设研究"顺利结题，"跨越时空 协同发展——'互联网＋义务教育'"同步课堂应用案例被评为省智慧教育经典案例。

三、搭建"五纵六航"成长空间，助推教师高效成长

张老师自2020年担任宁波市鄞州区小学体育与健康学科教研员以来，一直秉承"以课程建设为主线、教学质量为核心、教学规范和师资队伍建设为突破口"的指导思想，从教学研究、教学指导和教学管理三维度，搭建体育教师"五纵六航"成长空间，助推教师高效成长。

"五纵六航"教研管理模式，是基于新时代学校体育改革的新思路与新方向形成的。张老师在区域体育教研管理中，纵向实施以立足一线教师、重教研组建设、创校际共同体、推进协作教研、依托名优教师为主的"五纵"垂直管理，充分凸显名师的辐射作用；横向协同年轻教师启航、全员培训续航、名师骨干导航、特级教师引航、潮声体育护航、校本课程归航的"六航"发展体系。"五纵六航"纵横交错，形成区域体育教师由名师领衔的互动成长的体育教研管理新模式。

（一）管理创新之"五纵"

1. 立足一线教师，落实教改理念

一线教师是开展体育教学和体育工作的主力军。自浙江省以体育教改经验"技术、体能、运用"三维度构建体育单元，"学练三个一"课堂教学模式以及全面

实施课堂"四化"（教学内容结构化、教学组织小组化、教法学法问题化、教学评价精准化）转型以来，鄞州区体育团队以潮声体育工作室公众号为平台，推送各项目单元计划、优秀课例、新课标专题解读等。同时，鄞州区体育团队邀请专家为教师解读当前热门概念、最新教师配套用书使用说明，以及基于项目单元计划研究构建大单元教学，做好实证＋理论概念的案例探索。

2. 重教研组建设，提升教研规范

体育教研活动是提升学校体育水平的重要手段之一，用以提升校内教研质效，凸显学校体育特色。由此，鄞州区教育局于 2021 年 10 月 26 日颁布了《鄞州区学校体育工作规范指南》（以下简称《指南》），以指明区域内教研教改主方向。《指南》对"课堂教学、体育教研、大课间活动、课外活动、校园联赛和业余训练、体育课外作业、学生体育学业评价、班级学生运动档案、体育器材室管理、学校体育年报和档案"等 10 方面提出了新要求，以行政文件的形式给学校、教研组指明了体育管理、教学、训练等工作的方向。

3. 创校际共同体，促进一体发展

2022 年，鄞州区加入体育学科全国一体化实验区。目前，鄞州区成功申报了宁波市鄞州区堇山小学、宁波市鄞州区第二实验小学、宁波艺术实验学校、宁波市鄞州新蓝青学校 4 所学校为全国一体化实验学校。同时，鄞州区还进入了一体化教研团队、一体化名师工作室系列改革行列。鄞州区以一体化课程建设为主目标，依据体育与健康课程内容规定，即在各学段必学内容和选学内容、限学内容的基础框架上，在学期初要求各校根据实际情况安排好教学进度表，从而切实抓好"教什么""教到什么程度"的大单元计划落地监测。

4. 推进协作教研，实现优势资源共享

区域协作教研是学科教育走向更深层次的助推器。鄞州区共建立了 10 个教学协作区（每个协作区由区内名优教师引领，涵盖 8 ～ 10 个教研组），以促进城乡统筹均衡发展，实现优势资源共享。2023 年，鄞州区共开展协作教研 10 余次、联合教研 4 次。内容涵盖：新教师培训、专项技能培训、功能性训练教研、赛课（评比）培训等。鄞州区通过改革，促进教研内容规范化和教研行为规范化。

每个协作区组长在承办每次活动时紧跟课改方向，极尽团队教研智慧。比如 2023 年第一学期的活动中，各协作区以课堂教学为主，辅以省优秀教研组经验分享论坛、教师成长、器材室评比成果经验分享等内容，以区域联动实现资源共享。

5. 依托名优教师，引领教师成长

鄞州区体育学科拥有全市 40% 的名优教师（市骨干教师及以上），包括特级教师 2 名、市名师 1 名、市骨干教师 6 名。各工作室立足教改，聚焦学科，有计划地开展教学研究；注重教师个性化培养，剖析自我优缺点，科学制订三年发展规划；导师参与省、市各类示范课、讲座，充分发挥辐射作用。鄞州区通过名优教师引领，仅 2022 年就有 1 名教师获评宁波市学科骨干，2 名教师包揽宁波市教坛新秀小学组和初中组一等奖，10 余名教师获评区学科骨干，多名教师获评区教坛新秀称号。

在各教学教研专场中，名优教师总是以精进的教学精神浸润着青年教师。比如鄞州区名师桑代阳老师漫谈鄞州体育"梦之队"时，提到的"荷花定律"；也比如市名师沙磊斌老师在一次联席会议中说起的"葡萄青年"；等等。2021 年，名优教师引领的各团队为筹备与拍摄单元视频所展现的拼劲让人折服，其只为呈现最好的单元；每一年市级业务比赛，各导师全程参与对中小学体育教材的探究指导，只为呈现最好的体育课堂。

（二）教研特色之"六航"

1. 年轻教师启航，注入教学活力

2021 年，区 3 年教龄以内青年教师团队成立，共计 50 余人，由鄞州区名师潘才冬负责。几年来，通过区级和学校层面从师德修养、工作纪律、教学基本功、教科研等多维度设置目标和任务，青年教师团队中涌现出教学新苗 21 人、教坛新秀 3 人，19 人的讲课获评区优质课，青年教师启航工程取得初步成效。此外，鄞州区积极有序推进"1358"工程，即"1 年入门、3 年成型、5 年成材、8 年成器"，确保为启航工程注入源源不断的活力。

2. 全员培训续航，实现教研转型

2022 年开始，鄞州区将体育工作例会向专题教研活动转型，实现全员专业培训续航的新局面。鄞州区通过专题培训，帮助一线教师明确教改方向、突破思维定式，构建学校体育新样态，效果显著。全区学生体质健康标准测试优良率从 2018 年的 55% 提升到 2021 年的 77.5%，在市教育局组织的学生体质健康标准抽测中，该区成绩稳居第一；鄞州学子也在省市各类体育比赛中名列前茅。

3. 名师骨干导航，指明前行方向

目前，全区中小学体育教师中共有区骨干教师 51 人、区名师 6 人、10 个名师工作室，形成名师骨干导航、区域联动的模式，赋能教师成长。区名师工作室以 3 年为一期，切实把前沿研究落实到课堂教学和教师个人发展中。据统计，仅2023 年各名师工作室共举办线上线下教学研讨活动近 70 次，精准把握新课程改革方向，多个课题在省市层面立项，工作室成员在各级各类比赛中斩获佳绩。

4. 特级教师引航，开拓崭新领域

鄞州区有 2 位体育特级教师，在他们的推动下，11 名鄞州教师成为宁波市第十二届中小学（幼儿园）特级教师（名教师）跨区域带徒活动学员，在各类活动中崭露头角，被承办学校和基地学校给予高度评价。另外，鄞州区还有 9 名教师加入省名师网络工作室成为学科带头人。区中小学核心教研团队还加入了义务教育体育与健康课程标准新教材编写组，已完成乒乓球、游泳、跆拳道、啦啦操项目基础模块单元教学的国编教材编写。

5. 潮声体育护航，激起澎湃浪潮

围绕"增进学生健康、服务专业成长、宣传学校体育、关注全民健康"宗旨，张老师到鄞州后创办了"潮声体育工作室"公众号。自 2020 年 5 月 8 日到现在共推出了文章 370 余篇，关注度保持在区域内领先水平。2022 年年初，张老师又推出了潮声视频号，经过不断学习与摸索，目前已发布视频 126 个，内容涉及教育故事、一校一品、居家锻炼等，点击量稳定在 3000 人次以上，护航鄞州体育稳步向前。

6. 校本课程归航，打造自主品牌

教师培训的最终目的是服务学生。全区中小学教师依照国家课程方案，结合本校特色和学生需求，因地制宜积极创新开发校本课程，以多元的校本课程重塑育人新样态，促进学生全面发展。31 所足球特色学校实现自主教材全覆盖，此外，《宁波乡土特色体育教程》使体育育人功能焕发出更强大的生命力。校本课程满足了学生个性发展，让教学真正落地，真正服务于学生。

四、结语

张老师作为区域体育教研员遵循教师发展规律，搭建"五纵六航"成长空间，促进资源共享，让名师更有"名"，让骨干更能"干"，让学校更出"彩"，从而推动区域学校体育发展，打造体育教研的鄞州标杆。区域教师所撰写的课题论文、创建的微课程获得省、市各类奖项的有 200 多篇次，在省级以上刊物发表的有 100 多篇次，硕果累累。

从普通教师到校长再到教研员，张老师始终坚持教育初心，担负起传播知识、传播思想、传播真理，塑造灵魂、塑造生命、塑造新人的时代重任。

自白

我的教育理念：师不顺路。

我的教学主张：课堂无我才有我。

对我影响最深的一个人：董玉泉（原浙江省教育厅教研室体育教研员）。

我心目中理想的体育教师是什么样的：四肢发达、头脑不简单的体育人。

我心目中理想的学生是什么样的：健康快乐，知书达理。

我上过最满意的一节体育课："原地侧向投掷轻物"。

我写过最满意的教学论文：《众人拾柴火焰高——温岭市小学体育团队教研模式探索》。

自我评价性格特点：开朗。

我的业余爱好：阅读、运动。

我想对年轻体育教师说的话：为了理想，做自己想要挑战的事。

在阅读中走向生命自觉

——浙江省体育名师祝芳的体育教学特色

体育教学特色

回首30多年的教师生涯，我必须承认是阅读，还有因阅读而引发的不足感与满足感，导引我从一个懵懵懂懂的体育门外汉，逐渐成为如今的样子。这如今的样子，用一句话概括：是有着生命自觉的教育者！

（一）阅读丰富青春时光

1992 年，18 岁的我从原衢州师范学校（以下简称衢师）毕业，被分配在乡初中教体育，吃住均在学校。我除了整日带着一帮少年跑跑跳跳外，还有一大把的时光任我逍遥。也许是自小对书籍就有亲近感，也许是在衢师三年留下了痕迹，工作得闲时，我常去图书馆里寻书问迹。当然，那时我以阅读小说、散文为主，以"好看"为标准，诸如金庸、路遥、二月河、席慕蓉、林语堂等作者的书。庆幸的是，因为有这样的爱好，所以我从别人的文字里或抚慰或激荡着青春。当然，乡下 5 年，我的专业阅读量几乎为零，专业实践，也就坚持认真二字。何为教育？如何教育？何为教学？如何教学？诸如此类，一概不知。

（二）阅读滋养教育情怀

1997 年，我有幸被调入江山中学（系浙江省一级重点中学）。记得那时我最期待的是每周的教工大会。每次会上，德高望重的王兴盛校长总要说上一会儿，似乎在谈教育或教学，可又分明在畅谈他的人生哲思，分享他的人生情怀。那微扬的头，那明亮的眼，那从容的笑，都散发着一个学者型校长的光辉。从这所学校，我感受到了文化的气息。当然，彼时的江山中学，还有黄昌明等一大批优秀领头人，以他们的善学、博学播撒着养分。我随时走进他们的办公室，他们都埋首于书籍和报刊。整个江山中学弥漫着的阅读氛围以及阅读滋养出的睿智、活跃、从容等气息，令沐浴其中的人也心生向往。

就从那时，我开始读苏霍姆林斯基、叶圣陶、朱永新、肖川、李镇西、李希贵、吴非、余秋雨的书，开始订阅《教师博览》《人民教育》《中国教育报》《中国青年报》等，并写文摘、做剪报，可谓不亦乐乎……

我订阅《教师博览》是因为我的师傅——原全国中小学教材审查委员会委员、国务院政府特殊津贴专家、浙江省体育特级教师黄昌明老师的推荐。我才读了一本就完全被期刊中那全新的思想、别样的文字吸引了，真好呀，原来教育还可以是这样的。2000 年末时，我毫不犹豫地订下了 2001 年的《教师博览》，一直到现在。记得 2006 年因跟腱断裂住院，我央求家人将一大摞《教师博览》搬到医院，在家休养期间，情之所至完成了一篇随笔《〈教师博览〉——我的梯子》，后来这篇随笔刊发在《教师博览》2006 年第 8 期——这是我第一次体验到写随笔的愉悦感，似乎远方有许多不熟悉的人因为文字而向我靠近，一如我这样抒发对《教师博览》的热爱：我在"情思"里感受着教育的纤细与温柔，在"视野"中把握着教育的精神与动向，在"教苑"中体验着教育自省的力量，在"人生"中享受着富含哲理的故事，在"读书"与"文学"中滋养着心灵，在"专稿"中记住了管建刚的建议，在"教育人物"里熟悉了"另类"——蔡兴蓉，他的文字总会在我心底激起无尽的震撼，且他那"让孩子他妈也喜欢读书"的梦想更成了我前行的力量。我还因张丽钧而羡慕知性女人的美丽，因万玮而叹服教育的别具一格。每次阅读都是一次精神的洗礼、灵魂的浸润。

我阅读《人民教育》，一开始是因为校团委书记的岗位需求，为了查询资料、学习体例等，但一看到它的卷首语，就仿佛进入了某种情境，它的高度、宽度、深度与美度使人欲罢不能。我尤其钟情白宏太老师、余慧娟老师之作，无数次生出"还能这般思考、这般表达"的畅快之感。我曾集中研读过余慧娟老师主持的教学栏目，因此知道了李吉林、窦桂梅、于永正、薛法根等全国名师，惊叹于各学科教学的精深意味，喜爱着余慧娟老师的编者按和编后语，以至于若干年后看到余慧娟老师成了《人民教育》的主编，非常欣喜，想来，我早将她和期刊视为一路陪伴我成长的良师益友。

我在江山中学10年，就这样粗浅读了一些教育类的书籍、文章，其内容包含"教育改革的发展趋势、教育教学的理念与智慧、优秀教师的成长经历、教师生涯的情感体悟"等，这些似乎与体育教学无直接的关联，但当我阅读这些文质兼美的文字时，无形中拓宽了教育的眼界，滋养了教育的情怀，丰富了对教育的认知与体悟。当时未知，而今我庆幸曾有过那样一段不孤单、欣欣然的阅读时光。

（三）阅读导引专业方向

2006年8月，我放弃了江山中学良好的发展机会，调入衢州一中，开始专注于专业发展。当年，正值高中体育课程改革的选项教学全面实施，但是，为何要实施选项教学？操作路径如何？如何精选教学内容？如何排序？如何优化？实施过程中会遇到哪些困难？评价模式是否合理？显然，我懂得还太少。勤于实践但止于实践必然囿于经验。要想描述问题、解释问题，唯一的路径便是寻求理论，而最好的求助对象仍然是期刊和书籍。

研读《中国学校体育》《体育教学》等专业期刊成为我那几年主要的学习方式。虽然期刊文章略显零散，但有着前沿的理论动向和精炼的经验智慧，我从中收获了许多方法论。我在阅读他人文章的基础上，产生了"我也能写出这样的文章"的想法。而一旦动笔写，又惊觉自我的缺失还很多，于是，我老老实实地再去寻资料阅读。如此反复，我终于体悟自己之前多么无知。

2010年起，我终于从碎片式的专业期刊类阅读与经验式、案例式写作，逐渐转向系统的专著类阅读与课题研究。一本翻译而来的《人类动作发展概论》，看得我频频冒冷汗：以身体运动为主的学科教学，动作是内容更是载体，而面对儿童，有多少人想当然地以成人的立场来看待这些发展中的儿童啊。当我研读有五六十万字的佳作《运动技能学习与控制》时，因读了不止一两遍，所以我几乎在书房度过了一个寒假。《儿童发展心理学》《教育心理学》《认知心理学》《脑神经科学与教育》等也逐渐被我纳入阅读范围，大学教材《运动生理学》《运动解剖学》等被我再度翻出。虽然从事着体育教育工作，但我对学生身、心、脑的了解、理解远远不足。正因为有了那一两年的专注阅读，我的课堂教学理念与手段悄然发生了改变。2012年，我设计与执教的课例获得全国一等奖，并被选拔到全国观摩活动中做现场展示，该课作为当年唯一一节高中课例被《体育教学》全文刊登并向全国推广其研究价值。

上好一节课容易，如何上好一个单元、一个学期、一个学段的课？什么知识最有价值呢？这些问题困扰着我。第八次课程改革提出要从"学科中心、教师中心"向"能力中心、学生中心"转变，要实现"教教材"转向"用教材教"。可是，"教教材"指的是什么？"用教材教"指的又是什么？学校体育理论一直将教材、教材内容、教学内容混淆，而这些基本概念的混乱又给体育课程教学带来了怎样的影响？越思考越混乱。为了解决这些问题，我既和同行密切交流，也通过阅读寻找答案。

阅读的开始是一般课程与教学论相关的书籍。我首先找的自然是课程改革设计师钟启泉之作，如《课程的逻辑》《课程与教学论》，而后又寻到施良方之课程理论、教学理论、学习理论，当然，还有王策三、裴娣娜等教育学家的作品，也有毛振明、季浏、于素梅、王家宏等体育名师的著作。我有时为了分辨各专家观点之同异，会同时阅读四五本同类书籍。我边看边摘录，几十万字的记录与各种字体、颜色代表了每次阅读的精华与思考。

一般课程与教学理论的学习，确实弥补、夯实了理论认知，但我在解决学科问题时仍疑惑重重。直到阅读了《语文科课程论基础》一书，我才惊讶地发现，原来学科之间的问题如此类似，而王荣生教授已较为系统地解决了学科问题。偶然的一次跨学科阅读，使我豁然开朗。《辨析体育与健康课程若干基本概念及相互关系——从落实义务教育〈体育与健康课程标准〉（2011 年版）的角度分析》一文顺利发表，并成为后来研制《浙江省义务教育体育与健康课程指导纲要》（本指导纲要由省教研室组织编著，省教研员任主编，本人任副主编）的重要理论依据。后来，《听王荣生教授评课》《语感论》等书也被我捧回家。

夜深人静时，我有时也会自嘲：一介体育教师，何须这般为难自己。但我每次看到书本里那些动人的文字时，求知求索的欲望就会使我读下去。而为了弄懂书中的某些理论，我又不得不再找其他书进行延伸阅读，终于领悟到巴比达说的：“每个有知识的人，应该在自己的一生中，好好读上 8～10 本书。究竟该读哪些书？若想了解这点，那至少得读上 15 000 本才行。”看来，我的读书路才刚刚起步。但即便刚起步，也足以让我感受到阅读所带来的专业提升。比如，重拾田径业余训练，令我欣慰的是，学生的进步幅度已远胜我若干年前的教学成果，这是我多年来坚持阅读与思考的结果。再比如，近 10 年来，我所发表的论文篇幅基本在六七千字，我先后获得过浙江省、全国论文评比一等奖。我所主持的“教学内容构建”“球类课堂教学模型”等课题先后被列为浙江省教科规划课题、浙江省教研课题等，获得衢州市教科成果一等奖、衢州市基础教育教学成果一等奖、浙江省教科成果二等奖等；主持的“运动技能教学质量评价”课题被列为浙江省教研重点课题并被评为省教研成果二等奖；参与并执笔的《浙江省义务教育体育课程建设与实施》获得浙江省基础教育教学成果一等奖，《义务教育体育与健康课程建设的实践》获教育部国家级教学成果二等奖。

（四）阅读促进思想成熟

似乎是在不知不觉中，也没有特别的转折点，我的阅读又有了新的方向。比如柏拉图的《理想国》、怀特海的《教育的目的》、斯宾塞尔的《教育论》、联合国教科文组织总部中文科的《教育——财富蕴藏其中》，又比如威金斯的《追求理解的教学设计》、H. 林恩·艾里克森的《概念为本的课程与教学》、刘徽的《大概念教学》等，还有华东师范大学出版社、人民邮电出版社、中国轻工业出版社的翻译新作。我开始阅读《课程教材教法》《教育研究》《体育与科学》等更高阶的期刊。用"如饥似渴"描述毫不为过，我常常一坐就是数小时。作为体育人，有时我在面对继续阅读还是出去运动的选择时，还是会选择前者，这是因为精神与认知层面牢牢占据着上风，似乎是我本能的求知欲在这一时期达到了高峰。

为何有阅读体验感的高峰？我想应该是在时代变革背景下，课程改革所带来的众多理论、观念、概念、模式、范式等，与我当下所积累的教育认知、所处的教学场景有高度契合之处，这些好书满足了我对"好教育""好课堂"的渴望。也就是说，这些好书说出了我隐默的认知，解开了我对现象的困惑，提高了我对课程、教材、教学、学生的洞察力，也丰富了我的教育话语体系。于是，一本本、一页页，我读得兴致勃勃、欲罢不能。

比如，我在 2015 年读《学习的快乐——走向对话》时，在 2020 年初读《追求理解的教学设计》时，都产生了"悸动"的感觉，书上密密麻麻的记录是我当时活跃的思维的见证。意义、理解、建构、对话、共同体、以终为始、评价量规、大概念等一系列关键词冲击着大脑，思维的边界被突破，对意义的认知在觉醒中走向深刻。有了一些积累后，我再读钟启泉等课程改革设计师的著作，再读新版的课程方案与课程标准，也就有了"原来出自这里""原来是这样的"的觉知感，逐渐理解课程改革一系列理念模式背后的缘由、依据，看到现象背后的起源与解释。似乎，一张属于自我的认知网也在大脑中生长连接而成，变得更加密集、更有系统感。

带给我同样阅读感受的书还有很多。我在衢州一中任职时，一直想策划一个学校关于应对高中课程改革的课题。而我的思路就在研读杜威的《我们如何思维》一书时，逐渐明晰进而快速形成了课题框架。在学校领导的帮助下，该课题被列为市级重点课题、省级教研课题。也因为此课题，我才有更多的机会与语文、历史、地理、生物、物理等学科的教师深度对话。虽然我的学科知识储备不足，但因为系统性阅读的积累，使我对学科共性、变革方式有了较准确的把握。对要培养什么样的学生、如何培养学生等更深层次问题的理解也更清晰与成熟。

系统的阅读与扎实的实践相辅相成，正因为一路上"读、思、行、达（表达）"

的结合，我进一步增强了专业底气、发展了专业自信。这一阶段，深入分析课堂与教学变革的文章在增加，我成为杂志社的约稿对象，人教社教材培训专家，浙教版课程指导纲要与配套用书的主要宣讲者、指导者。也正因为这些积累，当我在 2021 年 8 月底转到教研员岗位时，"衢州市 2021—2025 年中小学体育教研工作思路""衢州市中小学体育课改研修团队五年培养方案""'双减'背景下衢州市中小学体育教学改进意见"等一系列顶层设计在出炉，一系列主题教研在推进，一系列有区域标识的成果在推出。"焕然一新""进步显著"是市内外对衢州市中小学体育团队的褒奖。而我深知，要带领一群人进步，不能只依靠我个人努力。以己达人——我带团队成长的故事也从阅读开始。

（五）阅读带领团队成长

2021 年 9 月 27 日，是我转到教研员岗位一个月之际，也是"衢州市中小学体育课改研修团队"正式成立之日。如何带好这支骨干队伍，如何让这支骨干队伍快速成长进而让他们辐射、引领更多教师发展——一切从"输入与输出"开始。团队在五年内有"十大研修内容""八个考核任务"，其中，每周分享（主题自定，侧重于教学实践思考与学习启发类）、每月论坛（以大单元实践与读书分享为主，利用晚上在线上举行）是常规之事。每周分享与每周论坛都是硬性要求的"输出"，要提高输出质量，必然涉及输入什么、如何输入、如何让"肚里有货、口里有词"。首先要解决认知问题、方法问题。第一学期，必读书目为《认知觉醒》，推荐阅读书目为《如何阅读一本书》等。从第二学期开始，要求阅读专业书籍，比如《面向学习的体育教学》《运动技能学习与控制》《追求理解的教学设计》《大概念教学》《让学生创造着长大》等，这些都是基于我的经验，旨在将教师的阅读快速拉入"课程"领域。我试图通过阅读，让教师从教学意识转向课程意识、从经验转向观念、从方法转向理念。论坛也因内容容量而设计为半月一次、一月一次不等。两年多以来，教师们的每周分享至 2023 年 11 月底已达 90 次，总字数超 400 万。读书论坛累计 17 期，分享人次超 100。

洪松正老师说："每周分享初期是任务性的，迫于压力不得不写，这持续了大概一学期的时间；中期是适应性的，写慢慢成为一种习惯；现在是享受性的，开始追求写作质量，难度在加大，需要多阅读、多实践。"徐杨杨老师说："加入衢州课改团队以来，我最大的改变是喜欢读书了，而且还影响了孩子。在我孩子的家长会上，老师让孩子给父母打分，我的孩子在'你的父母有没有经常阅读'这个问题上打了满分。"金琼琼、桂玲等老师一年的阅读量超过 10 本。出差、开会时带上一本书已成为许多老师的习惯……而我作为团队导师，也一直要求自己"下场指导"，并"及时反馈"，以激励老师们，践行"无反馈难成长""在反馈中彼此激发、彼此成就"。

两年多来，团队的进步是明显的。比如团队参加浙江省教学活动评审，历史性地拿到三个一等奖；团队参加省学科论文评比，获奖等级与数量均明显提升，获奖率历史性地达到 80%；龚瑞瑾等 7 位老师的课例被省教研室收录在省"天天公开课"；桂玲老师的课例被选为浙江省"新课标·新实践"初中唯一一节优秀示范课；章路平等 6 位老师的精品课获得部级优课；周慧夏老师两次参加全国性的课堂教学展示；王龙等 20 多位老师在市内外开设专题讲座；徐杨杨等 10 多位老师参与多种教材编写；徐贞华等老师的近 30 篇关于大单元、课堂转型实践等的文章发表在《体育教学》《中国学校体育》上；《衢州教育》推出 9 期专题，稿件涉及 70 多人次；江月蓉老师晋升为正高级教师、余雁老师被选拔为县综合实践教研员、徐志红老师晋升为市名师，还有多位老师被评为市教坛新秀、县区名师等。当然，这些都是外在的物化成果，更令人喜悦的是，骨干教师整体性的课程与教学设计能力在提升，课堂教学质量在提高，深度参与县域教研、教学评审、培训指导等的机会在增多，他们如预期一样，正快速成为县市区教研员的得力助手、学科引领骨干。

（六）阅读提升生命觉知

"教育力"一词常被提及，但其匮乏也是我们必须面对的：一是教师教育思想的匮乏，即许多教师并未有自觉的教育主张，更别说教育思想了；二是教师教育语言的匮乏，似乎今日所言亦昨日所述，诸如教育过程中常需要的讲故事、比喻、对比、引经据典等手法，用之不多不深，缺乏感染力；三是教师教育热情的匮乏，学习欲望、自我提升欲望、与学生深入交流欲望不强。想要解决教师"教育力"匮乏的问题，阅读就是办法之一。教师只有开始读了，才可能遇上令他（她）怦然心动的作品，从而持续读下去。白岩松在河南大学作《我们为什么要读书》

的演讲时，提到在每个年龄段都有代表性的作品引领自己走向新境地。听到这场演讲的时候，我正一头扎在孔孟之道中，听完白岩松对"上善若水""天长地久"的诠释，遂有醍醐灌顶之快意，随即找到之前望而却步的《老子》一书。当我一次次读到原来耳熟能详却未必懂得其深意的话语时，才真正领悟为何世人将其称为"老子的智慧"。阅读，需要觉醒，亦需要被引领。

我是到中年时开始读《大学》《学记》《孟子》《老子》等国学经典的。我在2020年写下《多读经典、不负师名——读国学经典若干浅悟》一文，后该文被刊发在"学习强国"浙江学习平台阳光校园之"新·师说"栏目首篇。文章按照"多读国学经典，不负教育之传承；多读国学经典，增益教育之智慧；多读国学经典，敦厚人生之修为；多读国学经典，融身家国之发展"四部分展开。这篇文章是我当时集中读多部国学经典后的自然之作。文中曾论："为师者，贵在以己之人格及学识魅力，予学生以成长的榜样者、激励者、引导者，予社会国家以道德的先行者、文化的传播者、发展的推动者。倘若一教师只囿于学科知识的传授，只满足于学业水平的进步，于学生的精神世界、道德情怀、价值诉求、智慧生发等极少关心，或是鲜有能力予以感化，此谓'只见知识不见德性''只求知识不见智慧'，如此生态既是教育之悲哀，亦是国家社会之损失。教育内部不断变革，试图革其弊病，以振使命。如立德树人之下核心素养体系的构建，确实进一步明确了育人的方向和路径，但美好的设想需要人力的实施，若没有教师理念的真正改变，没有教师教育力的真正提升，诸如'两张皮'现象依旧难以改变。而改变与提升之必要最快捷最有效的路径，当在诱使教师多读书，多读教科书及学科以外的书，多读经典之书。

亲近国学经典，有强大的治愈功能。隔着千年，我们竟然还有幸聆听最伟大的圣贤之声。这之间历经多少磨难，恐我等难以想象。或从中唐时期王冰为《黄帝内经素问》所撰的序里可见一斑：'幸遇真经，式为龟镜。而世本纰漏，篇目重叠，前后不伦，文义悬隔，施行不易，披会亦难，岁月既淹，袭以成弊。或一篇重出，而别立二名；或两论并吞，而都为一目；或问答未已，别树篇题……'呜呼，捧读这一代代传承下来的字迹，岂能不生发敬畏感佩之心，进而端正仪态，体悟教诲，如化己身。

如此种种，皆为先贤圣人之大成智慧，亲近之、学习之，于心灵是洗涤，于思想是升华。静以修身，静而有定，定而生慧，既是自觉抵御纷扰的外部信息，敏锐捕捉教育的方向和契机，亦是温润己身心，从容于这纷纷世界。以求'苟日新，日日新，又日新'，继而'立德、立功、立言'，不辱教育之本务，不负振兴之使命矣！"

30多年的阅读史，也是我的成长史。我从本能的兴趣阅读起步，到江山中学10年因着榜样、文化的熏陶，逐渐亲近了教育类阅读；在衢州一中的十五年，也是我走向专业成熟的阶段，阅读经历了"为解决现实困惑的问题化阅读—为寻找更本源理论的研究性阅读—为提升精神底蕴的文哲经典类阅读"；步入教研员岗位后，我开始着力于通过阅读的力量带领团队快速成长。当然，在这整个过程中，文质兼美的作品一直滋养着我，比如王国维的《人间词话》、李清照的词，还有蔡元培、冰心、余光中、傅佩荣等的作品，我都十分喜爱。读得多了，自然对"输出"的要求也高了，"朴素的力量""简洁中体现思想"便是我的追求。我在读书的过程中也确实体会到了王国维所说的三重境界：昨夜西风凋碧树，独上高楼，望尽天涯路——初期的迷茫与寻找方向的过程；衣带渐宽终不悔，为伊消得人憔悴——一头扎进专业化阅读，逐渐加深对知识的理解与吸收；众里寻他千百度，蓦然回首，那人却在灯火阑珊处——广泛系统阅读后的豁然开朗与融会贯通。然而，一切无止境。教育的觉知便在这三重境界中逐渐走向生命自觉，循环反复，不亦乐乎！

自白

我的教育理念： 教育是引领人创造幸福并能享受幸福的事业。

我的教学主张： 遵循规律，实现知、趣、能融合，促进全人发展。

对我影响最深的一个人： 黄昌明，他的身上有坚持学习的热情、坚持锻炼的毅力、永远乐观的精神、包容开放的态度、乐于助人的品质。他年近80仍能手倒立行走，仍能杠上倒立，仍坚持读书、读报、做摘记。他曾是全国中小学教材审查委员会委员、享受国务院政府特殊津贴的专家、浙江省体育特级教师、江山中学副校长。

我心目中理想的体育教师是什么样的： 有运动员的气质、有读书人的品质。

我心目中理想的学生是什么样的： 身姿挺拔、眼睛明亮、浑身有劲、笑声爽朗。

我上过最满意的一节体育课： 没有最满意的课。

我写过最满意的教学论文： 《辨析体育与健康课程若干基本概念及相互关系——从落实义务教育〈体育与健康课程标准〉（2011 年版）的角度分析》。

我在教学中遇到了哪些挫折和困难： 技战术的精准理解与把握，以及有效方法的使用。

我是如何战胜这些挫折和困难的： 读专业书籍、看专业比赛、与专业人士沟通交流。

我取得优秀成果的主要经验和体会： 读、思、行、达的深度融合与循环往复。

自我评价性格特点： 安静与活跃的结合体。

我的业余爱好： 读书、拍照。

我想对年轻体育教师说的话： 你首先是教师，其次才是体育教师。

　　坚持长期主义，扬长补短，因为短板往往决定着你最终的高度。

以体育人铸师魂　深耕教研绽芳华

——安徽省合肥市体育名师李亚琼的体育教学特色

🎓 名师档案

李亚琼，中共党员，安徽省合肥市少儿艺术学校教育集团站塘校区副校长，高级教师，安徽省特级教师，安徽师范大学硕士研究生导师、合肥师范学院"国培计划"专家。安徽省优秀教师，合肥市专业技术拔尖人才，合肥市学科带头人，合肥市小学体育教师培训基地领衔名师，合肥市李亚琼教育名师工作室领衔人，瑶海区李亚琼名师工作室主持人。2010年10月"手倒立"一课获全国第二十三届"十城市"体育教学录像课评比一等奖；2011年9月"仰卧推起成'桥'"一课获全国第二十四届"十城市"体育教学现场课评比一等奖；2012年10月"仰卧推起成'桥'"一课获全国第五届中小学体育教学观摩展示活动评比一等奖。2021年11月受邀参加全国第八届创新年会教学课例展示及讲座；2022年8月作为主要成员参与《安徽省义务教育体育与健康学科教学指导意见》（2022年颁布）的研制工作；2022年12月受人民教育出版社邀请开设"基本运动技能教学策略与评析"网络讲座；参与教育科学出版社《体育与健康基本运动技能教师用书》《体育与健康体操类运动教师用书》2本书的编写；参与国家标准《体操课程学生运动能力测评规范》起草；主持并参与多项国家、省、市级课题研究，多篇论文在国家级刊物上发表，近年来出版专著及参与教材编写十余本。

一、教学、教研特色

（一）坚持体智并重，开创"幸福体育"特色

合肥市少儿艺术学校自创办以来，始终秉承"艺智相融，激趣至新"的办学理念，弘扬"艺美"文化，落地"美健、美德、美智、美艺、美创、美劳"六美课程。合肥市少儿艺术学校站塘校区是一所办学只有五年的学校，五年来以"高质量党建引领教育高质量发展"为主线，学校着力德育铸魂、智育固本、体育强健、美育浸润、劳育淬炼，五育融合，体育筑基。目前，站塘校区是全国首批体育课程一体化试点校、安徽省体育教研基地校。我作为站塘校区的教学副校长，在集团校领导的大力支持下，带领体育组潜心研究、认真教研，坚持体育与智育并重，积极开创"幸福体育"特色发展之路。

（1）构建"美健"育人体系。学校坚持"健康第一，以体育人"的教育理念，以"系统观念""项目为王"和"效果导向"为教研思路，以基本运动技能为抓手，以体操技巧项目为学校体育特色，全面构建了学校体育课程体系，以"1+特+X"的体育课程设置，推进学校体育工作的开展，以体育特色为引擎带动学校整体工作的发展。

（2）探寻"美健"育人路径。学校将体育活动与学校体操课程、运动技能课程、选修课程、社团课程、个性化课程相结合，切实深入研究推进课程改革，精心打造学校体艺特色，梳理出"四步运行"长效机制模式，促进学校体育向常态型、特色型和文化型方向发展。

（3）培养"美健"科学的健康观。学校以服务学生全面发展、增强综合素质为目标，不断健全和完善体育特色工作体系，提高体育教育教学的针对性和实效性。学校构建以学生为主体的自我管理、自我锻炼、自我教育、自我发展体系，帮助学生掌握一至多项运动技能，引导学生树立科学的健康观。学校实施以美润人、以健达人、以体育人的体教融合模式，让学生的成长与体艺完美结合，迎接幸福精彩的人生。

（二）聚焦课堂，提高能力；研究课题，提升水平

我深知优秀的教师队伍必然是从高质量的教研活动中走出来的，因此我倡导

以读书学习、激发唤醒来引领教师们立足教研。体育组常规的教研备课活动每周一次，固定的区级教研活动全员参与，市级的教研交流展示观摩活动教师们更不会错过。体育组日常教研活动频次高、质量优，教师们可以精进教学技能，提高教学水平。课堂是教师的主阵地，任何一名教师的成长都离不开课堂教学的磨炼。因此，我依托名师工作室，开展以课堂教学为抓手的教研活动，助力体育组教师专业成长。我要求每位教师上好每一节课，通过每月的"三有行动"，即有主题教研、有现场教学、有沙龙研讨，让每位教师都有机会上教研课，亲身体验并产生新的动力。例如，我以"情景化教学""基本运动技能""专项运动技能""专项体能"等为主题开展微讲座和教学研磨活动，让教师们从学习目标、教学重难点、教法学法、运动负荷、教学创新五个维度现场进行研课议课，我再从思考与研究的角度作提炼性、指导性的总结。通过上课—听课—评课—研讨—反思—再实践的形式，聚焦课标，立足教材，聚焦课堂，立足学生，让每位教师都能吸纳亮点、反思不足，在不断进步中为转化而学、为转变而思、为提升而教。根据"学、练、赛、评"一体化理念，目前学校已逐步形成"体育课学技能—大课间练技能—运动会展技能"的体育学习机制，让学生在学和练的过程中享受乐趣、强健体魄，在赛和评的过程中锤炼意志、健全人格。

为了提升教师的教科研能力，我带领体育组申报省级体操课题"基于翻转课堂的小学体育体操类活动教学模式的实证研究"，课题组教师们撰写并发表课题论文6篇，我本人出版专著《微课＋翻转：小学体育与健康课程教学新模式》，带领团队参与教育科学出版社《体育与健康基本运动技能教师用书》《体育与健康体操类运动教师用书》等国编教材的编写。

（三）体育课程系统化，特色彰显见成效

我知道课堂、课题、课程是教师专业成长路上要迈的"三大坎"。为推动教师由"经验型"向"研究型"转变，全面提高学校体育教育教学质量，我组织体育组以优化课程载体，聚焦课堂核心，深化课题引领为目标，实施"三课"联动，让课程落实有方向，课堂落地提质量，课题落细促成长，纵深推进学校体育课程改革。目前，我校体育课堂教学发生了从量到质的变化，体育教研成为常态，教学效果进一步提升。

学校体育组在省教研员的指导下已进行了近三年的基本运动技能学习和研究，制定出了水平一基本运动技能教学的学年目标、学期目标、单元目标以及课时目标。2022 年 6 月，学校体育组录制的基本运动技能展示活动视频，已上报国家云平台。2022 年 12 月 14 日，我也有幸与省教研员一起应邀参加人民教育出版社云端教研讲座"基本运动技能教学策略及评析"，向全国体育教师展示了少艺站塘校区"基本运动技能"的研究成果及教学课例。

我校水平二、水平三专项技能教学是以体操项目为主的特色课程，目前，体操支撑、平衡、攀爬、滚翻的大单元教学设计也已全部完成并在推进实施，而且取得了较好的教学效果。2021 年 11 月我应邀参加第八届中国教育创新年会"小学课程周"主题峰会，展示了体操教学水平二"技巧组合与游戏"课例，开设的讲座"大单元设计中体操动作进阶的构建"，得到全国专家的高度赞誉。2022 年 6 月底，体育组金甫老师作为合肥市体育教师培训基地的种子教师，"送培送教"到肥西县，展示水平一基本运动技能"单脚跳与游戏"一课，受到好评。2022 年 12 月体育组撰写的《体操单元作业设计》荣获全省首届中小学作业设计一等奖；2023 年 5 月体育组制作的微课"技巧：仰卧推起成'桥'"荣获合肥市一等奖；2023 年体操特色大课间活动荣获合肥市大课间评比一等奖。2023 年，体育组多次承接"国培"任务，全体学生进行基本运动技能及体操专项技能的展示，多名体育教师进行基本运动技能和体操技巧课的展示，这些都得到了专家和培训教师的高度赞誉。

（四）运动技能专精研，以体育人展风貌

课程改革带来新的机遇，我抓住机遇带领体育组大胆进行教学改革，做好以体育人的特色课程顶层设计，将体育活动与学校体操课程、运动技能课程、选修课程、社团课程、个性化课程相结合，一至六年级，12 个学期递进式设计，覆盖全员、全学段，发挥课程优势、资源优势、场地优势为学生搭建幸福体育平台，将体育课程与核心素养紧密结合，促进学校体育向常态型、特色型和文化型方向发展。

为了让学生有更多机会展示自我、体验成功，我校每年都组织开展"体育节"系列活动评比，比赛项目多样——不仅有大课间活动中的队列队形、啦啦操、跑

操比赛，还有自主活动比赛，各班自主活动比赛充实有趣、风格迥异，有滚翻、平衡、支撑、攀爬、篮球、足球、竹竿舞、花样皮筋、趣味呼啦圈、轮滑、滑板等比赛。学校还组织开展全员运动会，包含"三跳"跳绳、花样跳绳比赛，少艺体操锦标赛等，这些比赛既有不同运动项目的区别，又有运动能力的递进。每一项比赛都彰显了少儿艺术学校学子们朝气蓬勃、奋发向上的精神面貌；学生们在各级各类比赛中也不负众望，总能取得骄人的成绩，学校的大课间体育活动荣获合肥市一等奖，学校田径队连续五年获得瑶海区中小学生运动会团体总分第一名，学生们在啦啦操、射击、足球等项目的省市级比赛中争金夺银。我校的学生喜欢上体育课，在体育课堂上收获了快乐；经过各类活动和体育比赛的洗礼，学生收获了自尊、自信和自强。体育不仅增强了学生体质，更达到了立德树人的目的。

（五）培养骨干甘做人梯，引领辐射共同发展

"学高为师，身正为范。"作为安徽省特级教师、合肥市专业技术拔尖人才，帮助青年教师成长是我的责任。为此，我申报了合肥市李亚琼教育名师工作室领衔人、瑶海区李亚琼名师工作室主持人，不仅带领学校体育组走专业发展之路，还带领市区青年教师开展各级各类教研活动，帮助年轻教师实现专业化成长。

心中有梦，脚下才会有路。名师工作室成立以来，我组织开展并参加教研活动107次，其中参与合肥市小学体育教师基地研修活动45次。名师工作室通过名家、名师从课程、课堂、教法、学法等方面的培训分享，引领成员对自身现状进行客观分析，结合实际需求，调整个人发展规划。在领导和专家的引领下，成员们刻苦努力，取得了140项优异的成绩。其中张芳、吴海波、谢小妹、汪艳萍、凌宏金、金甫等16名成员获评合肥市第四批、第五批小学体育学科带头人及骨干教师；郏娟、王忠群等5名成员被评为"瑶海名师"；李尔敏、杨建、王忠群、李婷、张芳、骆超6名成员获得省、市、区"教坛新星"称号；张芳成功申报合肥市名师工作室主持人；凌宏金、汪艳萍、仇洋洋、王忠群、杨建等成员录制省平台课例6节；金甫、范运恒在全国第十三届新媒体新技术课例比赛中获奖；在第四届全国学校体育优秀教育教学案例征集活动中，工作室6名成员获奖，工作室荣获"优秀组织奖"；在优质课评比中，成员们积极准备，通过层层选拔，5名成员荣获市、区级一等奖，其中李尔敏的课获得安徽省优质课一等奖、全国第九届中小学体育健康课教学观摩展示活动一等奖，李尔敏于 2023 年 9 月代表安徽省在重庆市进行现场展示。2024 年 6 月，在云南昆明举办的"中国教育学会体育与卫生分会基础教育体育与健康课程改革成果展示活动"上，我指导的马哲峰老师展示的《体操大单元 12 课时手倒立》一课，获得现场课一等奖，方竹君老师报送的录像课获得大会一等奖。2024 年 10 月，轩广晶、张俊、马哲峰、方竹君四位老师的体育课被评为全国第一批大中小学幸福体育常态课"示范课例"。

在中国教育科学研究院体育美育教育研究所副所长于素梅主持的全国课题"大中小（幼）一体化体育课程体系建设"教学研究成果中，工作室入选《儿童青少年家庭体育锻炼精准指导》等案例 19 篇，并按照要求进行了录制和拍照，上报视频 5 个、照片 216 张；入选"武术教案与课例集"等课例 14 篇。一分耕耘，一分收获。成员们在这样的学习奋进型的大家庭中迅速地成长起来。在基本功比赛、录像课、微课、教学案例等各级各类教学评比中均能看见工作室成员的身影，目前已有多名成员在国家、省、市级教学评比中获奖。2022 年 10 月 15 日，我应邀作为嘉宾参加《中国学校体育》杂志"草根争鸣"栏目总第 162 期"结构化教学的实施策略"话题研讨活动，与全国专家和一线教师线上交流答疑，全国各地 30 多个省市 1000 余人参与了话题研讨活动。2023 年 8 月 26 日，李亚琼名师工作室主持《体育教学》杂志 2023 年第 9 期主题为"聚焦'乐、动、会'践行幸福体育课堂"的一体化专题研讨活动，全国参与活动的名师工作室有 23 个，参与活动的体育教师有 1856 人，活动达到了预期效果，收到了诸多好评。

此外，我在担任合肥市小学体育教师培训基地领衔名师期间，和基地团队的专家们遵循骨干教师成长规律，设计了合肥市小学体育种子教师培训研修方案，构建了优质、高效、开放的培训平台。我们多次邀请于素梅、耿培新、陈雁飞、吴桥、余立峰、孟文砚、牛晓等多位专家为合肥市小学体育种子教师授课。我们不仅仰望星空，更注重脚踏实地，我们邀请了重庆市向宏钊等名师为合肥市小学体育种子教师上现场课，让教师们知道名家、名师是我们的星空，站稳课堂才是我们的根本。目前我们已组织种子教师培训近 40 场次，已培训近 1600人次；指导青年教师"送培送教"近 30 节课；工作室领衔人和成员及基地团队的专家们在安徽师范大学、原合肥学院、合肥师范学院、淮北师范大学等高校及省内各地市开设讲座 60 余场，起到了很好的引领辐射作用。

二、以体育人案例

用"爱"铺筑学生成长之路。没有爱就没有教育，我爱运动场上嬉戏的学生，我喜欢捕捉他们身上的闪光点，并以此激励他们，在我的眼里没有差生，我公平地对待每一名学生，时刻关爱、关心他们，用真情、真心、真诚教育和影响他们。

我喜欢和学生们做朋友，我尊重他们也得到了他们的敬重和喜欢。记得在一次区教育局组织的教工运动会上，我不慎在百米冲刺中摔倒，左踝关节严重扭伤，每走一步都疼痛难忍。那天还要上四年级的体育课，想到学生们期盼的眼神，我就坚持一步一步挪向操场。我刚到操场边，就被眼前的景象惊呆了：操场上，学生们排列成整齐的队伍，就像等候着首长检阅似的，眼睛齐刷刷地盯着我。这时三名男生向我跑来，一把扶着我说："李老师我来扶着您。""李老师我们都在等着您呢。""李老师我们一定好好上课，再也不惹您生气了。"一股暖流涌上心头。当我被搀扶到队伍面前时，全班学生一声震天动地的"老师好"，再次让我感受到了温暖。在那天的课上，学生们都表现得非常好。

教学中，我在教授技能的同时更注重学生身心健康的发展。从教多年，有一名学生让我印象颇深。那是 2014 年的一个新学期，我刚开始带三年级的一个班。在一节仰卧起坐练习课上，一个偏胖的学生一个也做不了，当计数的学生报出"0"的时候，学生哄堂大笑，当时那名学生的表情至今我仍记忆犹新：害羞、恐惧、厌恶、愤怒……后来的几节体育课，他总以生病为由在旁见习，再后来干脆不来了。我甚是着急，思考着让他重回课堂的良策，我给他的妈妈打电话了解情况，找他谈心，找同学帮助他，最后，我为他量身定制了"体育成绩记录表"，让他把每一次练习仰卧起坐的成绩记录下来，和他一起商讨并定了 30 个的目标。在我和同学们的鼓励下，他按时上课，并慢慢地进步了，"3 个、5 个、10 个……"，他一有进步，我就会在全班学生面前表扬他，并及时反馈给他的妈妈，同时让他的妈妈晚上带着他按照我的方法练习体能，学期末，这名学生轻松地达到了 30 个的目标，全体学生经久不息的掌声，他灿烂自信的笑容，和谐美好的画面，那一刻至今想来仍回味无穷。我想，学生经过汗水、痛苦后体验到的喜悦，体现了超越自我的体育精神；那些热烈掌声是肯定和鼓励，这件事也将成为那名学生终生难忘的记忆。

　　为上好课，我除了深研教材，还特别关注学情，了解学生的兴趣和需求以及他们学习新知识、新技能时可能会遇到的困难，及时反思并采取相应的教学策略，注重教法、学法及课堂组织教学，每一节课都合理安排让学生得到全方位的锻炼。在低学段教学中，我安排各种游戏激发学生上体育课的兴趣，培养学生的规则意识；在中学段教学中，我将教材内容融入游戏，潜移默化地训练学生的动作技能；在高学段教学中，我以提高学生运动能力及体能、技能水平为目标进行教学。在备课时，我一定先备场地，再备器材，然后活用场地器材来备教材，并带学生做准备，始终"以生为本"，巧妙精准地运用学生喜爱的教学方法，激发学生的学习兴趣。我知道，培养学生的体育素养是一个漫长的过程，需要让学生在每一节常态课中真真实实地去感受和学习，我深知每一节常态课的重要性，因此多年前我就给自己立下一条规矩——要认真上好每一节体育课，把每一节常态课都当作公开课来上。记得在 2021 年 12 月的一天上午，我正在体育馆上课，一群人拎着包走进了体育馆，有坐下来认真听课记录的，有拿着手机拍照的，还有全程给我录像的，我虽然很诧异，但依然按照原计划把课上完了。下课后我一问才知道，他们是参加省国培班的全省中学体育骨干教师，本来应该到我们学校的中学部去听课，结果跑错了场地误入了我的课堂，那天有部分教师连续听了我四节体育课，上午两节、下午两节。常态教学是教育的回归，更是教师的自我超越，希望我的课堂能让学生成为真正站在课堂正中央的"主人"。

　　天道酬勤，有耕耘必有收获，凭着扎实的工作作风、严谨的治学态度和对体育教育教学的热爱，我"趣、实、活、新"的教学风格，也深受学生的喜爱。我的体育课堂成了学生们学习的乐园，在这里，学生们不仅学会了运动技能，提高了身体素质，还学会了求知、共处、创新与合作。

三、教学亮点

　　注：此教学设计获全国第五届中小学体育教学观摩展示活动评比一等奖。

仰卧推起成"桥"（水平二）教学设计

一、指导思想

本课以《义务教育体育与健康课程标准（2022年版）》为依据，全面贯彻党的教育方针，落实立德树人根本任务，坚持"健康第一，以体育人"教育理念，以发展学生核心素养为引领，重视育体与育心、体育与健康教育相融合。本课面向全体学生，落实"教会、勤练、常赛"要求，注重"学、练、赛"一体化教学，遵循学生运动技能形成及身心发展规律设计教学内容，体现保证基础、重视多样、关注融合、强调运用等理念，创设丰富多彩、生动有趣的教学情境，激发学生的学习热情，帮助学生理解和掌握知识与技能，提高学生解决体育与健康实际问题的综合能力，引导学生形成健康与安全的意识及良好的生活方式，促进学生身心健康、体魄强健、全面发展。

二、教材分析

"仰卧推起成'桥'"为2012年人教版小学体育（水平二）技巧平衡类教学内容，教学目的是让学生体会身体倒置的体位和运动感觉，发展学生的前庭分析器，提高学生保持身体平衡的能力，增强学生的腕、臂、肩带和腰腹的柔韧性和力量。要想完成"仰卧推起成'桥'"动作，学生不仅需要有一定的腰肩柔韧性和身体平衡能力，需要良好的手臂和腿部蹬撑力量及良好的空间感，还要克服身体的种种不适、紧张等障碍，教学具有一定的难度和挑战性。针对"仰卧推起成'桥'"动作内容的层次性，教师可以通过"多元递进、分层施教"的教学法巧妙设计，激发学生的参与意识，让他们通过自己的努力和群体的帮助，有效解决技能问题，提高体育能力，增强意志品质，感受合作学习的乐趣。

三、学情分析

本课针对的是小学四年级学生，该年级的学生组织纪律性较强，参与运动的积极性高，想象力丰富，学习兴趣易于激发，乐于向同伴展示。因此，在教学中，我采用了新型的教学器材——瑜伽健身球，以激发学生学习兴趣，让学生建立动作表象，在玩中体验、在玩中感悟、在玩中创造，始终保持学习兴趣。我在授课时通过一系列辅助练习为教授"仰卧推起成'桥'"动作做好了铺垫，帮助学生克服心理恐惧，引导学生循序渐进地完成动作，树立完成动作的信心。本课为第二课时，教师在教学安排过程中可根据学生的能力酌情将第二课时和第三课时合为一个课时。

四、教学设计

本课以"桥"为一条主线。首先在场地设计上用 40 块垫子摆成一个"拱桥"，让学生能形象直观地理解"桥"，并结合学生年龄特点以情景教学方式把学生带入课堂，用丝路花雨的音乐贯穿全课，使地方特色与课堂教学有机结合，达到了人文与自然的和谐呈现。教学中学生以"小小设计师"的身份进入热身活动，教师再利用色彩丰富的瑜伽健身球，激发学生上课的热情，让学生带着愉悦的心情进行诱导练习游戏"背向传球"（先站立背向传球，再跪垫背向传球），其作用是解决主教材的抬头、挺胸、直臂及挺髋的技术动作难题。本课巧妙地把诱导性练习融入垫上运动，不仅激发了学生学习兴趣，让学生体会手腕、颈部、腰腹部、腿部等部位反方向拉伸的感觉，还充分调动了学生学习的主动性，让学生为学习主教材做好心理准备，为学习运动技能打好基础。

让学生在自主玩球中引出"成'桥'"的动作，教师抓住契机适时点拨让学生建立"仰卧推起成'桥'"的动作表象，及时设疑："桥"怎样才坚固？让学生在练习中发现问题，在相互对比、小组讨论中悟出要领、理解道理，让学生通过小组协作和个人练习相结合的学习方法，解决问题，得出结论"'桥墩'要坚固，'桥身'成拱形"。

本课重点是推手、蹬地、挺髋，三点同时用力；难点是确立支撑点，抬头顶腰。因此，在主教材教学中，我将"仰卧推起成'桥'"分解为三部分来教授，首先重点教授第一部分"预备"动作：仰卧、收腿、翻手上肩、蹬地、挺髋的练习；其次教授第二部分"推起"动作：两脚内侧用力蹬地，挺髋、伸膝，同时两臂用力推垫，抬头挺胸，直至两腿蹬直，两臂推直——成"桥"；最后教授第三部分，让学生体会成"桥"后如何让"桥墩"更坚固，"桥身"成拱形，强调仅仅"挺髋"重心就会后移，导致手用不上力，让学生对"支撑有力，抬头顶腰、重心前移"有更深入的理解，从而更准确地把握技术动作。教学中我用小游戏"我是小小千斤顶"解决推手问题，用贴画"小笑脸"突破抬头的难点，充分利用组长和优生的作用协助我完成讲解示范和保护与帮助，在教学中采用编号的形式安全有序地进行展示，呈现"桥"的雄伟与壮观。我通过创想练习、尝试练习、学导练习、目标练习、自主练习、探究练习等环节,使学生逐渐掌握动作。

我在拓展游戏环节发挥组长的管理潜能,让学生利用现有的器材及所学的技术动作设计各种形状的"桥",创设求异的教学情景,通过小组的展示,拓展学生思维,为学生创建一个开放式的学练环境,让学生在玩中体验、在玩中感悟、在玩中创造。

我在放松部分以音乐的鼓点为节拍,引导学生拍打身体的各个部分,这既能让学生掌握鼓点,放松身体,又可以将学生的学习兴趣推向高峰。最后以轻音乐结束,评价总结。学生意犹未尽,对以后的体育课充满期待。

全课合理创设情景调动学生情绪,营造轻松愉悦的教学氛围,有效地激发学生的学习兴趣,引导学生自主参与,合作探究,提高学生自主学习的能力,培养学生的团队意识和合作精神,促进学生身心健康发展。本课突出一个"情"字,达到一个"趣"字,体现一个"主"字,实现一个"培"字。

五、课后反思

此次教学,我感受颇多。教学中我始终作为学生的引导者、组织者、帮助者和激励者,合理使用"情境设疑""启智引导""示范模仿""评价激励"等方法,让学生成为课堂的真正主角来"表现"和"展示"自己。我通过诱导性练习多元递进,技能性教学分层实施,抓住重点,突破难点,引导学生从直观认识到身体感知,从了解动作方法到实践感悟,由浅入深、由易到难地学习与掌握技术动作。本课在促进学生掌握技能和提高体育能力的同时,增强学生自主学习、合作探究的意识。

体育教师的示范永远是课堂上最直观、最能让学生接受的有效方法之一。教学中,我以准确熟练、清晰舒展、连贯流畅、姿态优美的示范动作,激发学生的学习兴趣,学生们当场惊叹:"哇,真厉害!真漂亮!"个个摩拳擦掌、跃跃欲试……学生的学习兴趣得到激发,以极高的兴致投入学习、练习中。小组合作学习的效果也非常好,组长和优等生在组内发挥示范作用,组织进行比赛、评价。学生们在组内交流感受,发现错误及时提出纠正办法,通过评比谁的"小桥"最坚固,共同设法掌握技术动作,提高运动能力。在学生集体展示时,我采用编号的形式安全有序地让每名学生自身成"桥",此时全体学生的队列形成了一座雄伟壮观的"大桥",这种方式颇受学生喜爱,学生自主学习的兴趣也更加浓厚。

我在"拓展游戏"和"体能练习"环节让学生充分发挥主观能动性和团结合作精神，培养学生对运动技能拓展与创新。学生利用现有的器材及所学的技术动作，自主地设计出了"光明之桥""东方明珠之桥""世界和平之桥"等，令我甚为欣喜。教学中我适时把学生用身体搭建的一座座"小桥"比作"友谊之桥""爱心之桥"，以"桥"提升教育内涵。学生在玩中体验、在玩中感悟、在玩中创造，提高了运动技能水平和体能练习的强度和密度，在民主、和谐、愉悦的氛围中享受着体育运动带来的快乐，这使他们能在学练中享受乐趣、增强体质、健全人格、锻炼意志。

自白

我想对年轻体育教师说的话： 我们是体育教师，体育教学工作是我们的人生驿站，是我们实现人生价值的最佳平台。

各位老师请记住，当我们带着学生在操场上奔跑时，我们不仅在强健他们的体魄，更在传递一种价值观——人生不是一场孤注一掷的冲刺，而是一场需要终身蓄力的马拉松。

老师们，教育的终极目标是培养"完整的人"。今天，我们播下"幸福体育"的种子，未来，我们的学生将收获健康的身体、坚韧的品格、协作的精神——这些才是他们应对人生风雨最坚实的铠甲。希望用我们的努力，让体育成为照亮他们人生的光。

让我们从明天早上的第一缕阳光开始，把操场变成点燃生命的能量场！

区域学校体育教学改革的燃灯人

——安徽省合肥市体育名师张纪胜的体育教学特色

📖 名师档案

　　张纪胜，男，1963 年 3 月出生，正高级教师，安徽省特级教师，硕士生导师，体育教研员。合肥市学科带头人，安徽省学校体育教学指导委员会中小学组副组长，安徽省领军人才，国培安徽体育讲师，全国学校体育协同创新团队核心成员，中国教育科学研究院一体化体育课程研究体育信息化项目负责人，中国医学装备协会眼科专业委员会委员。

　　主要研究方向为教育信息化与体育教学。在信息技术与体育教学应用方面的研究取得显著成就，获安徽省基础教育教学成果一等奖。主持与参与国家级重大、重点专项课题 6 项，主持省、市课题 5 项。参与教育部《〈体育与健康〉教学改革指导纲要（试行）》和《安徽省普通高中体育与健康学科教学指导意见》研制，参与《体育与健康教师用书》编写；出版专著 2 部，主编微课专辑 3 册，参与编写图书 9 部，发表学术论文 24 篇，其中 3 篇发表在核心期刊上，2 篇学术论文获得全国一等奖。多次主持《中国学校体育》杂志"草根争鸣"栏目、《体育教学》杂志一体化专题、部级"优课教研室"研讨活动。

　　培养青年教师快速成长，培养和指导 7 名教师获得安徽省教坛新星称号；带领团队务实创新，所在区被中国教育科学研究院批准为一体化实验区；扎实开展一体化走班课程实验及基础研究活动，为国家政策制定提供实践依据。提出的"让每名学生享受运动的乐趣"的大课间体育活动理念在合肥经济技术开发区（以下简称"合肥经开区"）全面实施，获得安徽省 11 个一等奖，区域大课间体育活动经验在全国会议推广；全区学生体质健康优秀率、优良率持续增长，提前 10 年实现"健康中国 2030"学生体质健康标准达标优良率达到 60% 及以上的目标，2022 年全区学生优秀率达 35.10%，优良率达 70.90%，部分学校的学生优秀率达 70% 以上。

一、教学、教研特色

（一）创新教研，推动学校体育优质发展

担任区体育教研员，承担全区学校体育教学管理工作。既有教学研究的任务，又肩负学校体育管理的责任，将教学研究与教学实践融为一体，工作的重点放在提高体育课堂教学质量、丰富学校体育竞赛活动、促进学生体质健康上。

（1）创立跟踪视导方法：从体育课堂教学质量提高入手，把提高体育课堂教学质量放在工作的首位，体育教研工作下沉到学校，以课堂为主阵地，以学校教研组为基础研究单位。为了解决体育课堂教学质量不高的问题，组建了以骨干教师、体育组长为主体的教学视导团队，深入学校开展体育教学视导活动，改变走马灯式教研老套路，创建并实施跟踪视导的教研方式，对辖区学校体育教学进行多轮视导活动。首次视导提出整改意见，要求学校逐一落实；跟进视导对学校整改情况进行逐一验收，根据视导情况提出新的意见。如此反复跟进，逐步将学校体育工作落实落细。经过几年的努力，体育教研工作做真、做细、做实，全区学校体育课堂教学质量迅速提高。

（2）实施"1613 工程"：为骨干教师、青年教师搭建专业发展通道，构建金字塔式的体育教师培养模式，充分利用专家和骨干教师资源，主动邀请省内外专家指导区域骨干教师发展，发挥骨干教师的作用，推动区域整体教学研究工作。

提出培养教师的"1613 工程",即：主动聘请国内知名体育教学专家组成 1 支专家指导团队，指导全区 6 个研修共同体的 30 余名骨干教师的发展；骨干教师则开展共同体研修活动，优化骨干教师的成长环境，打造 1 支具备综合能力的骨干教师队伍；同时发挥骨干教师的传帮带作用，要求每位骨干教师联系 3 至 5 位青年教师，全面指导青年教师的专业发展。将评价运用于"1613 工程"，构建多元化、全面化、立体化评价体系，不仅对指导团队、共同体进行评价，而且对指导教师、骨干教师和青年教师个体进行评价，评价结果与奖励和经费挂钩，构建团队之间、个人之间教学研究的竞争机制。

（3）开展主线研修活动：提出沿一条主线做全年教研的主线研修方案，集研、训、赛为一体的"主线研修"教师发展模式，每位教师每学年上好一节校内信息技术支撑的公开课，教师围绕公开课开展课程准备和持续研磨活动，体育教研组内部开展教学设计研讨、微课研发、课程打磨、教学反思撰写等一系列教学研究活动，确保教学研究活动有对象、有内容、有结果、有成效，起到一课多用的作用，形成的教学设计案例、微课、课例可用于参加本年度对应的各级评选活动。创新的研修活动惠及全区每一位体育教师，引领教师共同进步、携手成长。

合肥经开区形成了良好的教研氛围，教研成果累累，教学质量提升，一批批青年体育教师快速成长。近五年以来，参加各级各类大赛，获得省级以上大奖 110 多个，其中不乏"国家级"奖项，参与国家级会议展示课程达 13 人次，骨干教师队伍不断壮大，优秀教师脱颖而出，"星"光灿烂。2023 年，张老师亲自指导的 7 名教师获得安徽省教坛新星称号。

（二）深耕教学，践行体育课堂教学改革

坚持课堂教学改革，贯彻落实课程改革理念，不断探索体育课程的实施途径与方法，在体育教学、体育竞赛和学生体质健康等多方面创新教学方式，在全区开展大面积教学实践活动。

1. 教学方式创新

（1）转移教学法。教师在解决学生主动学习的问题时遇到了瓶颈，学生主体性很难得到体现。为了在体育课上落实"自主、合作、探究"的理念，如何改变教师"教"和学生"学"的方式，将教师"教"的思想和行为，转变为学生"学"

的思想和行为就成为突破瓶颈的关键。转移教学法则是转化教学行为的方法，尽量让学生去说、去做，体现学生的主体性，提出了"能让学生说的，教师不说；能让学生做的，教师不做"的要求，并给出了一些具体的实施策略，如，教师在观察肩肘倒立时发现学生腿举不直时，引导学生观察分析其同伴腿不直的原因，学生通过观察分析会发现原因是展髋不充分，然后帮助同伴纠正动作，这就改变了过去教师直接纠正学生动作的教学方式。

（2）团队任务链。如果团队学习一直以来很难取得满意的效果，就需要给团队制定一个共同的目标，目标制定者在目标实施过程中要进行指导，对实施结果进行验收，这样才能保证团队学习有目标、有内容、有结果。教师搭建"团队任务链"，形成"任务下达—过程跟进—结果验收"闭合的任务链，以任务驱动学生主动学练，让学练过程变得真实有效，学生在团队内围绕共同的任务相互帮助，形成了合作关系，团队之间进行比赛，便形成了竞争关系。如，在刚开始上课时，教师给各组下达排球互垫球比赛的任务，比小组全部成员能否互垫 10 个以上，比各组累计连续垫球总数量，教师围绕任务指导学生自主学练，通过各小组互相验收垫球任务，开展比赛。

（3）主体评价权。在坚持评价多元化的基础上，将评价主体转向学生，并重视评价的全体性，让所有学生享受平等的评价权利。提出"每一名学生都参与评价，每一名学生都享有展示和被评价权"。在实施中，教师尽可能简化评价方式，突出学生的评价主体地位，让学生拥有"主体评价权"。如，在肩肘倒立动作展示中，每一名学生都代表小组参加展示，然后另一组的全体组员对该组进行评价，每一名学生都有评定"金、银、铜"牌的权利，最后以各组"金、银、铜"牌数量作为最终成绩。

（4）勤练与常赛。学校体育教学出现了一些奇怪现象，几乎每名学生在学校都上过篮球课程，结果走向社会后会打篮球的却寥寥无几；反过来，我们经常能看到篮球场上有打球的学生，这些学生往往不是通过体育课堂学会打篮球的，而是凭着自己对篮球浓厚的兴趣自学而成的。由此可以得出这样的结论："凡是会打篮球的，都不是教师课堂上教的。"究其原因，在于学后不练、练后不赛，这样是无法让学生对运动项目产生兴趣的，可见勤练与常赛的重要性。

2. 教学方法创新

（1）闭环学练体系。落实校内外每天一小时体育活动，校内每天一小时体育活动学生基本能做到，但校外一小时体育活动却难以保证，往往有布置、没落实、没反馈，流于形式的比较多，其原因是教师没有形成作业的跟进和验收机制。教师可以利用体育课中的小组间比赛，以比赛结果驱动学生课后合作练习，同时下一节课再进行比赛完成验收。这就建立了课内任务与课外任务的"闭环学练体系"（见图1），形成课内与课外、校内与校外、课与课之间的多重关联机制，既解决了小组课后合作学练的问题，又提升了体育家庭作业的实效性。

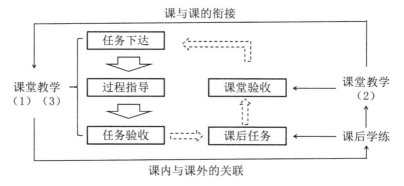

图1　课内外双循环闭环学练体系

（2）结果探究法。教师在体育动作教学过程中，若要促进学生学习的主动性，发展学生的思维能力，就需要找到解决学生主动学习问题的突破口，结果探究法为学生的主动学习创造了可能，也就是从动作的结果提出任务要求，让学生围绕结果探索原因，引发学生思考和探究。如，在前滚翻动作教学中，教师需要提出的任务要求就是完成滚翻后能稳定地成蹲立姿势，引导学生探究怎样才能成蹲立姿势，学生必然会对影响蹲立的因素进行思考，在教师的不断引导和学生的体验过程中，逐步指向蹲地有力和团身紧这两个动作要求。教师只要将评价的视角集中在动作完成的结果上，学生按照动作要求练习就可以了。

（3）学练层次任务。教师将体育课的目标细分为具体任务，这些任务要通过学、练的落实和比赛的验收才能完成，学生的运动能力存在个体差异，这就需要对不同学生的任务提出不同的要求，称作"学练层次任务"。如，编花跳任务，教师首先设置小组每名学生应连续编花跳3个的基础任务，具备一定基础的学生增加到连续跳 5 个，协调性好、动作能力强的学生可以挑战连续跳 7 个，以小组集体成绩为最终评价要素，教师统计各小组完成各个层次任务的人数来确定小组成绩，这既满足了每名学生的个性化需求，又体现了团队合作精神。

3. 体质健康提升创新

学生的体质健康提升主要来自两个主阵地，一个是体育课，另一个就是大课间体育活动。落实落细体质健康提升工作，让学生体质得到增强，是一项长期的工程。这要从三个方面抓起。一是抓常规、常态。提出体育课和大课间体育活动常规、常态要求，体育课方面要求教师带着学生"玩出一身汗"，倡导出汗的体育课；大课间体育活动方面要求教师"让每名学生享受运动的乐趣"，提出"玩"的大课间。两个主阵地的要求直接指向运动负荷和运动乐趣，是基于"不乐学生不愿参与，无汗体育活动没意义"。二是精准责任主体。调研表明，几乎所有学校把学生体质健康的责任都归咎于体育教师，认为体质健康成绩达标与否都是体育教师的问题，实际分析表明影响学生体质健康的因素很多，班主任是最大的影响因素，因为课后锻炼和大课间体育活动均需要班主任的直接参与，同时，学校领导、年级组、任课教师也有不同程度的影响。针对这些问题提出多重评价方式，让学生的体质健康成绩直接与评价挂钩，即区教育行政部门要真敢做，公布每年体质健康成绩并将结果与评先评优挂钩；学校要真落实，对年级组、体育组、班主任、体育教师、学生实施评价。三是扫除学生体育锻炼盲区。学生在节假日的体育锻炼是学校容易疏忽的地方，可以说是学生体育锻炼的盲区。特别是寒暑假时间，约占全年时间的四分之一，每到开学学生都有近一个月的体质恢复期，坚持在节假日进行体育锻炼能保证学生体质增强的持续性，为此我提出"练习一个项目，玩转一个游戏，学会一套健身操，活动一个小时，流出一身汗"的"五个一"要求，经过几年的实施，取得了显著的效果。

4. 体育竞赛创新

"常赛"作为合肥经开区推进学校体育工作的重要内容，合肥经开区建立区、校、班级三级比赛机制，参加区级比赛的学生必须经过校内选拔，参加校级比赛的学生必须经过班级选拔，以此建立全体学生参与的竞赛机制。合肥经开区开展"传统＋特色"竞赛项目，开展田径、篮球、足球、排球、乒乓球、羽毛球、网球等传统项目比赛，推进橄榄球、棒垒球、花样跳绳、游泳等特色项目比赛，实现"以赛促学、以赛促练"的目标。这帮助学校改进了运动会竞赛机制，大力推广了"全员运动会"，营造了"人人有项目、天天有比赛"校园竞赛氛围。区级20多项赛事贯穿全年，比赛成为区域学校体育的常态。

（三）直击问题，致力信息技术应用研究

信息技术日新月异，推动教育事业高速发展，信息技术与体育教学进入深度融合阶段，需要找到信息技术对体育教学形成支撑的切入口。经过12年的持续探索，以问题为导向开展微课研究与实践，历经"肯定—否定—再肯定"的多轮探索，获得了一系列理论和实践成果。

1. 给体育微课做个模型

根据学生体育微课线上学习和线下练习混合式学习的特点，从学生的学习需求出发，摸索微课的建构规律，提出"看得懂、理解透、学得会"的微课学习要求，进而依据学习要求提炼出"合理呈现、有效探究、自主学练"技能微课"三段法"基本结构*，在此基础上重新建构后认为，从学生的角度建构的微课应为"看一看、学一学、练一练"的学练一体的结构。

2. 一体化微课体系

体育微课因学生年龄、运动项目的差别会有所不同，从纵向来看，基础教育阶段微课对象年龄跨度大，从一年级到高三跨度达12年。因此，教师要遵循不同年龄阶段学生的身体、心理、认知、动作等发展规律，在时间、表达方式、画面色彩等方面都要根据不同年龄段学生的实际情况，制作满足学生需求的体育微课。从横向来看，每个体育动作内容不同，体育微课在保持结构一致的情况下，所对应的语言、画面、文字、动作呈现方法等也要发生变化。一体化体育微课的体系建设，在保证各水平阶段相互衔接的基础上，在结构上保持一致性，体现一体化的特征。

3. "双轮驱动"微课理论

微课沿着什么样的方向制作，在体育教学中起什么样的作用是需要解决的问题，为此，我提出以教学应用需求为导向的微课制作——微课要提升课堂教学效果，解决体育课教学中的难题，也就是微课要对体育教学形成有效支撑。确立了

---

* 张纪胜.中小学体育技能教学微课制作方法 [J].中国学校体育，2017（6）：50.

微课制作方向,以教学应用需求驱动微课的制作,形成"应用驱动"微课制作理论。教师以该理论制作的体育微课,让学生"愿学、能学、学会",采取"任务驱动、目标引领"的学习任务单的方式,促使学生围绕任务目标完成微课学习。以"应用驱动""任务驱动"双重驱动方式,在微课的不同环节承担着不同的任务,两个驱动共同作用,提高了体育微课的质量,提升了微课学习效果[*]。

4. 提出体育微课的概念

我通过梳理国内信息化专家提出的微课概念,结合微课制作与应用实际,提出体育微课的概念:为使学习者自主学练获得最佳效果,经过精心的信息化教学设计,以视频形式展示的围绕某个知能点(知识点和技能点)或教学环节开展的简短、完整的教学活动。体育微课的概念突出了其"自主学练"和"简短、完整的教学活动"的特点。我精炼出中小学体育微课的"微、技、精、练、全"五大特点,并对每个特点进行深入的阐述,丰富了体育微课的内涵。

"双目标"翻转课堂理论。基于微课的翻转课堂分为微课自主学练和课堂教学两个学习阶段,教师围绕不同阶段开展相应的教学活动,是翻转课堂区别于传统课堂的一个显著标志。通过研判学生借助微课自主学练的效果,我提出容许学生的微课学习存在一定的动作错误的观点,即"容错观"。我将微课自主学练阶段("粗学"阶段)的学习目标定位为基于基础知识和基本技能学习的低层次目标;课堂教学阶段则在微课自主学练阶段的学习基础上,对知识进行内化,对动作技能进行优化与细化,提高学生的动作精准度、熟练度,直至能够开展创造活动。课堂教学阶段("精学"阶段)开展高层级的学习活动,定位为高层次目标。因此,教师在体育教学中基于微课的翻转课堂的两个阶段,相应制定微课自主学练阶段目标和课堂教学阶段目标,称作"双目标","双目标"的学习活动形成"粗""精"搭配的组合效应,形成互补,共同促进教学总目标的达成。

5. 构建基于微课的翻转课堂模式

教师构建基于微课的翻转课堂模式(见图2),形成微课形式的翻转课堂学习流程。学生将自主学练结果上传平台汇聚,教师利用大数据分析学生微课学习情况,制定课堂教学策略,在课堂上对学生实施精准指导。

---

[*] 张纪胜.“双轮驱动”下体育微课的制作与应用 [J]. 体育学刊,2019,26(2):122-125.

任务驱动的翻转课堂模式，把问题聚焦在驱动学生自主学习上，微课自主学练阶段采用微课自主学练任务单的方法驱动学生自主学习；教师汇聚学生的自主学练成果后制定课堂教学策略，指导学生活动；课堂教学阶段给学生设计练习总任务，开展以学生完成任务为目的的教学活动。形成一个由微课自主学练到汇聚分析与制定策略再到课堂教学的完整的任务驱动学习模式。

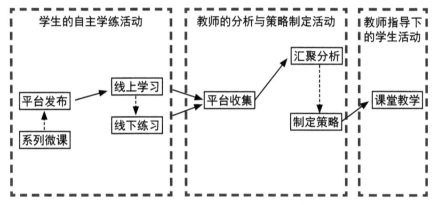

图2　基于微课的翻转课堂模式

6. 验证翻转课堂的教学效果 *

分别在小学、初中两个学段开展基于微课的翻转课堂对照实验活动，实验表明：翻转课堂让学生少等多练、少静多动，节省时间，提高了练习密度；运动强度符合运动规律、控制合理区间，增强了学生的体质；学生自学自练、合作练习促进运动技能的掌握；学生在翻转课堂中学习的互动性、参与度、品德行为等多项指标均优于常态课堂。翻转课堂顺应体育课堂教学的改革，让学生在体育课堂上充分"享受乐趣、增强体质、健全人格、锤炼意志"。

7. 丰富优质系列微课资源

在微课理论的引导下，按照"合理呈现、有效探究、自主学练"搭建微课的基本结构，以课前自主学习任务单和微课自主学练任务单的方法实施任务驱动。研发微课292节，2019年起开始系列微课的研发，完成跳绳等6个系列微课专辑制作，其中《小学体育精品微课——跳绳》《小学体育精品微课——足球》《小学体育精品微课——武术》已出版和获网络媒体推送。《小学体育精品微课——

* 张纪胜，吴桥，袁圣云，等. 任务驱动下体育翻转课堂教学实验研究 [J]. 现代中小学教育，2020，36（12）：35-39.

跳绳》被国家新闻出版署列入农家书屋重点目录。系列微课的研发与出版，丰富了国内优质微课资源。

8. 推进体育课堂教学变革

信息技术与体育教学的深度融合，既对体育教学形成了有效支撑，又促进了课堂教学的创新，学生成为课堂的主体，变被动学为主动学，这也促使教师不断更新教学方式。

（1）自学互教。翻转课堂实现了教与学方式的根本改变，以"学"定"教"，为"学"而"学"。翻转课堂为体育课堂教学带来了革命性变化，促进了小组合作学习、自主学习、探究学习的形成。翻转课堂研究和创新教学方式，创设了以学生自主学习为主线的"自学互教"的学习方式，小组进行两轮的合作学习。第一轮每组派出一名组员，教师将每组派出的第一名组员分配到不同基地学习不同的动作，每名学生学 1 个动作，学生借助微课进行自主学习，直至学会；第二轮即小组共同学习，组员学成后返回小组依次教会其他组员动作，直到全部动作互教互学完成。由于学生不但自己要学会，还要教会别人，这种形式驱动学生主动参与学习活动，大大提高了学生基于微课的自主学习的有效性。

（2）教学方式的转变。基于微课的翻转课堂是课前学生通过微课自主学习体育知识和练习动作技术的教学方式；学生将学习与练习的结果形成纸质和视频材料，通过平台传给教师，教师通过阅读材料了解每名学生的学习情况，进而制定课堂教学策略；课堂上，教师直接组织学生进行学习与练习活动，并精准地进行指导。学生在自主学练中出现的一些疑难问题，需要带到课堂上去解决，"问题导向"促使学生主动思考并激发学生求知欲，从而改变学生等老师"教"的学习方式，驱动学生向"我要学"的方向转变。从教师的"教"转变为学生主动"学"的方式，突出教师主导下的学生学练活动，教师的角色由课堂的主角变成课堂的策划者。教师收集学生的学练信息，观察学生的学练情况，分析学生的学习过程，引导学生展开对动作学习的探究思考，针对动作的特点制定课堂教学策略。

二、工作案例——雨后的泪，为什么而流……

2019年9月，合肥经开区两位体育教师即将参加市里基本功比赛，作为体育教研员的我，非常期待体育教师在市级大赛中有所成就。

他山之石，可以攻玉。我们虚心请专家指导，到处打听省内外教学基本功专家，听说芜湖的体操专家很厉害，就到芜湖请；听说宣城的专家基本功扎实，就到宣城请；听说阜阳的某教授课程理念新，就到阜阳请……短短20多天，我们就从省内请了十几位专家，我和团队全程参与，领会专家精髓，积极组织教师消化内容，提升参赛教师的教学基本功。

打铁还需自身硬，专家帮助我们提高了课程和动作质量，真正落实到参赛教师身上还需要一个转化过程，争分夺秒地进行练习，教师们每天都在发生变化，希望与信心与日俱增。连日的高强度练习带来了疲劳，有位教师腿部肌肉拉伤了，走路都有影响，但他仍然选择坚持。记得比赛的前夕，课程团队和参赛教师们进行积极的准备，做赛前的打磨工作，不知是什么时候，我累得睡倒在垫子上，教师们将我从熟睡中叫醒，让我先回去休息，此时的我却怎么也放不下，我坚持站起来，责任驱走了倦意，打起精神与教师们一起打磨课程，制定参赛策略，直到深夜两点……

第二天我看着那位腿部肌肉拉伤的教师一瘸一拐地走向赛场，内心五味杂陈，既担心教师们发挥不好，更怕那位教师的腿伤恶化，但心里想着付出总有回报。好在一天下来两位教师顺利完成了基本功的各项比赛，但比赛结果没有及时公布，我的心始终放不下来。

清楚记得那天是周一下午，下着小雨，我的心里也不安，我不由自主地翻看市里的体育教研群，突然一个基本功公示的信息让我立马紧张起来，我急忙打开文档，两位参赛教师的名字赫然在目，他们获得了一等奖，我急切地走向楼道，顾不得与别人分享，激动的泪水夺眶而出，看到楼下的小竹林时触景生情，随即用手机拍下带着雨水的小竹子，发到微信朋友圈，写上唯有自己能读懂的一句话：雨后的泪，为什么而流……

自白

我的教育理念： 问学求真，冥思悟道。

我的体育课堂学生主体观： 能让学生说的，老师不说；能让学生做的，老师不做。

对我影响最深的一个人： 于素梅，中国教育科学研究院体育美育教育研究所副所长。

我心目中理想的体育教师是什么样的： 爱学生、爱课堂、爱奉献！

我心目中理想的学生是什么样的： 知书达理、活泼阳光、身体健康。

我上过最满意的一节体育课： 全市第一堂信息技术支撑下的体育课。

我写过最满意的教学论文： 《"双轮驱动"下体育微课的制作与应用》。

我在教学中遇到了哪些挫折和困难： 体育课"自主、合作、探究"的实施问题，曾经长期难以解决。

我是如何战胜这些挫折和困难的： 自主，给学生明确的学习任务、过程指导，引导学生学练，验收结果。合作，团队学习，给团队集体任务（一般是比赛），让团队内形成互帮互助的学习氛围。探究，采取问题导向，让学生发现、分析、解决问题；体验学习，让学生在体验中对动作产生需求和内在机制的理解。

我取得优秀成果的主要经验和体会： 组建一支有事业心和奉献精神的团队，沿着一条路坚持走下去。

自我评价性格特点： 自信、开朗、坦诚、执着。

我的业余爱好： 围绕主题浏览学术文章，体育文章写作与教学研究，运动健身。

我想对年轻体育教师说的话： 把体育教学当作追求的事业，您的工作才会有意义，您才会走向更高的境界。

扎根教坛甘寂寞　不辱使命勤探索

——河南省体育名师刘念杰的体育教学特色

🎓 名师档案

　　刘念杰，中共党员，中小学高级教师，全国体育名师教学改革联盟名师、河南省名师、河南省教学标兵、河南省教学能手、"国培计划""省培计划"授课专家；2004年从河南师范大学本科毕业后，先后担任过初中体育教师、地级市体育与健康学科教研员，现任郑州市郑东新区龙源小学体育教师，协助河南省体育与健康学科教研员多次谋划并完成全省中小学体育与健康学科教研与培训工作；先后获得国家级优质课、国家级示范观摩课一等奖，省优质课一等奖，基础教育国家级教学成果奖一等奖，国家"十一五"规划重点课题一等奖，省基础教育教学成果奖一等奖；参与编写了《高等院校体育教育专业教育实习指南》《河南省中小学校园足球教学优秀案例汇编》《河南省义务教育课堂教学基本要求解读与示例（小学体育与健康）》《河南省义务教育课堂教学基本要求解读与示例（初中体育与健康）》。刘老师具有丰富的教学经验、多彩的教学阅历、深厚的教育理论基础、独特的教学反思能力、扎实的教学研究功底。

一、教学、教研特色

（一）用活"四有"体育课堂，提高教学质量

"四有"体育课堂，就是要求体育教师在课堂教学中做到"有追求实效的体能发展、有因材施教的技能学习、有灵活多样的竞赛活动、有重在激发的运动兴趣"。

有体能发展，"汗水"是标志。一节有效的体育课，必须具有一定的运动负荷。学生在课堂上，满头大汗，气喘吁吁，科学合理的运动负荷，促进了学生体能的发展。在日常的体育教学中，精讲多练、少等多动是保证运动负荷的基本要求；一节课集合讲解不超过 4 次、每次不超过 90 秒是保证运动负荷的有效方法。

有技能学习，"会用"是关键。学会的运动技能，学生能够实地应用，并能够在用的过程中检验是否"真会"。武术课上，各个动作的攻防意义让学生感觉课堂与生活很紧密，在"用中学、用中练"，促进了技术动作的规范有力；核心力量练习课上，学生学到的练习方法简单实用，在练习中运用自如；球类课上，学生学到的技战术，更要运用到课堂的比赛环节。

有竞赛活动，"效益"是追求。竞赛，是一种手段，是一种促进学生学习、评价学生是否学会的积极策略。操武类课，教师安排学生分组展示就是竞赛；田径课，学生分组接力，教师引导学生比速度、比远度，也是竞赛；球类课，在一定规则的约束下，有进攻、有防守、有对抗，更是竞赛。有竞赛活动的课堂，给学生搭建了一个展示所学技术的平台，同时，也能及时评价学生学习运动技能的情况。

有运动兴趣，"开心"是保证。无论什么项目、什么类型的课，都要让学生感觉很有意思、很好玩。要让学生感兴趣的课，除了考虑教学内容和教学策略外，设计丰富多彩的练习方法和展现教师的个人魅力也很重要。同时，音乐是一些项目教学的催化剂，合理恰当的音乐，对学生开心学习有促进作用。

（二）用好"说课""微型课"推动教研走深走实

"说课""微型课"是考查教师的教育理论素养，以及教材解读能力、教学设计能力、语言组织能力、课堂驾驭能力等教学专业素养的主要手段，也是推进

教育教研活动与教师专业发展的有效途径。

说课对体育教师专业发展具有促进作用。刘老师经过多年实践探索，总结出"三·三"说课模式。即：从说教材、说方法、说过程三部分来展开说课，通过说课者的"说、写、演"等三种方式，给大家交代清楚"教师怎么教，学生怎么学，以及教学设计意图"等三个方面。该模式将说课的表达方式变"一"为"三"，通过"写"和"演"的有效补充，将单一的"说"丰富成三种表达方式。"写"的痕迹明显，画龙点睛；"演"的形象丰富，生动直观。"三·三"说课模式使说课者有法可循，让体育教师在较短时间内掌握说课要领，从说课无法走向说课有法、说课得法，解决了体育教师面对说课的茫然，让教师对说课有了全新的认识，"扶"了初任教师一把；说课模式不是说课方法，具有很强的灵活性，模式的灵活性给了教师更多的发挥空间，又为教师成长"送"上了一程，"助"上了一臂之力。因此，以说课为主要形式的教研活动，有利于提高教研活动的实效，有利于提高教师备课的质量，有利于提高课堂教学的效率，有利于提高教师的综合素质，有利于促进体育教师的专业化成长，有利于推动中青年教师向学习型、研究型教师转变。

微型课具有"具体而微"的特点。教师须突出教学重点、难点，须精选教学环节和精炼教学语言，方能在规定时间内完成教学任务。因而，将微型课用于教师培训，更能锻炼教师的教学基本功；将微型课用于教师选拔、教学竞赛、教师评价，更能在相对较短的时间内考查一个教师的实际教学水平、教学基本功和基本素养。刘老师经过实践探索，总结梳理了微型课的基本框架与流程（见图1）。以14分钟的微型课为例，教师要按照如下框架展开。

1 + 2 + 8 + 2 + 1

开场　　准备活动　　基本部分　　放松活动　　讲评

图1　微型课的基本框架与流程

开场（1分钟）：考查教师基本形象气质，初步考查口令的准确性，给出原始的教学组织画面。

准备活动（2分钟）：主要考查教师基本素质，着重考查口令和动作的规范性。

基本部分（8分钟）：基本部分重点考查教师的教学能力，也就是说，在这个环节，教师要表现出是怎样一步一步引导学生学练的。基本部分要包含以下内容。一是完整的动作示范，教师要将每一个技术动作至少完整示范一遍。二是动作要领讲解，教师要讲清楚各环节肢体动作要领。三是重点、难点分析，教师要能够准确说出技术动作的重点、难点。四是学法指导，教师要讲清楚组织学生进行哪些学练及其形式。五是组织教法，教师要讲清楚本节课采取的教学方法、教学顺序、队列队形。六是常见错误纠正，教师要讲清楚易错动作有哪些，以及常见错误的有效纠正方法。

放松活动（2分钟）：没有疲劳的训练是无效的，而疲劳得不到恢复的训练是有害的。因此教师应结合本节课教学内容，设计合理的放松活动。

讲评（1分钟）：教师的讲评要做到简明扼要。

（三）用准"真问题"扎实开展课题研究

课题研究是教师基于教育教学过程中遇到的教育问题或积累的教学经验而进行的，体现"真课题、真问题、真研究、真实践、真成长"的深度教育研究，有利于促进教师的专业成长，提升教师的职业幸福感。

刘老师针对课堂教学运动负荷不足、练习密度偏低、教学效果不佳等问题，开展了"运动负荷和练习密度在体育课堂教学中的评价方法研究"，就体育教学中影响运动负荷和练习密度的问题进行了梳理汇总，并根据问题提出了有针对性的解决方法。刘老师针对初中生体能发展方法单一、机械重复、扼杀兴趣等问题，开展了"初中体育教学促进学生体能发展的方法和策略研究"，在梳理总结体能发展理论的基础上，提出发展学生一般性力量、促进学生动作速度和位移速度发展、提高有氧耐力等方面的创新方法与策略。刘老师针对学生球类战术素养的提升问题，开展了"三步球对提高中小学生球类战术素养的实践研究"，通过研究发现，三步球对同场对抗型项目战术能力培养具有显著作用。刘老师针对球类课堂教学策略不明、手段单一、方法不够灵活、教学效益低下等问题，开展了"'四有'体育课堂指导下中小学篮球一体化课堂教学实践研究"，立足教学实际，以"四有"体育课堂为指导，以当前中小学篮球课堂教学中存在的相关问题为切入点，通过分析问题的成因，从教师与学生两个方面、主观与客观两个维度，提出了提升篮球课堂教学效果的有效策略。该课题研究基于反复的课堂教学实践，在分析"以教为中心""以学为中心""以练为中心"利弊的基础上，强调中小学篮球课堂教学应该坚持"以用为中心"，即"为用而教""为用而学""为用而练"。刘老师在理论指导下探索出篮球教学必须坚持"实效性发展体能，组合式学练技能，全员性开展竞赛，持续性激发兴趣"，必须坚持"大单元设计，一体化推进，进阶式评价"，必须坚持"设置攻防对抗情境，强调技术真学会，形成开放性技能"，为提升中小学篮球课堂教学的效果指明了方向。

二、以体育人案例

刘老师坚持立德树人、全面发展、以体育人、以体铸魂，在提高学生学习运动技能的同时，培养学生坚定意志、不畏艰难、不言放弃、积极进取、团结协作、为国争光的体育道德品质，将青春、健康、美德根植于心，将理性、文明、责任传承下去。

"一个总也让我学不完的老师"

2007年10月的一个下午，操场上一名手持篮球运来运去的初一新生引起了刘老师的注意。刘老师把这名学生叫到身边，询问得知，他是2007级5班的新生——曹同学，因为篮球场多被高年级学生占用，他就只能在旁边空地上运来运去。曹同学的言语间充满了对篮球的热爱，于是刘老师当即答应他，要组建起篮球校队，开展训练，备战"晨光杯"比赛。刘老师的决定，不，是承诺，让曹同学热血沸腾、激动不已！

一个非篮球专业的教师带篮球队是有难度的。第一节技术训练课的不尽如人意，让刘老师很被动。如何带好有一定基础的校队队员呢？刘老师受"领会教学法"的影响，决定从"整体篮球"做起！于是，刘老师的训练课不再练技术，而是让学生通过战术跑位，找到投篮空当。每次战术训练课，刘老师总是让曹同学跑到空当，要求他完成无人防守的投篮。道理讲清了，战术跑成功了，空当出来了，投篮不进怎么办？"全队努力，跑出空当，完成无人防守的投篮，如果投不进，曹同学，你要担责任！"于是，那个爱运球的曹同学开始苦练投篮，跟着知名球星的视频努力练习。

训练的深入，让曹同学很快能够完美完成最后的投篮！好景不长，众人瞩目、师生赞许的曹同学飘了。这个问题，必须马上解决！刘老师在原定的空当处安排了一个能盖帽的替补中锋，空当不再有了，曹同学不能很顺利地将球投中了，于是刘老师要求曹同学学会跳起投篮；跳起投篮学会了，刘老师安排防守外扩，曹同学不能很顺利地将球投中了，于是刘老师要求曹同学拉长投篮距离；攻击距离拉长了，刘老师安排高大中锋跟随防守，要求曹同学跳起投三分球；三分球命中率提高了，刘老师让防守人员将曹同学逼迫到三分线外 1 米位置，且常常让其被多人夹击……就这样，一个问题解决完，曹同学还没来得及高兴，新的任务就来了。练着练着，曹同学不再骄傲，他悄悄地说："刘老师虽然不是篮球专业的，但总让我学不完啊！"连续三年"晨光杯"，球队从全市第六到收获冠军。这不仅是曹同学篮球技术水平提高的证明，也是对其为人处世的磨炼。

曹同学现在已经成长为濮阳市的球星，号称濮阳第一后卫，也成了濮阳市实验小学的一名优秀体育教师，他经常在体育课堂上运用"领会教学法"，不仅教体育技能，更传承体育精神。

三、教学亮点

刘老师坚持健康第一、以体育人、全面发展的原则，在课堂教学中做到"有追求实效的体能发展、有因材施教的技能学习、有灵活多样的竞赛活动、有重在激发的运动兴趣"，从"点燃激情"到"勤练常赛"，努力培养终身运动者、健康生活者。

"三步球——移动传接球技术"曾获第六届全国优质课大赛一等奖、第六届全国体育中小学体育展示观摩活动示范课一等奖，也是河南省中小学体育名师送教工程选定课例。

三步球——移动传接球技术

课程构思与设计

三步球项目历经十余年的系统研发、科学实验和研究实践，于 2014 年 9 月荣获国家基础教育教学成果二等奖、河南省基础教育教学成果一等奖，已经成为具有完全自主知识产权的新型球类项目。该项目场地器材安全实用、要求简单，比赛灵活便于组织，运动负荷适宜，推广难度小；理念先进，内容丰富，难度适宜，能够有效解决当前体育教学特别是农村体育教学训练场地器材不足、体育师资力量薄弱等问题。

一、教材分析

三步球运动是一项用手进行传、接配合，三步之内必须完成传、接或射门动作的新型球类运动。三步球比赛双方分别上场 6 名队员，通过传、接等技战术配合将球射进对方球门得分，并阻止对方获得球或得分。比赛中，队员可将球向场内的任何方向传、抛，可用除膝关节以下部位的其他任何部位进行传、接、射门等动作，可以持球向任何方向跨、转两步突破，在第三步落地之前必须传球或射门。它主要包括移动、传接球、断球、射门、守门等技术。

二、学情分析

本课针对的是六年级的学生，该年龄段的学生正处于生理与心理的快速发展时期。由于学生对沙包都很熟悉，三步球与其相近却又不同，所以多数学生会有陌生感。但是三步球起源于沙包，学生对沙包的兴趣会有一种正迁移，并且在学练过程中能体验到成功和快乐，学生的幸福感和成就感油然而生。

三、单元教学设计

本课是单元计划（见表 1）的第二课时。本课的主要任务是针对传接球技术中的移动传接球进行指导教学，在学生练习时强调配合协作，让学生体验成功和快乐，从而更好地实践三步球"配合才能前进，协作才能成功"的设计理念。

表 1　单元计划

课次	教学内容	课课练	备注
第一课时	原地传接球	一分钟跳绳 3 组	
第二课时	移动传接球（以移动传接球为重点）	单足跳 3 组	本课
第三课时	移动传接球（以"三步"移动传接球为重点）	跨步跳 3 组	
第四课时	断球（防守）技术	跳绳跑练习	
第五课时	射门技术	仰卧起坐 50 次 ×3 组	

课次	教学内容	课课练	备注
第六课时	基本战术	双摇跳绳 50 次 ×3 组	
第七课时	教学比赛	仰卧两头起 20 次 ×3 组	
第八课时	考核		

四、本课的重、难点

重点：移动传接球的方法。

难点：传球的时机、力量、空间的综合运用。

五、本课的教学目标

（1）85 %的学生能够较好地掌握移动传接球技术，达到稳传稳接不失误；其余学生能够初步掌握移动传接球技术，传接失误率在 10% 以下。

（2）学生的上肢力量及投掷能力得到较好发展；在技术学习和教学比赛中，学生的反应能力提高，学生的体能得到进一步发展。

（3）通过组合练习和配合传接练习等不同形式，学生能够体会到与别人合作的快乐，这能培养他们团结协作、共同进步的品德意识。

六、本课的教学构思

（1）作为一节以技术传授为主的课，本课在保持传统教学方式的基础上，结合新课程要求和教材特点，进一步强调学生合作意识的培养。本课学习方式主要为接受式学习和合作式学习相结合，学生通过观察教师示范动作，完整认知和学习移动传接球动作后进行模仿练习。另外，本课以体验过程为主，结合小组间的相互学习、相互评价，让学生在锻炼身体的同时增长实践经验，充分体现学生的合作式学习。

（2）在教学评价环节，本课注重把课堂还给学生，采用自我评价、师生互评和诊断性评价等方式，促进学生深刻理解移动传接球技术动作。在此过程中，教师注重发现学生的闪光点，尊重学生的个体差异，采用鼓励性、进步性评价来激励学生，让每名学生都能健康成长，让每名学生都乐于参与体育锻炼。

（3）本课的准备部分采用了学生常见的"投沙包"游戏。该游戏融合了三步球的移动、传接球、断球等技术，在学生原有运动技能的基础上，采用游戏化导入方式，既解决了学习技术的枯燥乏味问题，又为后续教学做好了铺垫。在基本部分，本课采取循序渐进的方法，使教学内容自然过渡，让学生快乐学习。

七、教学组织与方法

（1）本课设计紧紧围绕教材和教学目标，运用同质分组，采用小组学习的方式来组织教学。整节课都围绕移动传接球动作练习这个学习中心，因材施教。当课开始时，教师让学生进行熟悉球性练习、个人自由展示或组合练习。

（2）课中，注重发挥体育骨干的引领作用，精心组织全组学生积极进行学习和锻炼。教师利用正确的示范和准确的讲解，让学生更加明确自己的学练要点。

（3）本课的重点是移动传接球技术，练习时两人的传接练习、移动传接练习、改变距离、增加防守队员等变化，使学生在学习过程中有较大的选择性和自主性，这有利于建立分层教学基础，可以培养学生自主学习、探究合作的能力，营造和谐、生动活泼的教学氛围。

（4）本课充分利用师生互动、学生互动和评价互动的组织形式，能更好地激发学生的学习热情，使学生在欢乐互助的氛围下掌握三步移动传接球技术，达到"玩中学，学中乐"的教学效果。

刘老师不断在课堂教学中积淀底气，在教学反思中滋养灵气，在丰富阅历中厚植才气，在教育研究中书写大气，一步一个脚印，从教学走向教育。

自白

我的教育理念： 学生的体育运动技能不是教师教会的，而是学生练会的。

我的教学主张： 让学生"动起来"。

我心目中理想的体育教师是什么样的： 示范标准规范，讲解简洁明快，组织教学有序，立德树人有方。

我上过最满意的一节体育课： "三步球——移动传接球技术"。

我取得优秀成果的主要经验和体会： 持之以恒去做，带着问题去读，满心体悟去写。

我想对年轻体育教师说的话： 别在彷徨中消耗自己，很多时候大胆迈出哪怕一小步，就会是另一番境界。

躬耕教坛三十载　一路前行一路歌

——广东省体育名师王献英的体育教学特色

名师档案

王献英，女，正高级教师，现任深圳市龙岗区教育科学研究院体育教研员。首批"全国千名优秀体育教师"、教育部国家级培训学科专家、广东省名师工作室主持人、广东省继续教育学会理事、研究员，深圳市继续教育首批入库专家，龙岗区体育学科带头人；参与国家级课题6项，主持省部级以上课题5项；出版专著4部、参编教材3部，发表学术论文30余篇；获得2012年广东省体育教师技能大赛一等奖、2016年中国学校体育科学大会论文一等奖。

从女篮教练到科组长，从体育教师到教研员，王献英躬耕教坛三十余载，善于发现真问题，乐于解决难题。王献英不仅在深圳市龙岗区实现了她为学生终身成长赋能、为教师职业发展助力、为学校体育事业布局的目标，更把她的教学经验与教育智慧散播到全国各地，是一位名副其实的学校体育工作践行者。

一、教学、教研特色

（一）创建"一模三化"大密度、适强度的体育课堂教学模式

王献英以学生的行为表现、认知活动、心理感受作为体育教学的基本变量，以"让学生获得积极的身体练习体验"为教学理念，提出了"一模三化"体育课堂教学模式，"一模"即单元设计"学、练、用"教学模式，"三化"即课堂学习"准备部分专项化、基本部分运用化、结束部分内容化"。实践探索中的"一模三化"体育课堂教学模式，强调动作的运用、技术的运用、战术的运用、方法的运用，教师可以指定合理的组合练习强化学生动作技能，增强学生体能，同时进一步深化学生对运动技能的练习体验，加深学生对运动技能本身应用意义的理解。

（二）创建自循环式教研培养模式，打造 A-STAR 体育名师培养模式

王献英创建自循环式教研培养模式，以促进教师专业成长。该模式即根据比赛规程要求，组织全区体育教师进行专题培训后参加区赛；通过区级选拔赛，挖掘有潜力的青年教师参加市级比赛，并组织往届获奖教师组成指导团队对选手进行半封闭式培训；在比赛结束后，组织获奖选手在全区进行汇报展示，辐射带动全区体育教师共同成长，激发全区体育教师的内驱力，形成浓厚教研氛围。这一系列的自循环式教研，促进了体育教师的专业发展，培育了学科骨干中坚力量。

A-STAR 体育名师培养模式（以下简称 A-STAR 模式），即通过成果导向倒逼教师进行研修参与（Study）、同伴关系（Team）、技能提升（Ability）、承担工作（Responsibility）来达成星级名师（Achievement）。此模式极大地调动了龙岗区教师成长积极性，使龙岗区一大批青年教师快速成长为体育骨干教师、学科带头人乃至名师工作室主持人。

（三）创新学校体育评价模式，助力"以评促建"

王献英深入研究学校体育工作评价原有模式，创新完善评价实施方案，设立新的体育特色学校评价指标。评价指标涵盖学校体育工作开展的组织保障、条件保障、机制保障、活动保障、学校课程与教学、体育成效，以及加分项课后延时服务和帮扶工作共 7 大方面。王献英在全区进行督导和评价，帮助学校梳理体育

工作发展过程中遇到的阻力和困难，同时也给全区各学校的体育工作指明了方向。体育特色学校评审通过学校自主申报、现场复核、专家现场指导等方式对学校体育工作提出指导意见和建议，帮助学校解决发展过程中的问题，从而实现"以评促建"。

二、以体育人案例

（一）功成不必在我，功成必定有我

一个人可以走得更快，一群人可以走得更远。王献英就有这样的魅力，让她身边的教师们你追我赶。如何更好地调动体育教师的积极性，是王献英一直在研究的课题。

2013 年，因工作调整，王献英进入深圳市龙岗区教育科学研究院担任体育教研员。作为一名从一线体育教师成长起来的教研员，她十分了解教师专业成长的痛点和难点，因此在教研工作中她一直坚持学习、反思，怀揣着一颗对体育教育的挚爱之心，致力于促进全区体育教师的专业成长，并为年轻教师搭建展示才华的平台。深圳市基本功一等奖获得者路宝祥老师感触颇多，印象最深的是自己在备战市基本功比赛时，随着时间临近，压力倍增，焦虑不安，在区里组织集训时的模拟上课环节，失误频繁。作为指导专家的王献英观察到了，她没有批评，而是耐心说道："把模拟上课当作真实上课，眼里有爱，眼里有学生，感觉就会更好……要有信心，你已经很棒了。"短短的几句话体现了王献英对学生的爱和对老师的关怀。正是这份温暖与支持，助力诸多新教师在专业领域迅速成长。在随后的几年里，王献英基于教师快速成长的诸多案例，探索出了培、练、赛、展一体化的区域教研模式，帮助一批批年轻体育教师迅速进入角色，获得成功。

（二）执一盏明灯，照亮前方的路

青春不问年龄，唯问奋斗之心。身兼多职的王献英不仅要到全区各学校指导教学工作，还要对口帮扶广西、贵州等地区的学校体育工作。无论工作多么繁忙，王献英每周三晚都会组织工作室的学员和成员相约在线上线下，共同探讨教育话题，深入研讨展示课内容设计和课题申报等话题。研讨持续到深夜是常态。跟岗学习的新疆喀什教研员张鹏印象最深刻的一次是展示课的教学设计出现了争议：学生没有篮球基础，根据学生的学情，比赛是不是可以替换成别的方式。几位教师也都提出了自己的疑问。王献英循循善诱："不打比赛，如何让学生在课堂上体验到幸福感呢？学生在课上感受到了幸福，自然而然就有了兴趣，只有让学生喜欢上篮球，学生才会愿意主动去学篮球。"她还将国家前沿政策、课程标准理念、核心素养要求融入实践，毫无保留地传授给各位老师。后来，张鹏把"课堂上要让学生体验到幸福感"这一理念带到了喀什，这一理念成为全市学习的主题。王献英不辞辛劳地一次次送工作室的骨干教师到喀什深入课堂一线进行调研和指导，赢得了喀什地区教师的广泛赞誉。

三、教学亮点

（一）提出"一模三化"，打造高质量体育课堂

王献英积极投身课程改革，在多年的教学中，打破传统的只重运动技术的"习得"模式，强调"学、练、用"单元设计的有序性、递进性，强调学生"身体运动本能需求"的学习衔接性及应用性，提出了"学、练、用"的体育教学模式。第一，用针对"身体动作"的"学"来体现以运动技能学习为主要目标的身体动作符号教学。例如，走、跑、跳等身体动作及球类、体操等运动项目中的单个技术性动作的概念性教学。第二，用"运动能力"的"练"来表现运动技能学习过程，学生通过反复练习才能掌握运动技能，这种掌握是伴随体能的提高而实现的，这实现了运动技能掌握与体能提升的双赢。第三，用"实践应用"的"用"来表达学生体育学习的内化和拓展过程，学生在掌握相应的动作技能和运动技能之后，只有与相应的健身知识、竞技比赛规则和身体娱乐知识相结合，在不同的运动环境中去内化和拓展自己所掌握的运动技能，才能提升体育学习的认知水平，形成良好的体育学习意识。例如，在水平四"篮球运球"单元教学设计中，要求教师充分考虑到防守、对抗等元素，单个技术动作教学必须结合实战状态下的组合练习设计并反复练习，学生先通过单次的身体练习对技术动作形成最初的身体体验，再通过动作与动作、环境、体能等要素进行组合设计，让学生在多变化、有挑战

的组合练习中产生积极的身体练习体验，培养学生对"学、练、用"的兴趣，让学生由"会学"向"会用"转变。

（二）探索"自循环"教研，收获高质量教师成长

王献英成为深圳市龙岗区教育科学研究院体育教研员以来，在与一线教师的交流中发现，针对基层教师的教研活动暴露出诸多问题，不但内容局限性大，而且脱离实际，导致教师对教研活动产生抵触，随之而来的是教研活动效果不理想。通过走访调研，王献英了解到基层教师对教研活动的一些想法和期许，通过解读文件与深入探讨，逐渐摸索出一个行之有效且广受好评的教研模式。

王献英从正向管理方法论中得到灵感，将教研管理分为培训、练习、比赛、展示四个阶段。这四个阶段不是运行一次就结束，而是周而复始地运行，实现自循环（见图1）。

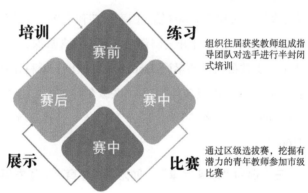

根据比赛规程要求，组织全区体育教师参加专题培训，鼓励、动员体育教师加强练习、参加区赛

组织往届获奖教师组成指导团队对选手进行半封闭式培训

组织获奖选手在全区进行汇报展示，激发体育教师的内驱力

通过区级选拔赛，挖掘有潜力的青年教师参加市级比赛

图1　自循环式教研培养模式

此教研培养模式有效营造了体育教研的良好氛围，激发了教师的参与热情和积极性。经过几年的沉淀，2022年龙岗区代表队获市体育教师技能大赛团体总分第一名，10名参赛教师均获一等奖。在深圳市中小学体育与健康学科青年教师教学基本功比赛中，龙岗区代表队又凭借扎实的基本功脱颖而出，在全市9个一等奖中再次斩获4个一等奖，位居全市第一。同年，在广东省第十一届中小学体育与健康教学展示课评比活动中，深圳市共获5个一等奖，其中龙岗区代表队获小学组、初中组、高中组3个一等奖。在参加广东省体育教师技能大赛的深圳市代表队中，有4名教师来自龙岗区，3名教师分别获各自组别一等奖的第一、第二、

第三名，1 名指导教师获广东省优秀指导教师。

深圳市龙岗区教育科学研究院以促进区域教师高质量专业发展为目标，按照"成果导向、评价驱动"的工作要求，通过三年行动研究，探索名师成长路径，构建了 A-STAR 模式。

A-STAR 模式构建了新教师、教坛新秀、骨干教师、学科带头人、名师的五阶孵化路线，由深圳市龙岗区教育科学研究院负责统筹学科教研员、一线教学名师成立区级名师工作室，将梯队教师纳入各工作室进行培养，定期针对研修参与、同伴关系、技能提升、承担工作开展一系列培养活动。

实践成效是 A-STAR 模式作用有力证明，行动三年，教师研修参与人数逐年递增，63.37% 的教师在研修活动中全程参与，并能与导师在某些问题上进行交流和探讨，积极回答提问，配合导师开展学习。梯队教师累计立项课题 2619 个，其中国家级课题 40 个、省级课题 428 个、市级课题 483 个、区级课题 1668 个；累计发表核心期刊论文 808 篇、国家级期刊论文 1532 篇、省级期刊论文 1721 篇；出版专著 363 部；累计开发制作微课程（包含慕课、手机微课程、直播课程等）7521 节，支教帮扶送课累计 2656 节；区级以上学科比赛获奖 1183 次。累计孵化省级名师 19 人、市级名师 31 人、区级名师 322 人、区级学科带头人 365 人、骨干教师 2052 人（市级 30 人、区级 2022 人）、教坛新秀 1190 人（市级 24 人，区级 1166 人）。

（三）谋划"以评促建"，助力学校体育高质量发展

作为一名体育教研员，王献英深知构建学校体育文化、挖掘体育学科价值的重要意义。教育部于 2004 年提出开展"体育、艺术 2 + 1 项目"实验工作，让每名学生在九年义务教育阶段都能够掌握两项体育运动技能和一项艺术特长，为学生的全面发展奠定良好的基础。此方案进一步推动了学校体育和艺术教育的改革与发展，促进了学生的全面发展和健康成长。但是实施效果如何？学生反馈如何？家长评价如何？长久以来，学校是否将此方案落到实处？如何督促学校落实此方案，帮助学校解决发展过程中的困难，从而达到"以评促建"的目的是亟待解决的问题。

基于此，王献英通过查阅中国知网、万方、维普等数据库发现，目前各省市

地区依旧沿用国家颁布的《学校体育卫生工作条例》，尚未形成具有区域特色的评价内容。《龙岗区义务教育阶段学校体育工作（暨体育特色学校评比）评价指标》为全国首创，包含组织保障、条件保障、机制保障、学校课程与教学、活动保障、体育成效、加分项课后延时服务和帮扶工作共 7 个一级指标，以及体育科组管理、校园体育一小时质量、特色项目活动等 16 个二级指标，校领导听评课、场地达标、学生掌握组合技术动作等 22 个三级指标。

各学校对照指标进行查漏补缺，不仅提升了学校和教师的主体责任意识，还调动了各学校和教师开展体育工作的积极性，有效促进了区域学校体育工作质量的提高。龙岗区通过两年的努力和实践，主动参评学校达到 80% 以上。各校特色逐渐形成，目前龙岗区校园足球特色校占比 47.72%、校园篮球特色校占比10.22%、校园田径特色校占比 10.22%、国际象棋特色校占比 11.36%、武术、广播操、网球、排球等其他项目特色校合计占比 20.48%。另外，在课后延时服务中开展各项体育项目社团活动、体育活动的学校逐渐增多，促进课后延时服务多样化，学生的参与热情更加高涨，这在激发学生兴趣方面起到了不可替代作用。龙岗区通过评价指标中加分项的设置，鼓励和激励体育教师投身到帮扶工作中，充分发挥公办学校体育学科资源优势、场地优势、人才优势、师资优势，促进区域体育工作均衡发展。

马行千里，不洗沙尘。王献英始终坚守为党育才、为国育人的初心，牢记立德树人的使命，长期致力于体育课堂的高质量呈现、体育教师的高质量成长以及学校体育的高质量发展。无论身处何种岗位，知命不惧，日日自新，始终如一。在平凡且琐碎的日常工作中，描摹出果实累累的教育蓝图。

自白

我的教育理念： 成功无他，用心而已。

我的教学主张： 面向全体学生，为每名学生的身心健康发展负责。

我心目中理想的体育教师是什么样的： 既教书又育人，充满阳光、健康向上、积极勤奋，有担当精神，不计较个人得失。

我心目中理想的学生是什么样的：阳光、健康、快乐。

我上过最满意的一节体育课："鱼跃前滚翻"。

我写过最满意的教学论文：《名师孵化名师 A-STAR 驱动培养模式的探索与实践》。

我在教学中遇到了哪些挫折和困难：在教学中积累的经验和教训，常因时间、精力、水平等原因，难以形成系统的文字，无法让更多的人受到启发。

我取得优秀成果的主要经验和体会：学习、细心、坚持。

自我评价性格特点：要么不做，做就做好；一心向善，正向思维。

我的业余爱好：运动、品尝美食、听音乐、出游。

我想对年轻体育教师说的话：往往是最后一把钥匙打开了门，你要相信坚持的力量。

体教融合　以体树人

——重庆市体育名师胡涛的体育教学特色

🎓 名师档案

胡涛，中共党员，高级教师；先后被授予重庆市特级教师、重庆市骨干教师、重庆市学科教学名师（体育）、大足区首批教学专家、重庆市体育常规先进个人、重庆市贯彻体育工作条例先进个人、大足区优秀共产党员、大足区优秀教师等称号，担任大足区胡涛名师工作室主持人；主持、主研多项市区级教育教学科研课题，多篇论文在省级、市级刊物上发表，参编《重庆市中小学体育课程教学指导纲要及评价标准》。

一、教学特色

"我十分认同一句话，那就是学校的大课间就是校长的'公开课'！这堂课，体育教师是运动技能的传授者，正、副班主任是课堂管理者，其余教师和学生是共同参与者，而校长则是执教者。我觉得大课间重点要做好'三基四优'。'三基'是抓住三个基本点，即全（全员参与）、动（大课间必须姓'体'）、实（实实在在练习）；'四优'即趣味上不断优化、创新上不断优化、特色上不断优化、形式上不断优化！"这是在2023年重庆市大课间现场展示交流活动主题沙龙环节，作为校长代表的胡涛在台上的一段发言。

30 年风雨兼程，胡涛用心与情、用爱与汗深耕体育教育教学一线工作，把青春和力量无私奉献于她一生挚爱的运动场。顽强、坚韧是她与生俱来的不屈体育精神，拼搏、努力是她唯一不变的体育情怀与初心。30 年来，她用辛勤和智慧实现了从一名一线体育教师、骨干教师到名师再到特级教师的不断成长……

二、以体育人案例

（一）强身健体，做体育教学的躬耕者

从小开始的体育训练，培养了她不怕困难的勇气、战胜逆境的韧性、直面挑战的刚毅，从 1995 年迈入体育教师行业至今，三十年的教师生涯，她吃苦耐劳、敢打敢拼、善于创新、适应能力强、敢于迎接挑战。她每天认真备课、研究教材、研判学情，执教的优质课、录像课多次获市区县一、二等奖。她被评为重庆市教学常规先进个人、重庆市贯彻体育工作条例先进个人，她的教学设计、案例、论文多次获得重庆市一等奖。在中学任教期间，她主动提出组建女子排球队，并在第二年带队参加大足县（现大足区）学生排球比赛获得冠军；因工作调动到小学任教，她从田径基础项目跑、跳、投到三大球运动的推广，从自编武术操到推动小篮球成为学校校球，为龙岗一小成功获评 2008 北京奥运会示范校、重庆市首批体育特色学校、国家级篮足球特色学校立下汗马功劳。静心教学、潜心育人是她的职业信条，教好书、育好人是她不懈的职业追求。

（二）育体育心，做体育教育的思考者

在体育教育的征途中，她无数次地追问：什么是教育，体育育什么？除了运动技能，我们还应该给学生带去什么？对理论的不断学习，让胡涛对体育教育的认识不断提升，她先后参与了"创新学习与研究""大足县完全小学层次目标管理与评估研究""运用现代信息技术发展学生创新能力课题""1+1 阳光少年特色学校研究""基于发展周期理论的中小学体育教师专业化发展策略研究——以重庆为例""《体育与健康课程标准》校本化实施现状及对策研究"等各级教科研课题的研究，从体育教学被动实践者不断向体育教学的研究者和积极践行者蜕变。

她积极参加各级组织的体育学科学习、教研、竞赛课等，在活动中踊跃发言，及时反思总结经验。她倡导提炼的《龙岗一小学生体育达标技能》让龙岗一小每名学生都能强身健体、掌握技能。她撰写的《小学生力量趣味练习十例》《〈跑与游戏〉的教学设计》等文章，分别在《中国学校体育》《体育教学》等刊物上发表。

她和体育教研组同事一起，推进体育与健康课考核评价新模式，"体育知识＋运动能力＋运动技能"的评价内容构成，让内容更全面，自评、互评、师评，让体育学科的评价方式更多元。

她深耕智慧课堂，将微课、体育功能性 App、心率带可穿戴设备等引入体育课堂，让体育课变得生动有趣，更富有挑战。她与学生交朋友，学生们喜欢她的课堂，更喜欢和她谈心聊天，还亲切地说是胡老师的"胡椒粉"；在以"我最喜欢的老师"为题写作文时，班上近一半的学生写的就是她，班主任开玩笑说她"抢了风头"。她深信，教育从来都是引领人实现自我优化的活动。"教会""勤练""常赛"是落实"帮助学生在体育锻炼中享受乐趣、增强体质、健全人格、锤炼意志"的基本要求，也是对体育教师教学能力的考验。体育不仅能强身体、壮筋骨、调感情、强意志，更能让学生懂得与同伴合作、欣赏比赛、尊重对手和裁判，在规则下赢，有尊严地输。

（三）玩动体育，做体育教育的领跑者

她坚信，体育是美丽的，也是动人的，作为体育教师应该用体育的积极因素去影响更多的人。体育不仅仅是锻炼身体，更是让每一位教师、每一名学生切身感受到开心、体验到流汗流泪的痛快。体育是争抢的拼搏，更是运动场上自信的微笑。为了培养终身运动者，她努力做一名情系学生、志在操场，重视学生体验的教育人。

她根据体育学科核心素养及课程标准，以激发运动兴趣、教授运动技能、发展体能和培养体育品格为主要目标，提出了"玩动体育"教学主张，从尊重学生入手，践行"好玩乐动、会玩能动"，让体育课变成有吸引力，学生喜欢、能懂、爱动的课堂。"好玩"是对课堂内容、形式的要求；"乐动"是学生个体反应；"会玩"要求学生在体育运动中知道运动技能方法、理解技能特征，明白如何运用；"能

动"是指学生能自主合理地将运动技能运用到日常生活、体育锻炼和运动竞赛中。同时，通过参与竞赛活动过程，实现"教会、勤练、常赛"的目的，培养学生积极进取、遵守规则、认真踏实等品格。

（四）以体树人，做体教融合的责任人

体育是最好的教育，是一切"育"的基本。"体"是个人的，但"育"是社会的、未来的、共享的。当组织安排她到一所全新的学校担任校长的时候，她说，一个好校长就是一个好学校，一个体育专业的校长一定要办一所有"体育味"的学校，以体树人，五育融合，为学生终身发展奠基。在她的学校，"育体育心""健志健体"纷纷被写进办学文化体系。每天雷打不动的体能大课间，保质保量的体育课时，全员运动会上教师、学生、家长一起上场，体育艺术节贯穿整个学期，周周有比赛、人人有项目，学生每天的锻炼时间得到保障。以体养德、以体益智、以体塑美、以体促劳，通过以一带多，强化体育的育人功能。

（五）聚力行走，做育体育心的践行者

在拥有了自己的工作室后，胡涛带领一群富有激情与怀揣梦想的体育人，施行"三点六力"研修模式，创设"三悦"主题活动，细化"玩动体育"教学主张，形成"小团—中片—大室"的辐射模式，通过整合师资，关注差异，温情陪伴，评价跟进，引领教师走向专业提升的快车道，打造了一个师德高尚、业务精湛、充满活力的教师专业成长共同体。

当有人问工作室学员对胡涛的看法，他们这样说：

"不抛弃不放弃每一名学生，这是我在工作室学到的最打动我内心的东西。在一次送教活动中，面对残疾学生渴望的目光，胡涛老师要求每个人都参与，不让任何一名学生失望，课堂上那名学生兴奋的表情我永远不会忘。"

——工作室学员江琴

"何其有幸能遇到胡涛老师这样一位以身作则、尽职尽责、细心做好每一件事情的好老师，能成为她的学员我感到非常幸运，她就是我人生道路上的指明灯，照亮着我未来的路。"

——工作室学员吴洪维

"胡涛老师给予了我一个能够展示我自己的平台，不管是最初的引路人还是

现在的导师，胡涛老师对于我而言都是特别的存在，我对她的情感从以前的钦佩升华为现在的感激、尊重与爱。不管是个人的成长，还是感情的疏导，她都给了我很大的帮助。她把每个人的智慧汇总成集体的智慧，把每个学员看作合作者，她不仅能让每个人都感受到她对教研的全心投入和理性思考，还能用智慧点燃我们的激情，给予我们一种积极向上的力量，她让我们懂得成为一名体育教师是多么幸福的事。"

——工作室学员 任文蓉

工作室成立以来，学员到过区内外几十所学校送教、研讨、进行微讲座交流。学员成长迅速，在各级各类比赛、评选、科研项目中表现优异，工作室实现了"打造一支队伍，带动一个学科，辐射一个区域"的功能，让更多的学生能体验到温暖有质量的教育。工作室也得到了许多的关注和认可，比如工作室微信公众号就受到了众多关注。微小中展示大力量，小体工作室初步在大足区有名气、在重庆市有影响、在全国有声音。

（六）结语

2021 年，胡涛老师被评为重庆市特级教师，大家纷纷祝贺她，而她却说："我干的不是什么轰轰烈烈的大事，但点点滴滴成就了自己。"

行苦仍志坚，累足而成步，在教育改革的新征程上，胡涛老师将不忘初心，凝心聚力行走，和更多的体育人一起，插上育体育心的双翼，奔向幸福教育的诗和远方。

自白

我的教育理念：路漫漫其修远兮，吾将上下而求索。

我的教学主张：玩动体育—主张打造"好玩乐动、会玩能动"的体育课堂。"好玩"是对课堂内容、形式的要求；"乐动"是学生个体反应；"会玩"要求学生在体育运动中知道运动技能方法、理解技能特征，明白如何运用；"能动"是指学生能自主合理地将运动技能运用到日常生活、体育锻炼和运动竞赛中。

我想对年轻体育教师说的话： 每一个人都可以成为一束微光，聚光成塔；坚持很难，但也很酷；相信"相信"的力量，影响可以影响的人，成就别人的时候也就成就了自己。

路因爱而延伸

——重庆市体育名师刘勇的体育教学特色

名师档案

刘勇，重庆两江新区体育教研员、正高级教师、重庆市特级教师、重庆市首批体育学科带头人、重庆市优秀教师、重庆市优秀共产党员、重庆市科研先进个人、重庆市教育学会体育与卫生专委会副秘书长、国培专家、重庆两江新区刘勇名师工作坊主持人。

曾获得全国首届新课程小学优秀课例评选一等奖、第四届全国中小学体育教学观摩课展示活动一等奖、第七届全国中小学优秀体育课教学观摩展示活动一等奖、第一届全国中小学体育教师教学技能大赛一等奖。

出版专著《中小学体育创意教学理论与实践》，参与《义务教育教师用书体育与健康1至2年级：全一册》《义务教育教科书体育与健康教师用书基本运动技能全一册》，《小学体育与健康教学参考书》及《中小学体育与健康教材教法》《冰雪奥运》《榜样的力量》《普通高中体育与健康教研员发展与提升研修课程》等多部教材及专著的编写。

主持与主研市级及以上课题20项，一项研究成果获全国二等奖，一项研究成果获重庆市第四届中小学优秀教育科研成果一等奖；80余篇论文获全国及重庆市一、二等奖，40余篇论文在《中国学校体育》《体育教学》《中国德育》等专业期刊上发表；先后在杭州、昆明、玉溪、成都、乐山、珠海、惠州、郑州、包头、呼和浩特、鄂尔多斯、武汉、南通、深圳等地开设专题讲座与上示范课；指导青年体育教师参加赛课及基本功比赛，18人次获全国一等奖，85人次获重庆市一等奖。

一、教学、教研特色

这是一个事实，用汗、用血、用生命书写的事实；

这是一首赞歌，用情、用心、用灵魂谱成的赞歌。

"爱在左，同情在右，走在生命路的两旁，随时撒种，随时开花，使得这一径长途，点缀得花香弥漫，让穿枝拂叶的行人，踏着荆棘，不觉得痛苦，有泪可挥，也不是悲凉！"刘勇老师常把冰心的这段话挂在嘴边、记在心里。在他从教的路上，他把爱与信任的种子播撒在了学生的心田，给学生机会，让他们自己去选择与把握；给学生条件，让他们自己去面对与创造。他让爱在心中安家，在呵护中发芽；他让冷峻的说教变成了亲切的嘱咐，让严肃的劝诫变成了温暖的叮咛，让独白变成了对话；他让爱在等待中绽放出绚烂的花朵！

（一）文化·启迪格局

教育格局源于文化自信，育人智慧彰显文化底蕴。刘勇老师从教之初，始终把教学与教研的理念文化构建摆在了首要位置。他结合重庆地域特色，以创意体育为主题，以"耍*"为根基，结合所在区域高端化、国际化、品质化的要求，构建了创意体育理念文化、创意体育教学"三境界"、创意体育教学范式、创意体育教学法则和创意体育教学奥义。

1.创意体育理念文化

体育，是生命跃动的旋律，是活力绽放的舞台。在创意的光辉映照下，体育被赋予全新的灵魂与使命，构建起独特而迷人的理念文化。秉持创意的哲学，我们回溯逐梦的童年，以纯真的热爱为源，汲取无尽的力量。创意愿景如璀璨星辰，

---

*"耍"为重庆方言，在重庆话里，"耍"的使用频率较高，除了单纯的"玩"以外，耍还有"享受"的意思，又能体现"体验"的意味，也有惬意地"消磨时间"的意思。基于素养导向下的体育课堂教学新样态，耍在重庆话语体系里就是教师引导学生进行体验式地玩、沉浸式地玩，并且让学生会玩、玩好，在玩中引导学生深入体验体育内涵，享受体育悠闲时光。

引领学生"耍翻"体育世界，冲破传统的束缚，探寻无限可能。创意理念似激昂号角，鼓舞学生"耍嗨"体育时光，让激情与快乐成为永恒的底色。创意组装起体育的奇妙拼图，"好耍、安逸、巴适"（好玩、惬意、舒服），这是对体育魅力最质朴而真挚的诠释。创意课程以游戏化开启趣味之门，结构化筑牢知识之基，情境化点燃情感之火；创意课堂则是将游戏、学科与素养进行深度融合，让体育不再是单一的肢体运动，而是一场多元融合、深度滋养的生命盛宴，引领学生踏入创意体育的绮丽天地，畅享身心交融的卓越之旅。

创意哲学：逐梦童年、致敬未来。

创意愿景：耍翻。

创意理念：耍嗨。

创意主张：好耍、安逸、巴适。

创意课程：游戏化、结构化、情境化。

创意课堂：游戏＋、学科＋、素养＋。

2. 创意体育教学"三境界"

体育教学乃铸魂育人的领域，创意为舟，渡学生于素养之海。其路有三境，仿若登峰之阶。始之求同存异，去粗取精，于体育万象中探寻共性，甄别优劣，为学生立基固本，此乃奠基之石。继而千锤百炼，以不懈雕琢，使每一式皆蕴匠心，让每一动皆含深意，塑坚毅之魄，养专注之神。终至行云流水，精妙绝伦，彼时体育与生命共舞，技巧与精神齐飞，于自然洒脱间彰显体育之至美，臻于化境，启学生身心共进之新篇，展创意体育教学之华章盛景。具体表现如下。

第一重境界：求同存异，去粗取精

精准地解读课标，精细地分析教材；

精确地把握学情，精巧地设计教学；

精密地构思流程，精彩地展示课堂。

第二重境界：千锤百炼，精雕细琢

教学设计简约而科学，教学目标具体且可测；

教学方法多样而灵活，教学语言亲切且精练；

教学关系亲密而和谐，教学组织有序且生动；

教学示范准确而优美，教学调控及时且准确；

教学评价多元而多样，运动负荷适宜且适量。

第三重境界：行云流水，精妙绝伦

教学立意高，情境设置妙；

教学系统优，迁移运用活；

教学节奏稳，学科融合棒；

教学艺术好、素养体现深。

3. 创意体育教学范式

体育教学如同一幅精心绘制的画卷，在创意的笔触下徐徐展开其独特的范式。创意伊始，以创设情境为墨，巧妙导入，仿若开启一扇通往体育奇幻世界的大门，瞬间吸引学生们的目光与心灵。随之，依情境而定制的热身活动，如灵动的前奏，为即将奏响的体育乐章调适节奏，使身心渐入佳境。当踏入真实场境后，结构化的悬念如隐匿于密林中的宝藏线索，牵引着学生们探寻体育"三基"与素养的奥秘，在思索与实践中深度挖掘潜力。而变换的场景似波澜壮阔的体育征程，让体育"三基"与素养在巩固、运用中得以升华。继而，凭借根据内容、器材、情境设计的体能训练，补偿短板、创新形式、综合提升，宛如为体育之躯注入强劲动力。最终，于放松身心之际，情境的深化与升华似余晖晕染，使体验余韵悠长，评价总结如点睛之笔，为这一场体育创意教学的精彩之旅画上圆满的句号，引领学生们在体育的天地里，实现身心的蜕变与成长，迈向活力与智慧交融的体育教学新境界（见图1）。

图1　中小学创意体育教学范式

4. 创意体育教学法则

体育教学乃开启生命活力与精神潜能之密钥，创意则为雕琢这把密钥的精湛工艺。在这片充满无限可能的教育领域，创意体育教学法则为广大教师指明了一个前进的方向。这些法则包括学练法则、共情法则、创生法则、圆融法则、极致法则、适切法则、破道法则、定风波法则、生命法则。其中学练法则是创意体育教学的基本法则，它以体育学科的本真，于教学之初便紧紧抓住学生的好奇心与求知欲，使其欲罢不能地探寻体育的奥秘；共情法则似温暖的心灵桥梁，让师生在体育的情感河流中同频共振，使每一次跳跃、每一次奔跑都饱含深情与共鸣；创生法则仿若神奇的魔法棒，点化传统体育教学，催生新颖的教学模式与独特体验，令体育课堂成为创意的孵化摇篮；圆融法则犹如和谐的交响乐指挥，将教学的各个要素巧妙融合，使体育知识、技能与素养相互交织，奏响一曲流畅而美妙的教学乐章；极致法则恰似高耸的灯塔，引领教学追求卓越与完美，让每一个体育动作、每一项教学环节都臻于完美；适切法则如精准的指南针，确保教学契合学生的身心发展需求，为每一个独特的个体量身定制体育成长之路；破道法则像无畏的开拓者，打破传统体育教学的藩篱与陈规，开辟出崭新的教学航道，驶向未知而充满希望的远方；定风波法则若沉稳的船锚，在教学中，为学生提供安定与自信，使其在体育的挑战面前泰然自若；生命法则犹如蓬勃的生命源泉，赋予体育教学以鲜活的灵魂，让体育与生命的成长紧密相连，生生不息。此九大法则相互辉映，共同编织出创意体育教学的绚丽锦缎，引领教师迈向体育教育的新高度，开启学生们充满活力与智慧的体育人生。

5. 创意体育教学奥义

体育之境，深邃无垠，创意之光，照破迷津。创意体育教学，以"九字真言"（见表1）为脉，开启非凡旅程。"动"为基础，是生命活力的体现，学生于跃动间感知体育之韵律，汗水的挥洒乃力量与速度的初章。"创"则是破茧，似灵羽划破传统的天幕，激发无限遐想，让新颖的教学方法与独特的体育形式破壳而出，重塑体育教学之风貌。"融"如百川归海，将多元元素汇聚，将体育与文化、艺术、科技等交融一体，编织出一幅丰富而立体的教学锦图，拓宽体育的边界与维度。"情"若春风化雨，以情感为纽带，连接师生心灵，使体育饱含温度，让每一个活动都浸润共情，激发学生内在的动力与热忱。"智"乃慧光乍现，于体育中启迪思维，策略与技巧的运用，数据分析与教学反思的开展，皆为智的彰显。"适"为精准适配，考量个体差异，因材施教，量身定制体育方案，宛如量体裁衣，确保每一位学生皆能在适宜的体育路径上茁壮成长。"空"像空灵之境，为体育教学留白，给予学生自主探索与自我发现的天地，在留白处孕育无限可能，让体育成为自由与创造的乐园。"度"是权衡之尺，把握教学的节奏、强度与难度，不偏不倚，恰到好处，使体育教学张弛有度，稳步推进。"和"如天地之和鸣，追求身心和谐、人际和睦、教学相长，在和的氛围里，体育教学达至圆融圆满之境。此九字真言，相互交织，层层递进，揭开创意体育教学的神秘面纱，引领莘莘学子在体育的浩瀚星空中，探寻生命成长与精神升华的璀璨星辰。

表1　创意体育教学"九字真言"

创意体育教学"九字真言"
动：身体练习、运动强度、群体运动密度、个体运动密度……
创：创新性的教学设计、创见性的学练方式、创新性的高阶思维培养……
融：跨学科、跨项目、跨主题、跨方式、跨内容、跨素养……
情：情感、情绪、情怀、共情……
智：智慧体育课堂指导与评价、运动技能虚拟仿真、智慧运动空间、智能体育家庭作业、动作技能可视化、大数据平台……
适：精准适配、因材施教……
空：时间和空间的控制、教学组织与教学节奏的调控、时机的把握……
度：自主的程度、合作的效度、探究的深度、拓展的宽度、问题的难易度、师生的参与度、学生的满意度……
和：教学状态、教学意境……

（二）活动·促进成长

古人云："达师之教也，使弟子安焉、乐焉、休焉、游焉、肃焉、严焉。"

为使教师们明了名师之名出于何处，学术通达而不忘推己及人，气正风清而不弃行学天下，高屋建瓴而不舍朝夕之功，刘勇老师在教学研究中以活动为载体，促进成长。

1. 按需定制，为"耍"奠基

刘勇老师不管到哪儿，首先做的就是对区域内所有的教师从教育情怀、教学经验、专业能力、责任心、科研能力、策划能力、表达能力等方面以"SWOT"的方式如实做出分析。根据分析结果，他划分实然需求与应然需求，然后对这些需求进行甄别，确定哪些是真正的需求，哪些是假象的需求，哪些是长期的需求，哪些是短期的需求，哪些是个性的需求，哪些是共性的需求。最后刘勇老师会根据这些需求将教师归类，做好他们的成长规划，制定好他们的工作目标，以安排好相应的活动。

2. 顶层设计，为"耍"护航

顶层设计是运用系统论的方法，从全局的角度，对某项任务或者某个项目的各方面、各层次、各要素统筹规划，以集中有效资源，高效快捷地实现目标。刘勇老师在带着教师们开展活动的过程中，也采取这一方法，对所有活动进行统筹规划。在他的引领下，工作坊的所有人清楚地认识到：

工作坊是一个团队，是一个专业的、智慧的、具有魅力的团队！

工作坊是一个集体，是一个思想、业务、作风均过硬的集体！

工作坊是一支队伍，是一支具有思想和很强战斗力的队伍！

工作坊是一个整体，是一个"有我更有我们""不抛弃不放弃""有福同享，有难同当"的密不可分的整体！

这是他对两江新区教育高端化、国际化战略的践行，也是他作为工作坊主持人的职责及带领学员为之奋斗的目标所在。为"耍"护航，他认为有两个方面的设计必不可少。

一是转变。

刘勇老师经常在工作坊强调他希望看到三种思维方式上的转变，具体如下。

我给你什么？——你想要什么？

我要你做什么？——你能真正做什么？

我能给你什么？——我们能共同解决什么问题？

正因为有了以上的转变，才有了两江新区教师的教育教学三年规划和三年专业发展规划（见表2）。

表2 两江新区教师三年专业发展规划

教师类别	规划内容	阶段特点
准备期教师（1~3年）	三基（基本知识、基本技术、基本技能）	适应性
适应期教师（4~6年）	熟悉教材 教法学法研究	主题性
发展期教师（7~9年）	关注教学发展 形成教学风格	发展性
创造期教师（10年以上）	有效教学 教学专家	科研性

二是统筹。

第一是教师们的发展规划统筹；第二是教师们的自助学习统筹；第三是全区的活动安排统筹。下面是2023年两江新区体育教研工作安排（见表3）。

表3 2023年两江新区体育教研工作安排

时间	类别	教学技能	支撑	研究方式及人员分工
3月	表达	教学语言	一分钟演说	研究方式：演说 主题研究人员：全体成员
4月	设计	口头语言 肢体语言 表情语言	1.弯道跑 彩虹伞：赛车手 2.快速跑 A.矿泉水瓶：流星雨 B.节奏板：节奏大师 C.橡皮筋：愤怒的小鸟 D.标志旗：斗牛士之歌	研究方式：同课异构 主题研究人员：邢老师、陈老师、李老师
5月	方法	教学语言 教学示范 教学评价	快速跑：节奏大师	研究方式：专题研讨 主题研究人员：陈老师
6月	评价	教学语言 教学组织 教学评价	篮球 1.运球与传球游戏 2.运球转身 3.行进间运球	研究方式：同课异构 主题研究人员：郑老师、王老师、邢老师、陈老师、单老师、李老师
9月	表达	教学语言 教学体态	说课与模拟教学	研究方式：专题研讨 主题研究人员：全体成员

续表

时间	类别	教学技能	支撑	研究方式及人员分工
10月 11月	分析	教学设计 教学语言 教学评价 教学反思	1. 教学设计 2. 说课与模拟教学 3. 教学研讨：快速跑、双手胸前传接球	研究方式：专题讲座、教学研讨 主题研究人员：全体成员
12月	心理	学习动机 学习兴趣 学习思维	直体滚动与游戏	研究方式：课例研究 主题研究人员：郑老师、郭老师

3. 行动研究，为"要"开道

在活动中，刘勇老师以解决问题为核心，以导师带教为抓手，以课堂案例为载体，以互动研讨为基础，以实践体验为重点，采取"两周一探讨，一月一实践"的方式开展研究，主要体现众筹思想。

（1）管理与管束众筹：推动教师自主管理

人是愿意改变的，只是不愿意被改变。

人是有自主管理愿望的，只是不太愿意被管理。

在两江新区开展的所有研讨活动中，学习无处不在，教学是学习、交流是学习、活动是学习、汇报是学习、服务是学习……自主不是放任，而是引导，引导事事有人做、人人有事做。关于管理与管束的众筹，此处有两点与大家分享。

一是建立行动研究机制（见图 2）。

建立行动研究机制，是推动教育教学持续进步与创新发展的关键之举。通过这一机制，教师能够紧密结合日常教学实践，精准发现问题，系统设计解决方案，并在实际行动中深入检验与持续优化。它促使教师不再局限于传统的教学模式，而是以研究者的姿态深入课堂与教育情境。在行动研究机制的运行下，创意体育理论文化（创意哲学、创意愿景、创意理念、创意主张、创意课程、创意课堂）与研究方式、研究内容协同起来，共同构筑起教学的良好生态。教师在教学过程中的困惑得以转化为探索的起点，实践经验能够及时升华为理论成果，进而实现教学理论与实践的深度融合与良性互动，为教育质量的全面提升筑牢坚实根基，为创意体育教学实践开辟有效路径。

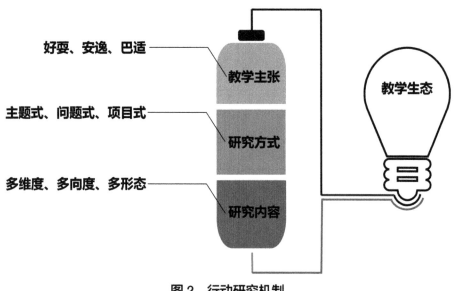

图2　行动研究机制

二是落实片区责任制。

在创意体育教学实施路径中，落实片区责任制具有非常重要的意义。刘勇老师将两江新区教学区域合理划分为五个片区，各片区指定专人负责。责任人需深入了解本片区内学校的体育教学资源状况，包括体育场地设施、师资力量以及学生的体育基础与兴趣特点等。通过定期与不定期的方式组织片区内体育教师开展教学研讨活动，分享创意教学理念、新颖的教学方法与成功案例，促进教师之间的经验交流与相互学习。同时，责任人要积极协调片区内资源的调配与共享，如组织校际体育竞赛活动、校际体育教学研讨等，实现场地设施的跨校借用，让优质体育教学资源得到更充分的利用，保障创意体育教学在片区内的全面推进与有效实施，从而整体提升片区内体育教学的质量与水平，激发学生参与体育活动的热情与创造力，为学生的身心健康成长打造良好的体育教育环境。

（2）课程与教学众筹：挖掘教师潜在经验

关于课程与教学众筹，刘勇老师带领教师们做了两方面的事情，一是微分享，二是同题异构。

微分享：改变教师们"看"的状态，让教师们成为经验贡献者和分享者，让教师们站在聚光灯下。在区域研讨中，教师们微分享的主题多种多样，除知识技能、文化鉴赏、热点资讯外，主要以经验感悟为主，如教学经验、生活感悟、读书体会、学习体验等。每次在分享中他们也不是面面俱到，而是聚焦一个点进行深入分享，如创意体育课程中的游戏化、结构化、情境化，创意体育课堂中的学科＋、游戏＋、素养＋。在分享过程中，刘勇老师除了要求分享细节具象化、情感共鸣性、逻辑连贯性、受众针对性外，对分享步骤也做了明确要求。

一是选题：根据研究主题和共性问题，确定微分享主题。

二是招募：根据"你的问题—我的分享"，招募微分享人选。

三是指导：讲好故事，萃取经验；突出重点，不面面俱到。

四是反馈：采用多种方式对微分享进行反馈，如评选、评价。

同题异构：教师与教师就同一专题或同一主题展开同台授课，围绕主题进行不同角度、不同程度的分享和碰撞，实现课程与思维的高阶互动，实现互教互学和共同成长。

（3）研究与研讨众筹：引领教师深度学习

一是课题引领。

根据规划与目标，刘勇老师带领教师们研究了专项课题"基于学生核心素养的中小学体育创意教学实践研究"，他们将研究内容与研讨活动有机整合，使得活动丰富且高效。他们的深度学习集中表现在态度、跨度和深度三个"度"上。

态度，是指在精神和心理层面上，年轻教师对学习十分投入和专注，并持有浓厚兴趣和热情，深入参与学习过程。

跨度，是指年轻教师能主动打破壁垒，以跨学科视角和思维思考有效解决问题的方法，实现理论与实践的融合、技术与工具的融合等。

深度，是指年轻教师在学习中举一反三、触类旁通和迁移应用。学以致用、活学活用，创造性地解决不同情境下的问题。

二是任务驱动。

在整个研究与研讨活动中，刘勇老师带领教师们采取任务驱动的方式，激发教师潜能。

①问题众筹和聚焦。在研究主题指引下，根据大家共同关注的问题，锁定要解决的问题，分配小组研究任务。

②组内常态交流。结合授课内容，小组开展研讨，形成本组的研讨成果。

③阶段总结与分享。开展中期交流会，教师们贡献自己的智慧，分享自己的经验、看法，给出参考建议等。

④展示交流与思辨。各小组汇集研讨成果，在活动中展示交流，专家组打分和指导，教师进行思辨。

（三）收获·提升品质

刘勇老师带领教师们漫步于学习的路途。他到两江新区 8 年，教师们参加各级各类比赛，屡获佳绩。6 人参加第七届、第八届、第九届全国中小学优秀体育与健康教育课教学观摩展示活动获一等奖；4 人参加第六届、第七届全国学校体育联盟（体育教育）大会优质课展示获特等奖；9 人参加重庆市中小学体育优质课比赛获一等奖；32 人参加重庆市中小学体育教师基本功比赛连续四届获团体一等奖，32 人全部获个人全能一等奖；8 年中，5 位教师参与了人教版《体育与健康教师用书》的编写工作，8 位教师参与了华东师范大学《KDL 体育与健康课程》《冰雪奥运》等书的编写；工作室 12 篇文章获全国体育论文评比一、二等奖，30 篇文章获重庆市论文评选一、二等奖。

（四）反思·开启未来

反思是一种思索与顿悟；

反思是一段富有哲理的省悟；

它不逃避什么，也不隔绝什么；

它只是一种对人生、对自己的教育教学情况进行剖析与明辨的过程。

刘勇老师在教学、教研中非常注重反思，他带领教师们时刻对自己的教育教学行为、对自己的为人处世、对自己的言行举止进行深刻反思，"让成长可见、让成效可见、让成果可见"，他带领教师们"耍出"研究高境界，"耍出"教学大作为，"耍出"活动新高度，亲历其间，信念为之坚定，情操为之高尚，灵魂为之纯净，教艺为之精湛，品质得以彰显！

一条小路，通向远方，通向教育的殿堂。刘勇老师为了他钟爱的体育教育事业，在这条小路上孜孜不倦地前行着，因为他懂得"路漫漫其修远兮，吾将上下而求索"；因为他深知"有一种追求叫执着，时间越久越显得弥足珍贵；有一种真爱叫责任，情到深处方显真金本色；有一种精神叫奉献，风风雨雨教育的梦想历久弥坚"；因为他明白"以敬业精神点燃执着的火把，平凡的人生就能闪烁出美丽的光芒"；因为他坚信"路，因爱而延伸"。

二、以体育育人案例

爱因等待而更绚丽

十年前，刘勇老师在两位师傅的指导下逐渐成长，今天，他也成为师傅了。他和他的徒弟们在彼此的等待中更加坚定了信念。

"大家好，我是小洲，来自白马小学。"就这样，这个看起来有些斯文帅气的年轻人于 2013 年 3 月在城乡统筹中成了刘勇老师的徒弟。

"自信、说话干净、样子帅气。"当时刘勇老师还因名下多了这样一个徒弟而感到高兴。但真是冰山上画画——好景不长啊！没过多久，这样的欣喜就被一个又一个现实打击得有些支离破碎。

小洲来之后的第一节课简直可以用"三无"来形容：无目标意识、无方法、无学生。记得当时小洲上的是三年级"往返跑与游戏"，课上，学生跑得到处都是，他差点就没照顾过来。当初见面时的自信，在课上消失得无影无踪了。课后刘勇老师问小洲这节课想达到什么目标、为何要采取这样的方式时，他竟然一句都说不上来。

"好吧，不懂，没事，慢慢教，只要肯干、肯努力，假以时日，一样可以成长！"当时刘勇老师就在心里默默地告诫自己。

接下来，刘勇老师就领着小洲一起分析教材，确定教法，一遍一遍试讲，小洲的讲课效果虽有所提升但仍欠佳。在后面的一个多月里，如下一些话语时不时地充斥在他们的交流中。

"师傅，学校事情太多了，今天的活动请个假哈。"

"师傅，教学设计我不会弄！"

"师傅，这个方案不弄可不可以？"

……

时间不知不觉来到了 5 月，市里要开展录像课的评比活动。

"小洲，最近究竟是怎么了？"

"学校事情太多了，课又多，课后要训练，还有学校安全的很多事。"

每当刘勇老师与小洲交流的时候，他的言行总让人感到有一丝无奈。看到这样的他，刘勇老师有些心痛。

"今年市里有录像课评比活动，你想不想参加？"

"我？能行吗？"（小洲极度不自信）

"你现在只管告诉我想不想参加？"（刘勇老师加重了语气，看小洲那不自信的样子，有些生气。）

"好吧！"

"好，那本周三晚上12点前将教案的初稿发给我。"

接下来的几天，刘勇老师每天都打开邮箱看看是否有小洲发的教案，但一直等到周三晚上12点，刘勇老师的邮箱仍是空空如也。刘勇老师拿起电话打给小洲："教案呢？"小洲支支吾吾地说："我这几天学校事多，太忙，没弄。""说好的事情，没弄，这是一个人的责任与诚信问题，哪个人的事不多呀！明天上午10点前，如果再见不到教案，我就没有你这个徒弟。"刘勇老师说完啪的一声挂了电话。

第二天9点多，刘勇老师打开邮箱，发现教案竟"躺"在邮箱里，他悬着的心这才放了下来。刘勇老师打开教案，发现写得还不错。

"他是一晚没睡吧？"刘勇老师的内疚感油然而生。

接下来的日子就是修改教案—试讲—再修改—再试讲，看着小洲对着镜子一遍遍练习的样子，看着他亲切地与学生交流的情景，刘勇老师非常高兴。最后经过努力，小洲获得市录像课评比一等奖。师徒俩的感觉就像是鹤翔晴空、鹭栖沙地，美妙极了！

美妙的感觉没有持续多久。两个月后，小洲参加区里的教研评比活动，却大意失荆州，最终只获得了区三等奖。那段时间，小洲的情绪很低落，刘勇老师专程过去看他，听小洲讲了好一阵子后，刘勇老师也没有发表什么意见，而是将他的师傅赵老师当初教育自己的话与小洲进行了分享。刘勇老师意味深长地说："种子刚刚播下，便慌忙去收割，没有等待，怎么会有那醉人的麦香？"然后刘勇老师又转述了牛老师当初给他讲的两个渔夫都想成为大富翁的故事。刘勇老师告诉小洲："其实前一个渔夫的失败与后一个渔夫的成功之间差的只是一个春天的等待而已，我们教书育人更应如此，要学会等待，不要操之过急，要给他人、给自己机会，要永远保持耐心，相信自己会做到并且做好，同时也要帮助他人做到、做好，这样你就会在成就他人的同时成就自己。学会等待吧！"

经过这件事后，师徒二人静下心来好好地梳理了结对以来的点点滴滴，反复品味着"等待"的真正含义。

苍天不负有心人，小洲在等待的过程中，一次次地磨砺自己的心性，让自己越发成熟起来，也逐渐成长起来。在接下来的区体育教师技能大赛中，小洲带领学校团队获得了团体一等奖，他也获得了个人全能一等奖的好成绩。

颁奖典礼上，小洲跑到刘勇老师身边，深情地对他说："师傅，谢谢您！"

其实，刘勇老师想对小洲说："小洲，我该谢谢你！是你翻挖了我原本有些板结的思想心田，让我再一次起航，是你让我更加明白了等待的真正含义。"

成全他人，成就自己，让爱在心中安家，让爱因等待而更加绚丽，这就是刘勇老师和徒弟的故事。

自白

我的教育理念：面向太阳，尽情地奔跑是一件很快乐的事！

陪着学生认真地玩游戏是一件很快乐的事！

帮助每名学生茁壮成长是一件很快乐的事！

我的教学主张：以创意体育为主题，以"耍"为根基，结合两江新区高端化、国际化、品质化要求，构建创意体育理念文化。

创意哲学：逐梦童年、致敬未来。

创意愿景：耍翻。

创意理念：耍嗨。

创意主张：好耍、安逸、巴适。

创意课程：游戏化、结构化、情境化。

创意课堂：游戏＋、学科＋、素养＋。

以理念文化为出发点，提炼了"动·和"教学主张："动"指教师层面鼓动、推动、牵动、撬动；学生层面想动、会动、能动；师生之间互动、联动。

"和"指课的立意与教学实施，主要以"精""创""巧"来体现。"精"指观点精辟、预设精心、场景精妙、器材精巧、活动精彩、环节精密、语言精练、组织精细、调控精确、方法精准、画面精美。"创"指内容创新、形式创造、样态创生。"巧"指方式之间灵巧、内容之间工巧、项目之间刚巧、场景之间奇巧、学科之间恰巧、素养之间精巧。

对我影响最深的一个人：赵小刚（重庆市原体育教研员）。

我上过最满意的一节课：迄今为止，我的课上了不少，但还没有最满意的，也许这正好印证了"有残缺的才是最美的"。但在诸多课例中，2023 年 12 月 7 日在珠海上的"五年级快速跑及体能"一课给与会者、给学生留下了深刻的印象。这节课将快速跑的技术动作与节奏、时间进行完美关联，在"感受时间—认识时间—规划时间—管理时间—享受时间"的大情境中，不仅很好地发展了学生步频，提高了学生快速奔跑能力，培养了学生勇于进取、坚忍不拔、挑战自我的体育精神，还让学生明白了如何尊重时间、把握时间与珍惜时间，更让学生明白了在合适的时间要做合适的事。正如专家在评课时说的那样，这是一节超出体育课的体育课，是一节充满思辨的体育课，是一节充满文化气息的体育课。这节课不仅很好地体现了体育课的本质特征，更以素养为导向赋予了体育课深层次的内涵。

我想对年轻体育教师说的话：且歌且行且从容。

扎根教坛甘寂寞　不辱使命勤探索

——贵州省安顺市关岭布依族苗族自治县体育名师刘之伟的体育教学特色

📖 名师档案

（一）基本信息

刘之伟，大学本科毕业，正高级教师、贵州省特级教师、省民族名师、省骨干教师、贵州省少数民族体育先进工作者、贵州省体育学会理事、研究生导师、贵州省民族地区基础教育质量提升指导专家、贵州省体育专业评审专家、贵州省省级高中体育与健康名师工作室主持人、贵州省第十三次党代表、安顺市高中民族体育名师工作室主持人、市级人才、安顺市市管专家，长期从事学校体育教学、体育课程与教学、多学科融合创新等研究工作。

（二）教学科研荣誉和成绩

（1）主持省级课题"体育教学中民族体育与民族舞蹈的资源开发应用"研究，通过课题研究形成大量成果：首先关岭布依族苗族自治县民族高级中学被评为全国首批中华优秀传统文化艺术学校、全国优秀传统文化试点校、省级民族民间文化进校园项目学校、省民族团结进步示范校，其次更重要的是形成我校办学特色"传承民族优秀文化　促进学生多元发展"。在专业教育刊物上发表论文十多篇，优质课荣获全国一等奖、省级二等奖、市级一等奖等。

（2）主持国家西部教育改革支持计划重点项目"学生工作坊：本土民族民间文化学习创生实践研究"，经过前期三十年的体育教育工作探究，再经过专家指导，项目走向正轨，教学成果荣获省级二等奖、市级一等奖，其子内容"关岭苗族花棍"荣获贵州省少数民族传统体育运动会二等奖，"关岭苗族花棍"被收入《学校民族传统体育特色课程建设》并由西南大学出版社出版发行。作为主要参与者参加省级课题"基于学科核心素养的民族传统体育课堂'乐动会'教学实践研究"并高质量完成课题预期目标。作为第一人参与教学成果《创新运用"乐动会"评价体系，推动体育课堂变革研究与实践》的编写，该成果荣获省级二等奖。

（3）申报省级"贵州省高中体育与健康名师工作室"建设，是贵州省目前唯一一个省级体育与健康名师工作室，同时申报市级"安顺市高中民族体育名师工作室"建设，本人结合自身特点和两个工作室的建设价值与目标，立足课堂，专业引领，落实新课标的核心与理念，提出体育与生命教育的观点，进行体育与生命互相依托的深度思考，根据工作室的功能，注重三点工作，一是培养个性化的教师以培养多元的学生；二是利用课程资源来形成有独特风格的教师；三是注重多学科融合创新的教育理念，倡导"情景教学"教学模式，把传统文化、生活、艺术、美学融合贯通于体育教学中，让学生真正感受体育对生命价值的提升作用。基于课程资源建设提出四个"性"，即创新性、民族性、艺术性、生活性，并贯穿于体育课堂教学中。在课堂教学中关注"乐动会"的精髓，乐是兴趣的表象和学习态度，起源于乐，落于会，会的价值不仅是教会学生运动技能与知识，更重要的是培养学生的责任感。真正把乐动会的价值贯穿于体育教学中，融"学、练、赛、评"一体化新样态于体育课堂之中。

一、教学、教研特色

首先，教育需求从"有学上"转向"上好学"，进一步明确"培养什么人、怎样培养人、为谁培养人"，优化学校育人蓝图，在教育发展创新的道路上，在时代背景下，有方向和目标后，明确通过什么来培养学生成为社会主义建设者和接班人，按照什么标准来育人。经历体育大纲到课标试行再到新课标的落地，教学目的到三维目标再到学科核心素养标准来指导评价，教材发展到今天，由固有教材到国家教材与地方教材共用，再到必修教材、选修中的必修教材和选修教材组成，教材要发挥培根铸魂、启智增慧的作用。育人目标的改进和教材改革充分体现了马克思主义中国化最新成果，"三新"改革体现了党和国家对教育的基本要求，体现了国家和民族的基本价值观，体现了人类文化知识的积累和创新成果。

其次，体育与健康课程以学生身心发展特点和学习规律为依据，体育是基于生命、指向生命、提升生命质量的学科，与化学、物理学、社会学、心理学、艺术学等多学科有着广泛的关联性，对促进学生身心健康、体魄强健，推进"健康中国"建设，增强中华民族的生命力，都具有不可替代的重要作用，这高度说明了体育与健康课程的价值所在。

最后，作为体育教师的我们在党的引领下，在新课标的指导下，要充分把教材应用好，在教育实践过程中，我们应该怎样去理解"专业"的意义和多学科融合呢？"专"不等于把自己局限在一个"牛角尖"里。今天的教育需要我们成为"一专多能"的复合型教师，这"一专"就是"精"，"多能"就是"博学"。既有所专又多能，既精又博学，这是我们每个教师在求学上应有的修养。具体做法如下。

（一）活用教材，实现体育育人价值

在教学实践过程中需要精，但是为了能精益求精，在专业成长上，我们要掌握教材上所有章节的知识。既要精通专业知识，又要掌握如何将优秀文化资源引入体育课堂，充分体现教材灵活性和多元育人功能。

（二）提升自身素养，争做时代育人引领者

第一，一个优秀的教师不仅要有专业文化素养，更要有渊博的知识，"博"是为"专"服务的，要想"专"更好就需要"博"。一名教师要想真正成为一个教育家，"专业"是深度，"博学"是厚度和广度，不仅要在国内几千年文化知识领域做到广和深，还要博览世界文化，"博"和"专"不是对立的，而是互相

联系的。"博"是为"专"服务的，特别是今天的科学技术越来越专业化，而每一门学科都和其他许多学科有着不可分割的联系。因此，在体育专业学习中，为了深入理解体育学科与生命科学的关系，我们就有必要对和体育学科有关的学科进行学习，否则想真正理解本学科是不可能的。这是一种中心和外围的关系，这样的"外围基础"是每一门学科教师必不可少的。"外围基础"越宽广深厚，就越有利于中心学科的专业发展。

第二，一个教育者能走多远，主要是看他的格局与眼界。思维决定格局，文化决定眼界。教育者的心胸要广阔，思维要独特，这样才能做到创新有亮点，设计有看点。文化来源于不断学习和交流。古人云"书中自有颜如玉"，这说明读书能增长智慧和提升文化内涵，交流分享能让自己打开视野，真正体会"山外有山，人外有人"的含义。一个教育者要有家国情怀，才能真正有格局。一个教育者要保持赤子之情，始终牢记是党和人民培养与护佑我们成长，我们要用行动来回报党和人民，王树国校长和郑强校长每一次的讲话都体现了心系祖国和人民，更有历史人物的"位卑未敢忘忧国，事定犹须待阖棺""功名万里外，心事一杯中"。作为一名新时代的教育名师及名师工作室主持人，培养青年教师和培育新时代的青年学生是我的责任与使命。

（三）注重实践教学，以育人为导向革新教学方法

首先，教育需要实践，实践创新才有生命力，想得多不如动得多，实践研究是检验设想和创意最好的方法，在我工作的三十年中，教学与研究相伴，教学有温度，研究有深度，研究的价值才能呈现于教学。只有教育改革创新，才能培养社会主义的建设者和接班人。

其次，学生喜欢体育课，但不喜欢体育老师上体育课已是常态，说明教师的教学设计是课堂教学的核心与灵魂。一个优秀的教师会花费时间在设计理念上，首先要明白教育的目标是育人，是唤醒生命的灵魂。三新改革改什么？教材、教法、理念，不就是思维的变化吗？三新改革归根到底就是改变教育者的思维，探究出适应社会发展需要的做法，所以基于三新改革背景，我充分把"情景教学"与"多学科融合"贯穿于体育教学中，以课标和教材为导向，总结自己三十年的教学经验和借助自己工作室的平台，课程资源建设中提出四个"性"，即创新性、民族性、

艺术性、生活性。

二、以体育人案例

（一）情景教学案例一

比如，我在中长跑、障碍跑和变速跑教学中，第一次情景教学是让学生关注生命常识，利用生活中的交通信号灯来培养学生的安全意识，以学生上学过马路为例来激发学生对生命安全的思考。我在足球场的不同区域设置红、黄、绿灯，结合体育运动的规律，让学生在跑完以后不要马上停下来，因为这对心脏不好，容易导致休克，同时我把运动健康知识传授给学生，特制定黄灯（摆臂匀速，步子适中中速跑）—绿灯（加强摆臂，步子大、速度快）—黄灯（摆臂匀速，步子适中中速跑）—红灯（调整呼吸，原地慢跑）的顺序模式，将学生分成四组循环跑步。我通过体验—适应—团队互助—小组比赛—测评效果的课程流程，真正体会到"乐动会"的教学精髓，真正落实学、练、赛、评一体化结构。在这样的情景教学中，学生的学习效果很好，他们不仅能够学到体育知识，也能够更加关注生命健康安全。

（二）情景教学案例二

我们的教育不仅要关爱生命，更要培养社会需要的人才，培养学生有担当的精神，于是我的第二次情景教学的目的在于激发学生不畏艰难的精神。在实际教学中，我利用校园环境设置户外跑场景，有山、有水、有小路、有跑道。我首先讲解了长征的历史，然后借助这样一根主线，巧妙把耐久跑（户外情景）+力量练习（进行战斗）+放松（普天同庆）+总结评价贯穿整个教学过程，效果特别好。本课真正做到以体育人，以体树人，课程结构符合新课标学、练、赛、评一体化的教学模式。我想这样的课堂不仅学生喜欢，更能培育学生不畏艰难的精神，这才是真正的教育。

三、教学亮点

教育的使命不仅是传授知识，更是要传承一个国家的优秀文化，文化是一个国家、一个民族的灵魂。文化自信为一个国家、一个民族的发展提供基础和持久的力量。我国的传统体育，源于中华优秀传统文化，是我们的祖先用勤劳和智慧创造的宝贵文化。它以内容丰富、形式多样的"身体文化"展现了中华民族的精神风貌。教师在教学中应加强学生对我国优秀传统体育文化的认知并推广普及民族民间传统体育，这能提升国家文化软实力和中华文化影响力，为中华民族伟大复兴打牢文化自信的基础。工作三十年，我带领团队不断成长，我一直在思考和探究"选材是关键，立意是灵魂，教学是能力，亮点是特色"的课程设计理念。下面我结合教学来简单介绍几项。

（一）教学过程中的亮点

1. 注重课前导入，落实创新教学模式

体育教学中如何将传统体育文化引入课堂，启发学生，教师需要认真思考并从创新设计理念上下功夫，如我以我在贵州仁怀上的"彩带龙"公开课为例。

首先，我在课的导入环节下功夫，用一个轻松自然的队形把学生集合在一起，不是标准的队形，而是信息教育的 Wi-Fi 形状。学生们的第一印象是这样集合比较轻松并贴近生活，同时我也把多学科知识应用于体育教学中。

其次，我就用提问的方式跟仁怀师生们交流："'仁怀'二字在《诗经》中的含义是什么？地名'仁怀'与《诗经》里'仁怀'有没有相同的文化起源，《诗经》里的诠释是什么？"立刻就把学生和教师带到《诗经》里去，以此导出经典文化的重要性，从而为"彩带龙"的引出构建好天时、地利、人和的教学环境。在教学中，我把太极文化、舞龙文化、音乐文化融为一体，整堂课气氛活跃，效果特别好。这节课不仅让学生掌握了"彩带龙"的技术，还增强了学生对中华优秀传统文化的认可和自豪。

最后，我将民族民间优秀文化应用于体育课堂，除了在设计理念上下功夫，我还思考如何提炼民间文化的原始素材，思考哪些动作元素对体育健身和育人有价值。素材筛选能体现教师的素养，素材选择直接与教师的素养和多学科学习能

力有关。

2. 以生活实际为灵感，落实创新教学模式

比如，我帮工作室成员设计"押伽拓展训练"，灵感来源于我在校园里的一棵大树下看书，秋风起，树叶飘落在我的脚下，树叶上的毛虫在慢慢蠕动，第二天我继续在大树下看书，又看到一种叫山蛩虫的小动物从我的面前爬过。这两种小动物有一个共同点，即有一个躯干和多只脚，我就联想到民间传统体育"拔河"比赛，很多有农村生活经历的人都知道，有一种植物叫棕树，它的叶子就像一把扇子。我想能不能把这些元素融合创编在体育教学中，即将传统的拔河比赛进行创新。不用手用身体可不可以，我又联想到押伽比赛，通过创编，实践探究效果特别好，最后该成果荣获优质课省级二等奖、市级一等奖。再如，我带领团队创编大课间"民族芦笙操"，从里面提炼几节出来应用于体育课堂，同样荣获优质课省级二等奖、市级一等奖等，这样的优秀案例很多。

3. 依托地方资源优势，创新课间操模式，发挥学科育人功能

第一，特色课间操是学校体育课的重要组成部分，也是学校创造特色办学文化的亮点之一。我带领学校教师，经过两年多的创编和反复教学实践，充分利用地域资源和优秀民族文化资源，去往多地对苗族芦笙文化及苗族生活文化进行研究，最终创编"苗族芦笙操"，广受好评。

第二，我带领学校团队教师把中华传统优秀体育文化和地方民族特色文化融合在一起，引导学生分三个阶段完成课间操。第一阶段是学生在校歌背景下慢跑到田径场，跑到指定位置后，芦笙操音乐播放，开始跳芦笙操。结束时，以班为单位进行队形变化，形成类似太极图的队形。随后师生一起练习八段锦，调整呼吸，放松身心。这不仅可以放松，还可以促进学生身心健康发展，同时传承与发展优秀中华文化。第二阶段是让三百名学生站在跑道上演奏芦笙曲，百人打中华鼓，在芦笙音乐配合下，学生们跳起芦笙操，画面很震撼，其他师生继续练八段锦不变。第三阶段是在第二阶段的基础上，在太极图的中心点摆放一把古琴，由会弹奏古琴的同学弹奏，其他学生在这样的环境下学习八段锦，这真正体现文化育人，多学科育人模式。

4. 采用"T+M"体育教学模式，落实育人宗旨

学校的发展立足教学，教学的提升要依靠教研，教研要根于课堂、立足学校。

立足学科建设，在新课标和新教材的指导下，结合学校教师实际能力和学校办学环境，我们实行模块教学和分层教学，模块分成田径、篮球、足球、排球、健康教育、武术、苗族花棍、布依族抵杠、舞龙等。我们采用"T+M"的结构，T指的是国家规定的教材，M指的是地方教材和民族民间优秀传统体育。具体措施如下。

第一，学生一个年度选择一次体育项目，比如学生在高一时选择了篮球、舞龙和布依族抵杠，他可以在上学期学习舞龙和布依族抵杠，下学期学习篮球，这就形成了大单元教学，篮球与舞龙、布依族抵杠组合，足球与抢花炮组合，苗族花棍与排球组合等，特别是在球类上我们有分层教学模块，分为零基础、一般基础、战术教学比赛三个层次。由学生自己选择高中三年要学什么：高一选择什么？高二选择什么？高三选择什么？通过三年学习，学生至少可以掌握三项运动技能和相应的运动健康知识，通过师生共同努力，教师给学生合理客观的评价，根据新课标评价方案，学校制定一套相对合理完整的评价体系方案。

第二，每一个学期结束后，大家进行分析讨论，取得了哪些成绩，哪些地方需要改进或者更换，为下学期工作有效推进做准备。通过三年的教学实践探究，我校"T+M"体育与健康教学模块设置取得了优异成绩，从而形成我校体育教学特色与亮点。

5. 采用体育与生活相融教学模式，实现全面育人

将体育融入生活，在生活中贯穿体育活动，使体育成为学生生活的一部分，这对学生的发展有着极其重要的促进作用。体育生活化不仅可以锻炼学生的身体，也可以培养学生的生活乐趣。体育生活化对培养学生参与体育活动的意识和行为起着很大的作用。比如喜欢篮球运动的学生，可以在学校得到教师的指导，春节期间可以在乡村开展篮球活动，既丰富了周围群众的生活，也增强了身体素质，更能培养学生团结互助的团队精神，真正做到学以致用，从学习参与到社会责任与担当，从学校走向社会，把所学知识与能力应用于社会，服务于社会，成为对社会有用的人才，这才是教育的目的所在。

6. 将体育与艺术融为一体，促进学生的发展

在历史发展的长河中，体育与艺术融为一体，都有促进身心健康发展的作用。体育融入艺术，艺术展示体育的力量、协调、柔韧、灵敏、速度。因此，为了在

体育教学中做到体育艺术化、艺术体育化，我大量研究并实践体育艺术化的价值与功能。比如舞龙本身是一种民间传统体育项目，我通过利用舞蹈知识编排创新，让其更具艺术性和观赏性。在彩带龙创编中，我把武术中的太极动作与舞蹈编排融于一体，不仅增强了学生的身体素质，而且把舞武进行了融合。

（二）教学感悟亮点

从思想指导到课标落地，从学科融合到教材选用，目的是培养时代需要的人才：一是教育人才，二是祖国未来需要的人才。因此，我在三十年的工作中，悟出几种教学方式。

1."选他人之材、立他人之意"

"选他人之材、立他人之意"，是复制粘贴模式，模仿优秀教师示范课教学，这适合参加工作不足三年的教师。从优秀教师课堂上学习，最好是能与优秀教师面对面交流，学习他的设计和创意，以让自己快速成长。

2."选他人之材、立自己之意"

"选他人之材、立自己之意"，即使用优秀教师的素材，但有自己的想法和观点，并去实践探究，通过教学实践，探索自己的教学风格与个性。这比第一种教学方式有进步，五年内基本可以成为思考学习型教师。

3."选自己之材、立他人之意"

"选自己之材、立他人之意"，是自己提取某一文化的动作元素，元素也许是国家教材，也许是民间文化，也许是新兴文化，也许是社会生活。实施者要研究文化元素是否有教育价值与育人功能，然后模仿优秀教师的教学设计理念来进行教学。一定要注意自己的"材"是否与他人的教学方法相适配，这是思考重点。"材"无处不在，"材"来源于生活，"材"是自己提炼的，也可以是自己创编的，自己有版权和话语权，这更有思想和创意。十年左右可以成为这样优秀的教师。

4."选自己之材、立自己之意"

"选自己之材、立自己之意"，是指教师有思想、有想法，有自己的教学理念，知道"材"之根、"创"之意，有自己的教学灵魂，创意上有生命力，教学上有亮点。这样的教师在体育教学中已经有立足之地，是教学领头羊，未来将成为教学实践家和教育家。十五年内可以成为具备这种能力的教师。

5."否自己之材、立自己之意"

"否自己之材、立自己之意",是指教师要二度进行"材"的提炼与创作,让"材"更有生命力,与时俱进,根据自己之"意"去设计,教学收放自如,自然和谐,首尾呼应。

6."否自己之材、否自己之意"

"否自己之材、否自己之意",是教师教学的最高境界。学会否定自己,颠覆自己,新的生命力才会诞生,如凤凰涅槃重生。因此,教师想要自己变得越来越强大,必须付出汗水和努力。

(三)结语

总之,在实际教学中,作为教师要立足国情,遵循教育规律,坚持改革创新,以凝聚人心、完善人格、开发人力、培育人才、造福人民为教育目标,培养德、智、体、美、劳全面发展的社会主义建设者和接班人,加快推进教育现代化、建设教育强国,进而办好人民满意的教育。

自白

我的教育理念: 先学会做人,再学会做事。

我的教学主张: 脚踏实地,变革创新。

对我影响最深的一个人: 母亲。

我心目中理想的体育教师是什么样的: 有思想、有情怀。

我心目中理想的学生是什么样的: 快乐、阳光。

我上过最满意的一节体育课: "彩带龙"。

我在教学中遇到了哪些挫折和困难: 问题随时都在发生,但办法总比困难多。

我是如何战胜这些挫折和困难的: 多思考,团队合作。

我取得优秀成果的主要经验和体会: 坚持做好每一件事情。

自我评价性格特点: 外向、直爽,善于交流与分享。

我的业余爱好: 运动与学习。

我想对年轻体育教师说的话: 主动学习,主动思考,学会担当。

以体育人　全面育人

——陕西省体育名师张立的体育教学特色

📖 名师档案

1.基本信息

张立，民盟盟员，正高级教师，特级教师，西安交通大学附属中学体育教师兼任体育学科中心主任，陕西省首届基础教育教学指导委员会体育专业委员会副主任委员，三秦英才特殊支持教学领军人才。

2.教学科研荣誉和成绩

深化教学研究，获 2022 年基础教育国家级教学成果二等奖、陕西省第十二届基础教育教学成果特等奖、陕西省第十一届基础教育教学成果一等奖，获陕西省教学名师、陕西省中小学学科带头人、陕西省中小学优秀教学能手、陕西省中小学体育教学名师、西安市骨干教师、碑林名师等荣誉称号，省名师工作室、市区名师"+"研修共同体主持人。

组织编写《体育与健康校本课程读本》（共 15 册，属内部材料，未正式出版）；主持国家级、省级、区级规划课题 8 项，参与 5 项；多篇教育教学论文在省级以上刊物发表和获奖，公开出版个人教育教学专著 1 部。

带领学校获全国全民健身活动"先进单位"、全国体育工作示范校、全国青少年校园足球特色学校、全国青少年校园篮球特色学校、2022 年北京冬奥会和冬残奥会奥林匹克教育"示范学校"、陕西省中小学（高中体育）"学科优质教学基地"、中华人民共和国第十四届学生运动会"先进单位"、陕西省第十五届和第十六届运动会"突出贡献单位",体育学科连续10年获学校"先进学科中心"。

坚持体教融合发展,管理的篮球、足球、田径、乒乓球等学校传统运动队和武术、啦啦操、网球、排球、棋类等兴趣队成绩优异,女篮获得中国高中篮球联赛全国总冠军、全国学生运动会及中华人民共和国第十四届运动会女子三人篮球银牌,田径队张同学获中华人民共和国第一届学生(青年)运动会中学男子组100米第一名,多名队员被授予"运动健将"称号或达健将水平,执教的乒乓球队曾获全国中学生乒乓球锦标赛男子团体第三名和双打第四名等,百余人被输送到清华大学、北京大学、浙江大学、北京师范大学、北京体育大学等国内一流大学。

一、教学、教研特色

从教以来,始终工作在教学一线,坚持不断学习完善和更新自己的知识储备和教学理念,用睿智言行去管理和引领、用专业素养去创新和开发,创设体育环境,使得校园体育充满生机。思研教学,承担高中乒乓、网球、足球、体操等模块教学任务,关注学生的身心健康与全面发展,遵循"立足实践—发现问题—梳理反思—继续实践—渐次提升"基本思路,坚持理论与实践相结合,重视实践探索与效果评估,积极挖掘"以体育人"的内涵与价值,形成个人教学主张"有效自主的体育",即"落实'立德树人'根本任务和'健康第一'指导思想,主张体育的有效性、科学性以及理念的先进性,尊重学生的人格,引导学生自主探究学习,培养发现、研究、解决问题的能力,激发学生的兴趣,实现围绕学科核心素养落实育人价值的实效、长效、后效的体育"。

以"享受乐趣、增强体质、健全人格、锤炼意志"为宗旨,以核心是爱国主义的"西迁精神"铸魂体育,创立中学体育"德体兼修、育体铸魂"学科理念,建立德育引领的以体育人观念;精炼出"身体健康、心智健康、精神健康"校本体育三维目标,制定学科融合、尊重差异、自主定制的培养方案,通过构建课程体系、深化体教融合和编织活动网等多元举措,细化核心素养水平划分,建立多主体参与的体育课程综合评价体系，增强育人效果评价的全面性与科学性。

依据课标和学生的身心特点开展教学，采取学习共同体的教学方式，注重学生相互间合作学习，通过课堂中对生成问题的分析，引导学生深入挖掘体育项目本身的内涵，激发学生的学习兴趣，充分发挥体育学科的育人功能，让学生理解体育核心素养的形成对自身健康成长的促进作用，扎实落实学校体育"第一课堂"；独创"蛛网式"多元化校园体育活动体系，开展"体教融合"的阳光体育活动，确保学生每天锻炼一小时，丰富学校体育"第二课堂"；搭建赛事平台，支持并组织学生参加校外体育赛事，推进学校体育"第三课堂"，聚焦"教会、勤练、常赛"。

二、以体育人案例

教学案例 1

我在乒乓球课上看到一个瘦小的男生站在角落不练习，与他交谈后发现他很内向且乒乓球基础为零，他认为没有人愿意与他练习。我在帮助他找到练习同伴后，发现效果不好，就考虑让他转项，想通过集体项目来帮助他。于是我就把他带到橄榄球模块，从需要送他，到他自己过去，再到自觉融入，巡课时看到这个男生与小组的伙伴们练习传接球，一次次积极地奔跑与变向、努力地接球，主动与老师、同学交流探讨失误原因，主动去扶起被同学碰倒的标志桶。我最欣慰的是能有效地帮助学生进步和健康成长，让不同层次和认知水平的学生在课堂上找到实现自己价值的位置。

教学案例 2

在乒乓球模块的教学中，我首先制定分层学习目标和练习方案，让每名学生练有效、学有果，并引导酷爱乒乓球项目的"学优"生用物理知识探究乒乓球旋转的奥秘，这激发了学生的求知欲，延伸了课堂知识，提高了学生的乒乓球技术水平，有效地落实与尊重了学生主体地位。其次，发挥"学优"生的优势，给予学生们充分的信任与支持，让他们担当教学助手，组建学习共同体，让学生们互相学习，共同提高。再次，采用以赛促练的教学形式，让学生在赛中学、学中练、练中思、思中悟。最后，采用多元化自主选择评价的方式，增强了学生的自信心和自尊心,体现了评价的激励和发展功能,有效地落实了体育课堂的学、练、赛、评。

教学案例 3

我在课外积极地鼓励和指导学生参与组织各项目的班级、年级、俱乐部联赛,拓展延伸课堂,引导学生运用所学知识和技能积极参与练习、比赛。

下午课外活动时间和每天的晚自习前,运动场上热闹非凡,有自主锻炼的,有组织和参加排球、篮球、足球、乒乓球等联赛的,学生在勤练、常赛的过程中,畅享运动之乐,形成了体育锻炼的意识和习惯。

学生们在赛事的组织筹备与报名、赛前的抽签记录与练习、赛中的执裁规则与技术运用的过程中,不断总结,发现问题与我一起分析和解决问题,独立或与同伴合作去组织并完成一项体育比赛,这培养了学生积极进取、遵守规则和善于与他人合作的素养。

每周末都有相当一部分喜欢乒乓球的学生相约到乒乓球专属练习场地练习和比赛,或与学校外的乒乓球爱好者一起学练,不断提高自己的乒乓球技术水平。学生们经常跟我分享他们的训练心得,我也会在课程之余,陪伴学生们练球,在课后的辅导当中,我也真正感受到,一项体育运动带给学生的积极而深远的影响。

教学案例 4

我以跨学科体育作业为突破口,拓展学生的知识体系,培养学生交叉运用学科知识的能力,聚焦学生体育学科素养的形成。

以作业设计为例:

"亲爱的同学们:在西安交通大学附属中学的校园体育文化氛围的影响下,你们是否思考和了解过,体育与其他学科融合后的科学产物?我很想知道你们是如何将所学的学科知识合理运用于解答体育运动中的问题的?现在我们来共同探讨'体育中的化学',分析和解释体育运动与化学的密切联系。请谈谈你们的思考与启示。"

三、教学亮点

以"以单肩后滚翻成跪撑平衡为主的动作组合"教学设计为例。

（一）指导思想

本单元教学以现代教学理念和新课程标准为依据，落实"健康第一"的指导思想。积极构建学生在课堂教学中的主体地位，以完善学练方式和学生掌握运动技能为主要目标，引导学生在观察与讨论、合作与探究、提高与创新、互助与交流中感悟体育的快乐，注重学生的个体差异，关注学生的运动体验与情感交流，力争使每名学生在学练中感受进步，享受成功的喜悦，实现目标。

（二）教材和学情分析

体操类运动的技巧运动（垫上运动）是高中体育与健康课程必修选学部分的内容，本课的内容"以单肩后滚翻成跪撑平衡为主的动作组合"是人教版普通高中《体育与健康》必修全一册体操运动，技巧模块教学中组合动作单元的第一节课，其中单肩后滚翻成单膝跪撑平衡是技巧组合动作中的主要技术。组合动作的创编和练习对女生的柔韧性、协调性、身体姿态控制以及练习中的安全、学习的能力都有一定的要求，对女生的体态塑造有着重要作用。

本单元的授课对象是高二（1）（2）（3）班体操模块选项班的 40 名女生，她们正处于青春发育后期，身心发展渐趋成熟。其认知能力特别是观察力、注意力、思维能力进一步提高，已能进行合乎逻辑的推理判断，能进行独立思考。在身体发展方面，由于运动时间的不足和生理上的变化，她们上肢力量较弱，下肢较重，身体的柔韧性、协调性也有待提高。所以在教学中，教师应使学生充分了解自我身心发展特点，有针对性地让学生进行身体锻炼，提高学生学习的自觉性、积极性、主动性。

（三）设计思路

（1）本课以分组学练为主线，力求营造和谐互助的学习氛围，小组成员间相互交流与支持、配合与保护，集思广益共同完成初次创编动作组合的任务。教师需有效解决课堂知识的重点、难点问题，以达到预设的教学要求。同时本课也给了小组长一个充分发挥分析判断能力和组织调控能力的平台。

（2）本课为学生提供施展的空间，让她们更好地发展个性、培养能力。

（3）根据高中女生喜欢美、欣赏美、表现美这一特点，本课将对姿态的要求贯穿教学的始终，从而调动学生的学习积极性，更好地完成教学任务。

（4）本课将简单而有效的辅助教具（A4纸）贯穿于循序渐进的教学中，起到了辅教、图示、反馈的作用。第一，学生在复习肩肘倒立时，通过脚夹纸的练习，进一步完善动作和姿态。第二，教师在主题教学部分在A4纸的一面上画出本课重点动作——单肩后滚翻成跪撑平衡的图解和动作要点及提示语，让学生能看图思考、观察与对比、分析与探究，增强自信心，在合作氛围中有效地提升学习效果。第三，教师在A4纸的另一面设计课后评价的内容，提出能够点明本课主旨的问题，培养学生总结问题和分析问题的能力，加强学生对所学内容的记忆和对自身的全面剖析，同时这便于教师更有针对性地补充和完善下次课的备与教。

（四）教学目标

（1）复习和改进单肩后滚翻成跪撑平衡动作，80%的学生能姿态优美和规范地完成动作，并学会保护与自我保护方法。

（2）了解创编动作组合的方法，100%的学生能完成以单肩后滚翻成跪撑平衡为主的动作组合的创编及练习，各组能将拓展内容融入创编中。

（3）培养学生的合作探究、互学互帮、进取创新精神，使她们建立和谐的人际关系，能共同解决体育活动中遇到的困难和问题，增强安全及自我保护意识和实用技能运用能力，并学会自我评价和相互评价。

（五）重难点

重点：①后举腿及时制动及身体姿态；

②动作组合的创编。

难点：①头侧屈及推撑时机，后举留腿并直膝高举；

②初步创编的能力和意识。

（六）教学程序

1.激趣与热身

教师在准备部分应充分考虑并尊重学生的意愿，让学生在自己喜欢的音乐旋律下，有节奏地进行慢跑，其间穿插需集中注意力的快速组字母图形的游戏，并做徒手体操。将常规的准备活动以新的形式展现出来，使学生达到心理和生理的全面热身，以积极的心态投入主要课程内容的学习。

2. 互助探究与改进提高

（1）辅教提升：学生在复习肩肘倒立时，通过脚夹辅助教具（A4纸）的练习，进一步完善动作和姿态。

（2）探究学练：组长组织同学各自观察动作图解、要点、提示语，讨论并制定练习方法；学生在练习中相互观察对比、体验并发现问题，寻找解决问题的办法；组长根据同学的实际状态和掌握情况安排分层练习（运用保护与帮助技巧），帮助同学逐步完善技术动作。

教师巡回观察各组学生的学练情况，集中听取各组的练习反馈，有针对性地解决问题，讲解并进行完整规范的动作示范，让学生"知其然，知其所以然"，从而使后面的练习更有效。

（3）合作创编：学生借助教师的讲解和示范自编组合动作，拓展思维，发挥个性和团队合作意识。教师以单肩后滚翻成跪撑平衡为主，引出学生所掌握的相关动作和所学的自我保护实用技能，鼓励学生尝试创编动作组合并大胆展示。

（4）体能游戏：教师通过组织学生开展归纳接力的体能游戏，让学生养成整理归还器材的良好习惯，同时使学生的身体得到全面的发展。

3. 放松与评价

学生聆听班得瑞的音乐，进入寂静的森林跟随教师进行放松身心的练习。

学生自评和互评，教师总结。

学生课后在A4纸的另一面对自己的学练情况进行评价，体育委员收回A4纸，交给教师。

（七）运动负荷的估计

练习密度50%～55%，平均心率145次/分。

（八）预估本次课存在的问题

（1）因个体差异，可能有个别学生独立完成动作的质量和姿态欠佳。

（2）初次尝试自主创编，学生可能在动作选择和动作创编顺序上不够合理。

自白

我的教育理念: 以人格和技能魅力教育感染学生,做学生健康成长的指导者和引路人。

我的教学主张: "有效自主的体育",即"落实'立德树人'根本任务和'健康第一'指导思想,主张体育的有效性、科学性以及理念的先进性,尊重学生的人格,引导学生自主探究学习,培养发现、研究、解决问题的能力,激发学生的兴趣,实现围绕学科核心素养落实育人价值的实效、长效、后效的体育"。

我心目中理想的体育教师是什么样的: 爱校爱岗爱生,有阳光的心态与健康的体魄,有能够感染和带动学生参与体育运动的热情,在阳光下与学生一起运动、共同成长,有敢于不断挑战的勇气与体育人特有的精、气、神。

我心目中理想的学生是什么样的: 爱校爱班、阳光开朗、眼中有光、心中有爱,对知识和新鲜事物充满求知欲和好奇心,遵规守纪、乐于助人。

我在教学中遇到了哪些挫折和困难: 如何引导不喜欢体育运动、身体素质较弱的学生喜欢体育运动,让不喜欢上体育课的学生上好体育课并积极主动地参与课外活动。

我是如何战胜这些挫折和困难的: 引导学生明确体育的育人价值,结合学生情况,选择和准备适合学生身心发展的体育课内容,从兴趣出发,循循善诱地激发学生学习的欲望,培养学生对校园体育的热爱与信任。

我取得优秀成果的主要经验和体会: 优秀的成果来源于实践总结,体育的特殊性就在于身体力行,体育教育更加注重理论联系实践的重要性。我们在校园体育的特色化育人模式中,注重多元化地培养学生参与体育运动的兴趣,鼓励并给学生足够的空间去提升自身学科素养。

自我评价性格特点: 低调做人,高调做事。

我的业余爱好: 旅行,在旅行途中,尤其愿意去深入感受他乡和别国的校园体育文化,在交流互动中,提升自己对校园体育的认知。

我想对年轻体育教师说的话: 热爱体育教师职业,专注提升自身职业素养与专业技能,始终站在校园体育发展的前沿,做拥有终身体育意识的体育教师。

人生，因体育而精彩，因教育而绚丽

——陕西省基础教育教学名师屈彦雄的体育教学特色

名师档案

　　屈彦雄，男，1975 年出生，中共党员，1999 年毕业于西安体育学院体育教育专业，研究生学历，硕士学位，中学高级教师，拥有 21 年一线教学、4 年省教研员的工作经历；工作以来，被授予陕西省特级教师、陕西省基础教育教学名师、陕西省首批中小学校体育教学名师、陕西省学科带头人、陕西省优秀教学能手、陕西省业余训练先进个人、陕西省优秀教学能手工作站站长、陕西省国防教育先进个人、西安市骨干教师、西安市教学能手、西安市优秀教练员、西安市足球三级联赛优秀教练员等多项荣誉称号；获得两项省级基础教育教学成果一等奖，主持并完成 6 项省级课题，其中重点课题 1 项，参与并完成省级重大课题 2 项，公开发表论文近 20 篇，论文获得 1 个国家级一等奖、2 个省级一等奖；现为陕西省教育科学研究院体育教研员，陕西省中小学教学指导委员会体育专委会副主任、秘书长。

　　屈老师拥有过硬的体育专业技能和教学基本功，在校期间获陕西省大学生运动会十项全能第一名，并达十项全能国家二级运动员标准。工作后参加陕西省第十二届运动会，获得行业组铅球、标枪第三名，跳远第四名；在中航工业田径运动会中获铅球第一名，并打破尘封 16 年的中航工业铅球纪录。在省、市、区多项羽毛球赛事中获得团体和个人冠军，是田径国家一级裁判员，篮球、足球、排球、羽毛球国家二级裁判员，在多届市、区级体育赛事中担任赛事主管。

参加全国、省、市体育教师基本功大赛获得团体一等奖、个人一等奖，所参加的 7 次省、市、区级教学全过程评优均获一等奖；执教的"耐久跑——跑之趣"课例获陕西省精品课第一名，"挺身式跳远"课获省级"一师一优课、一课一名师"优秀课例；承担国家、省、市、区级示范课多次。

在一线期间，带队训练 21 年，为学校和所在市、区赢得 40 多项集体荣誉。多名队员代表西安市参加陕西省中学生田径运动会，获 6 金、2 银、5 铜、多项前 8 名，团体均获第一名，被西安市授予突出贡献奖；代表阎良区参加西安市运动会，获得 52 金、86 银、98 铜、多项前 8 名，团体均进入前 4 名；在参加的历届西安市中学生田径运动会中，一次获团体第一名，四次获团体第三名，三次获团体第四名。所带女足连续两年获西安市女足三级联赛总决赛冠军，在历届区级各类体育比赛中，均以绝对优势获得团体第一名，共有 27 名队员达国家二级运动员标准，向省、市体校输送队员 9 人，高校特招 16 人。相继为 300 多名体育特长生圆了大学梦，其中考上北京体育大学、北京师范大学等的有 30 余人。

一、科学育人，因材施教

在长期的教学实践中，屈老师始终坚持"科学育人、因材施教"的教学理念，打造出一套"一严二励三乐四练"的教学方法，即"严格要求＋有效激励＋快乐教学＋科学训练"，用先进的教育思想引导启迪学生、用恰当的教学策略教育教授学生，用舒心的手段激励学生，用科学训练方法指导训练学生。屈老师能够根据学生体育基础、身体条件、特长爱好甚至是个性脾气等，制定个性化的训练方案，创设满足学生"求新、求趣、求美、求实"需要的教学情境和管理模式。

在屈老师看来，体育教育，是快乐而轻松的；教学课堂，是充满生命力的。他深入贯彻新课改的理念，力求将课堂教学内容与学生的兴趣爱好结合起来，以丰富多样的教学组织形式完成教学内容，活跃课堂气氛，使学生在无拘无束的环境中学习。"嘿,跑起来。""小伙子,你跳得真高。""小姑娘,步子迈开才最美。"……正着跑,倒着跑,跳着跑,笑着跑,绕着跑……仅仅准备活动的热身,就让学生跑得不亦乐乎。热身之后的教学则新奇又有趣,若干个不同颜色的杯子被摆成一个圆圈,学生们围着这个圈,开展各种游戏,进行多种挑战。不断地鼓励,不停地尝试,不甘地竞拼,不服地评比,不知不觉中,一节课在师生快乐的呐喊中结束了。汗流浃背的学生们不再畏惧体育课,不再觉得体育课枯燥无聊,而是发自内心地享受体育课。

他所带的田径队,是最令他自豪的,也是最考验他意志力的。作为教练,他以身作则,凡是要求队员做到的,自己首先做到。无论寒冬酷暑、刮风下雨,还是寒暑假、节假日,他和他的队员都是操场上那道最亮丽的风景线。他是学生心目中的"神",是训练、生活中的"魔术师",根据训练需要自制训练器械,合理搭配膳食,调整心理状态,激励学生学习文化课,做好家校沟通……最大限度挖掘学生潜能,帮助学生有效提高成绩,已经是他习以为常的"职责"。无论是先天条件较好的还是后天热爱体育的,无论是应届生还是往届生,对每一位体育生,他都有"点石成金"般的"魔力"。

屈老师认为,作为一名体育人,仅仅业务精湛是不够的,用理论支撑实践,用实践印证理论,才是提升自身综合素养以及能力的最终途径。在日常的工作与学习中,他精于钻研,不断学习,大量阅读各类教学文献与科研资料,并不断将自己的教学经验和实践加以总结提炼,教研方面硕果累累。

作为一名省级名师,他除了不断自我提高,在提携后进方面更是不遗余力,他倾心帮助年轻教师,将自己的心得、经验和盘托出,无私贡献。从备课、上课、教研各个环节着手,他手把手对年轻教师进行指导帮扶,帮助他们快速成长。

作为教研员,他更是着眼全省,服务一线,为广大一线教师提供交流学习的平台,他经常走进校园,了解一线教师所需,在交流探讨中帮助一线教师解决实际问题。他被聘为国培库专家、陕西师范大学研究生校外合作导师、陕西省学科带头人培养对象实践导师、陕西省"城乡教师学习共同体——名师引领行动"精准帮扶项目专家等,利用讲座、专题培训、网络研讨、线下指导等机会,辐射带动更多一线教师进行专业提升。他带领一线教师进行教材编写、课题研究,指导陕西省一线体育教师成立"陕派体育",开展"陕派体育教育"系列微论坛活动,解决陕西学校体育中的实际问题。

二、爱生如子，春风化雨

屈老师深爱他的每一名学生，与学生亦师亦友，用真心、爱心、耐心成就了一段教育佳话。在学习和生活中，他善于发现学生的长处，抓住每一个教育良机，适时表扬、鼓励，培养他们的自信心、自尊心、自强心。他把学生的成长摆在最重要的位置，善于用美好人生理想和信念去启迪学生，用美好的品行去感染学生，用纯洁的心灵去塑造学生。帮扶学困生，甚至调节学生与父母关系等事情在屈老师身上举不胜举。他的学生不仅仅把他当作老师，更把他视为兄长、知己，从心底深处尊敬他、佩服他。一届又一届家长在提到屈老师时都赞不绝口。

爱，是照顾。2002届4班学生王同学，正值高三，在课余体育活动中脚骨骨折，打完石膏无法下地行走，因家在外地，如果回去治疗会耽搁学习，不回去又无人照顾。家长和学生都焦急万分，屈老师不但毫不犹豫地让学生住在自己的单身宿舍，还主动提出由他来照顾学生。每天早晨他都会早早起床，先去买早餐，回来后扶着学生上洗手间，帮助他洗漱、用餐，之后用自行车推着学生去教学楼，再从一楼背上四楼，之后自己才回来洗漱、用餐，开始上班。上午最后一节课后，他又会第一时间骑着车奔向教学楼，从四楼将学生背下来，回到宿舍，再急匆匆地去买午饭。晚上重复相同程序。周末，他自己下厨为学生做可口的饭菜。近三个月的时间，周而复始、任劳任怨，经过他的精心照顾，学生在最短时间内恢复了健康，不但没有落下功课，反而成绩突飞猛进，最终以优异的成绩考上了西北工业大学。

爱，是呵护。2015届15班学生周同学，初二时被诊断为抑郁症，长期吃药治疗，勉强考入西安市阎良区西飞第一中学后，学习成绩一落千丈，病情也越来越严重，坚决要求退学。而当周同学父母来给孩子办理退学手续时，时任政教主任的屈老师心酸了，他毅然决定帮助这个家庭。屈老师在和周同学聊了近4小时后，基本清楚了学生的状况。最终，屈老师给家长建议，让孩子暂时休学，他试着帮助孩子克服心魔。从此，在周同学休学的半年时间里，无数次的面谈、无数次的电话沟通、上千条的短信激励，让师生关系发生了转变，他们的沟通由原来机械的一问一答变成舒心的交谈。周同学的病情逐渐好转，从药物减半到停药，虽然病情出现过无数次反复，但最终还是康复了。周同学复学后，不论休息日还是深夜，只要他需要，屈老师都会耐心地给予指导和关怀。高考成绩揭晓，周同学以接近一本线的成绩考上了大学。周同学的家人打电话说要亲自感谢屈老师这位他们家的贵人、恩人，屈老师婉言谢绝了，他说："我只是尽己所能，做了应该做的，希望有一天周同学真正认为自己强大到可以战胜一切困难，到那时由他自己来感谢我，这是我们的约定。"

三、总结提升，形成案例

人民教育家于漪老师说："一辈子做教师，一辈子学做教师。"一个现代的合格教师，应同时具备双重身份：既是教师，又是学生。教师为"育人"终身学习，教师的学习，不是一般的学习，而是基于一个教育者的学习。教师最终的追求是育好人，为"育人"而学习是教师的天职。屈老师非常注重日常的学习钻研，他的学习成果不仅体现在教学成果、课题研究、论文写作、专题讲座等方面，更多体现在一节节经过精心准备的课上，每当看到学生们满头大汗却又意犹未尽的样子，他的内心都无比幸福，他为自己能为学生们种下终身体育的种子而高兴。

体育带给他快乐，教育带给他成就，将体育和教育进行到底，是屈老师一生的追求和梦想。25 年，9000 多天，屈老师一直在追梦的道路上努力。

案例"耐久跑——跑之趣"教学设计

（一）教学背景

在全国亿万学生阳光体育运动的背景下，屈老师依据课程标准、新课改精神及目前高中的教学实际，对学生进行意志品质等教育，让学生在跑中乐、乐中跑，充分享受跑的乐趣，并养成终身进行体育锻炼的习惯。

（二）指导思想

本课坚持"健康第一"的指导思想，重视学生的主体地位和学习兴趣的培养。在大多数耐久跑教学中，由于教法单一、枯燥，学生的学习兴趣和积极性不高。屈老师依据高中生的知识结构、技能水平和认知能力，从体验运动乐趣和感受喜悦的视角设计本课。本课采用情境教学模式，将定向运动引入课堂，进行耐久跑教学。屈老师在教学中淡化运动技能的学习，充分考虑个体差异，运用比赛、游戏以及自主探究、合作学习方式取代传统的耐久跑练习方式，让学生学有所乐、学有所获。

（三）教材分析

耐久跑是一项运动强度不大、持续时间较长的有氧运动，可以很好地发展学生的有氧耐力，促进学生身心健康发展，培养学生坚强的意志、顽强的毅力和勇于克服困难的精神。它对场地器材没有过高的要求，且技术简单，贯穿学校体育教学的全过程，也是学生最容易掌握和开展的一项运动。高中生练习耐久跑，要求掌握耐久跑的基本技术和呼吸方法，了解"极点""靶心率""第二次呼吸"等概念。克服极点现象是耐久跑的难点。

（四）学情分析

高中学段的学生有较强的理解和模仿能力，容易接受新兴事物，但意志品质和耐力较弱，对耐久跑这种单调和枯燥的运动项目兴趣不大，再加上传统教学模式，部分学生可能会对耐久跑产生误解和抵触情绪。有些学生还一直认为，发展耐久能力和心肺功能，只有通过在操场上"跑圈"这种形式。绝大多数学生谈"长跑"变色，怕苦、怕累，不能坚持。据调查，部分学生是因为体质较弱而怕长跑，部分学生是因为"累"而怕长跑，多数学生属于被动练习。那么，如何使学生都能积极、主动地参加耐久跑练习呢？教师不仅要了解每名学生的身体、生理、心理状态，更要从教法上多下功夫，将枯燥乏味的教法变为灵活多样的趣味教学，使学生在身心愉悦中完成课堂的任务和达到一定的运动量，从而达到增强体质的目的。

（五）教学目标

1.学生能够基本掌握耐久跑的基本技术，熟练运用靶心率监测日常锻炼效果，尝试利用耐久跑发展体能，提高健康水平，养成良好的锻炼习惯和终身体育的意识。

2.学生产生对耐久跑的兴趣，形成坚强的意志、顽强的毅力。

3.学生学会相互间的交流与合作，建立和谐的人际关系，养成自主探究、合作学习的习惯。

（六）教学重难点

教学重点：呼吸节奏与跑速变化的配合以及体力的合理分配。

教学难点：明确极点现象并努力克服。

（七）教学策略

新课标强调要通过体育与健康课程的教学，培养学生参与体育运动的兴趣，使学生养成坚持锻炼的习惯。本课将定向运动引入课堂，进行耐久跑教学，把知识技术体系转变为教师指导学生学习和发展的教学体系。本课通过改变跑的形式，重点激发学生的学习兴趣，发挥学生的主体作用，转变学生的学习方式，拓展体育课程资源，力争将枯燥的耐久跑教材变得有趣。本课在教学过程中充分体现"以学生发展为本"的教学思想，通过充分利用场地、器材的变化，采用情境教学模式、比赛手段以及自主探究、合作学习方式，活跃课堂气氛，使学生以情入境、以境乐练，真正体验运动的乐趣，激发学生参与体育活动的热情，从而达到提升耐久跑教学效果的目的。

（八）教学流程

1.开始部分

导入：为了把学生的注意力集中到课堂上来，让每一名学生都能专心学习，屈老师利用学生想知道自己心肺功能如何这个切入点，来调动学生的思维，使其积极投入课堂。

2.准备部分

热身：利用喊数抱团和抢位置的游戏，促进学生的心理和身体预热。对耐久跑来说，热身的重点应该是呼吸系统和心理，因为相对其他运动而言，耐久跑没有幅度特别大的动作。对于耐久跑，学生会因热身不充分而在跑前不愿参与并且在跑的过程中呼吸系统不适，所以屈老师把本课的热身重点放在呼吸系统和心理上。

3. 基本部分

屈老师利用学生争强好胜的心理，将学生分组，通过游戏带领学生进行追逐跑练习，以此来增强团队的凝聚力和协作精神，引导学生积极主动投入本课的学习中，从而促进学生身心健康发展、提高教学效率。

4. 结束部分

（1）放松：这部分是学生身心调整恢复的阶段，教师通过拉伸带领学生进行放松练习，促使学生身心逐步放松。

（2）小结：①学生自评互评，②教师小结点评。

通过学生的自评、互评以及教师的点评，引导学生充分认识耐久跑的锻炼价值。

（3）课堂预设：群体密度为 65% 左右；平均心率为 155 次 / 分。

（九）场地器材

田径场一个、带旗杆及底座的彩旗 12 面（或标志桶 12 个）、粘有双面胶的带文字彩色卡片 60 张、定向图 6 张、秒表 8 个。